# 引领孩子过有品质的道德生活

## 名师工作室教育成果与实践表达

朱红◎主编

燕山大学出版社

·秦皇岛·

图书在版编目（CIP）数据

引领孩子过有品质的道德生活：名师工作室教育成果与实践表达 / 朱红主编.—秦皇岛：
燕山大学出版社，2021.7

ISBN 978-7-5761-0095-2

Ⅰ．①引… Ⅱ．①朱… Ⅲ．①德育－教学研究－小学 Ⅳ．①G621

中国版本图书馆 CIP 数据核字（2021）第 111431 号

**引领孩子过有品质的道德生活**——名师工作室教育成果与实践表达

朱 红 主编

出 版 人：陈 玉
责任编辑：王 宁
封面设计：刘韦希
出版发行：燕山大学出版社 YANSHAN UNIVERSITY PRESS
地 址：河北省秦皇岛市河北大街西段 438 号
邮政编码：066004
电 话：0335-8387555
印 刷：英格拉姆印刷(固安)有限公司
经 销：全国新华书店

| 开 本：700mm×1000mm 1/16 | 印 张：21.5 | 字 数：330 字 |
| 版 次：2021 年 7 月第 1 版 | 印 次：2021 年 7 月第 1 次印刷 | |
| 书 号：ISBN 978-7-5761-0095-2 | | |
| 定 价：87.00 元 | | |

# 编　委　会

# 序 言 一

我很高兴受朱红校长的邀请为本书写序。写序其实是写读后感，是著作诠释的过程，也是一个学习的过程。拿到书稿后，首先觉得书名写得非常好，因为它是风向标，正标题——"引领孩子过有品质的道德生活"是思政学科的价值愿景，是德育所要达到的境界；副标题——"名师工作室教育成果与实践表达"是本书内容的具体呈现方式，是教师专业发展的路径，当然也是名师工作室的发展成果。正副标题构成了一个整体，揭示了小学思政学科教学目标与名师工作室成长的整体风貌及其规律与特点。

阅读这本由秦皇岛市朱红小学道德与法治名师工作室一线教师完成的书稿，感到此书非常有价值、有意义。我最突出的感受就是书中的具体课例真实鲜活，接地气，一大批有教育追求的骨干教师，汇聚在工作室，在名师的引领下，聚焦日常教学与管理面临的实际问题，开展专业课例分析。在专题研究中，自我实践、自我反思、自我改进，从中获得助力，进而促进自身专业能力的提升。对于一线的思政学科教师来说，这是工作室成员用心书写的书稿，它饱含着编者的教育思考与实践智慧。有以下几点感受：

## 一、正己修身——激活教师专业发展的动力之源

强国之本，在于教育，关键是教师，优秀教师的培养事关重大。所谓"水之积也不厚，则其负大舟也无力"，同理，师之韵也不足，则其长才也无望。"名师工作室"是我国教育领域培养教学与管理带头人的一种全新方式，有效地激发了主持人的领导力、成员的执行力、学员的领悟力，培养在合作中共赢。

工作室主持人由一个区域内相对有知名度而且能实施高质量教学引领实

践的优秀骨干教师担任。他们大多在教学岗位耕耘多年，因自身教书育人成绩显著、师德高尚、成果丰硕，在同行中具有广泛美誉度和影响力。最早认识朱红校长是在 12 年前的一次全省教材培训会上，当时她任学校副校长。朱校长对思政学科教学的热情和钻研精神也给我留下了深刻印象。6 年后，石家庄再次相会，是省级优质课评审活动，当时朱红担任着学校党支部书记，有秦皇岛海港区的课参赛，她陪着参赛教师来石家庄参赛，一起熟悉学生，深入备课，指导教学，取得了一等奖的好成绩。之后，在各项赛课、基本功竞赛及论文课题评选中，朱校长的名字屡屡见到，都取得不错的成绩。从教科所副所长李艳辉处得知，朱校长从任教开始，26 年时间一直在思政一线教学，不仅自己积极教研，而且成立了"秦皇岛市朱红小学道德与法治名师工作室"，带领团队在思政学科做出扎实而卓有成效的工作。

"才者，德之资也；德者，才之帅也。"德是教师所必须具备的首要条件。习近平同志提出号召，做"四有好老师"，特别对思政教师提出"六要""八统一"的要求。朱校长将个人业务植根于工作室建设，引领教师在工作环境中成长。朱校长在成立工作室的第一天就提出成长目标：社会责任是教师情怀之魂，首先做一个大写的人。她要求全体成员做到"四爱"：一爱单位爱职业，热爱教师岗位，在教书育人的过程中呈现人生价值；二爱学生，关注学生终身发展，着力唤醒学生的心灵；三是爱人生，珍惜生命，具有优雅的生活情趣和积极乐观的心态；四是爱社会，弘扬社会正能量，做社会良心的引导者，做社会发展的引导者。人无德则不立，育人先育己，正人先正心。工作室为每一个成员都注入了发展的动力、教育的理念，成员情怀和行为都发生了很大的转变。

## 二、素养提升——构建学习实践研究的发展共同体

引领团队走终身学习发展之路，既是工作室的出发点又是落脚点，同时也是贯穿于朱红名师工作室成长全过程的主线。他们以创建学习型组织为共同理念，充分认识到自己是在一个团体中进行学习，执行共同体的学习主题和任务，并在共同学习中感受团体对于自己成长的价值和意义，实现教师间

资源的共享、个性的全面张扬、专业的可持续发展，开发每个成员的资源智慧和潜能。我很明显地看到每一名成员通过工作室的学习参与活动，在自身的岗位实践中取得了显著进步，完成了丰富的研究成果，涌现出一大批师德高尚、善于教书育人、勇于实践创新、参与课题研究的优秀教师。

在阅读书稿的过程中，我感受到团队的研修能力。团队研修充满生机和活力，人人平等，民主和谐，资源互补，有促进共同发展的研究文化。在研修中，教师们全方位思考，多角度、多观点进行碰撞，这样共同的困惑、共同的话题需求，带给大家的是更加深入的思考。研修过程体现了教育理念提升的过程、教育价值追求的过程、教育智慧生成的过程、教师智慧共享的过程，极大地增强了他们的自主学习需求，拓展了他们的发展潜力，从而获得了显著进步。

同时，工作室的教师们逐步认识了课题研究的意义与价值，把教育科研作为从事教育事业的价值和追求，使得教育科研素养成为教师的基本素养。教师主动用科研的视角与方法审视教学工作的日常，成为教育科研的学习者、践行者，使课题研究深深扎根于每个成员的教育教学实践中，在专业化成长的道路上开花结果。以课题研究引领成员课堂教学乃至教育事业，成为提升工作室成员实践能力和理论水平的最佳方式。

## 三、育德育爱——落地思政学科立德树人实效

党的十八大报告指出，立德树人是教育的根本任务。学校是重要的育人场所，如何为学生心灵"埋下真善美的种子"，引导学生"扣好人生的第一粒扣子"，就要从上好每一堂思政课开始，从开展每一个育人活动开始，上有灵魂的思政课。统编教材《道德与法治》贯彻以人为本的教育理念，关注儿童成长过程的困惑和需求，从儿童的角度出发，有效推进儿童的道德教育。社会主义核心价值观教育要求，新时期的儿童道德教育要注重培养儿童成为有高尚品德、有法治精神、有健全人格、有健康体魄的"四有"未来社会主义接班人。

工作室深耕课堂发展，经过多年的不断探索实践，在道德教育的儿童化、

生活化、法治化等方面有了进一步的探索和成果。书稿所述的教师叙事故事和教学案例，鲜活有效，因为它扎根教师内在需求，扎根鲜活经验，体现教师专业化的文化需求和知行合一的行动路线。书稿中的课例研究呈现出了教师在课堂教学中的历练，他们在努力丰富教育教学实践性知识，力求实现文本理论与教育实践的紧密结合。书稿提炼出了学生道德素养养成行为中的十个关键点，采用了课例研究的方式，搭建教学理论与教学实践融合的桥梁。每个研究主题均以案例呈现为前提，以学情调研为基础，以预设目标为方向，明确策略实施的路径方法，并辅以具体教学案例，找到德育教育的生长点，夯筑育人基点，使其内化于心、外化于行，解决了道德与法治学科教学必须思考的问题，为教师提供了教学的范例，有效地帮助教师在教学实践中不断提升专业实践能力和实践智慧。

工作室一路走来，一路收获，尤其在本书的编著过程中，大家不断地加强理论学习，积极进行教学实践，充分发挥了集体智慧，探索科研新途径，养成探究的习惯，注意教学成果的积累。"千淘万漉虽辛苦，吹尽狂沙始到金。"在此，祝福秦皇岛市朱红小学道德与法治名师工作室不断前行，臻于至善，未来可期！

杨今宁

2021 年 5 月于石家庄

# 序 言 二

　　强国之本在教育，教育关键在教师。2018 年 5 月 2 日，习近平总书记在同北京大学师生座谈时强调："要把立德树人的成效作为检验学校一切工作的根本标准，真正做到以文化人、以德育人，不断提高学生思想水平、政治觉悟、道德品质、文化素养，做到明大德、守公德、严私德。"我们要以此为遵循，在新时代深入落实立德树人根本任务。2019 年 3 月 18 日，习近平总书记主持召开学校思想政治理论课教师座谈会时强调，办好思想政治理论课关键在教师，关键在发挥教师的积极性、主动性、创造性。思政课教师，要给学生心灵埋下真善美的种子，引导学生扣好人生第一粒扣子；并对思政课教师提出"政治要强、情怀要深、思维要新、视野要广、自律要严、人格要正"的职业要求。这样的座谈会由党中央来召开是第一次，足见思政教育的首要地位，足见思政教师的重要作用。当前，中国特色社会主义进入新时代，开启了全面建设社会主义现代化国家新征程。面对新方位、新征程、新使命，对思政课教师的素质能力提出了更高的要求：思政课教师的思想政治素质和师德水平需要提高，专业化水平需要提升。

　　道德，在百度百科中这样解释："道德是社会意识形态之一，是人们共同生活及其行为的准则和规范。道德通过社会的或一定阶级的舆论对社会生活起约束作用。"学校是重要的育人场所，立德树人是教育的根本任务。教师作为落实这一根本任务的具体实施者，对"德"的理解和践行直接影响儿童的"德"的发展。"元亨利贞，天地一机成化育；仁义礼智，圣贤千古立纲常。"天地有德，才化生了万物，生而为世间人，德更是立世之本。具有良好的德行、健康的身心，是人适应未来发展最关键的因素，也是推动人类社会朝着良好方向发展的重要因素。

　　儿童怎样看待自己、他人、国家与世界，能否以理性的态度妥当地处理复杂生活中的事情，是决定儿童现在和将来是否幸福的重要因素。作为小学道德与法治教师，更要聚焦儿童精神世界的成长，让儿童成长为具有良好生活习惯，有爱与被爱的能力，有民族情怀、世界眼光的人。道德与法治学科教师要引领学生在对传统文化的品味中，在爱的浸润中立德成人，过有品质的道德生活。

2017年，秦皇岛市创建了首个思政名师工作室，在这样的大背景下，秦皇岛市朱红小学道德与法治名师工作室苗壮成长起来。作为省级骨干教师、河北省思政专家库成员、秦皇岛市名师和学科兼职教研员，秦皇岛市思政名师工作室主持人朱红校长，热爱思政教育，专业素养卓越，文化底蕴丰厚，有思想善创新，把全市有热情、有志向的思政一线教师组织在一起，成立了这个专业性极强的学习研修共同体。工作室以传帮带的方式，辐射引领，示范带动，团队成长，共同钻研课程、教材，磨炼课堂教学，帮助青年教师迅速成长。工作室成立四年来，在研修、学科建设和促进骨干教师成长方面进行了富有意义的科学研究和实践探索，经常组织全市范围的送课、教研、讲座等活动，培养了多位优秀的市区级思政名师、学科带头人、骨干教师，吸引了越来越多的教师加入，发挥了巨大的影响辐射作用。不仅促进了思政教师的专业化成长，也推动了全市思政教育更快更好发展。在此，向朱红校长、全体工作室成员教师们表示深深的敬意！同时也祝愿朱红名师工作室能够永葆活力，追求卓越，培养造就更多的领军人才，为我市思政教育作出更大的贡献！

本书的编写，反映了工作室的成长经历，总结了优秀教师们的丰富经验，讲述了他们的教育故事，呈现了他们对教材的智慧解读。内容充满了教育思想的火花，凝聚了全体工作室成员的智慧和心血，对于小学思政教师的课堂教学具有重要的指导价值。希望本书能够得到教师们的厚爱，并从中真正受益。

党胜利

河北科技师范学院思想政治理论教学部党总支书记

# 前　言

## 目标引领　彼此赋能　走向卓越
### ——秦皇岛市朱红小学道德与法治名师工作室成长札记

人走在一起是一次聚会，心走在一起才是一个团队。名师工作室就是通过名师引领和骨干凝聚，带领一个团队、一个学科甚至多所学校一起研究，共同成长，走上科研兴教的教育改革之路。我们就是这样一群志同道合的人，一起奔跑在理想的路上，回头有一路的故事，低头有坚定的脚步，抬头有清晰的远方。

2019 年 3 月 18 日，习近平总书记在学校思想政治理论课教师座谈会上强调，办好思想政治理论课关键在教师，关键在发挥教师的积极性、主动性、创造性。思政课教师政治要强、情怀要深、思维要新、视野要广、自律要严、人格要正，要给学生心灵埋下真善美的种子，引导学生扣好人生第一粒扣子。

名师工作室是集教学、科研、培训等职能于一体的教师合作共同体，它充分发挥名师的专业引领和带动作用，进而促进教师的长远发展。2017 年 9 月 21 日，秦皇岛市名师工作室建设推进会暨第四批名师工作室授牌仪式在市广播电视大学隆重举行，秦皇岛市朱红小学道德与法治名师工作室正式授牌成立，这是秦皇岛市第一个思政学科的工作室，旨在通过工作室的建设搭建起促进思政学科中青年骨干教师专业成长和名师领衔人自我提升的发展平台。

时光如梭，工作室成立近四年来，在各级领导的关怀支持下，秉承"个体实践＋总结反思＋协同发展＝专业成长"的建设理念，遵循理论与实践相结合、学习与应用相结合、反思与提升相结合的原则，以促进教师专业发展为目标，以课题研究为载体，以课堂教学为重点，以课程开发为抓手，在观察体验、学习思考、参与研究、实践总结的过程中，把先进的教育理念、独特的教学风格、精妙的教学技巧、灵活的教学方法，渗透和辐射到工作室成员的教学中，形成课堂创新、课题驱动、自主提升、辐射引领的良性发展机制，全体成员团结协作，勤奋工作，肯于钻研，致力成长，在研究中创新，在实践中收获，以饱满的精神和出色的成绩展示了名师工作室的风采，充分发挥了示范引领作用，在学科发展和教师专业发展上已经形成了良好的运行模式，积累了宝贵的工作经验。

# 科学规划　驱动成长

## 一、微观自我成长规划

"名师工作室"这个教师成长共同体，要引领有潜力的骨干教师继续拾级而上，要做好专业成长的引领者和教学实践指导者的双重角色。工作室从开始的 13 人发展到现在的 21 人，聚合了全市小学思政学科教学精英，是一个为了共同的教育理想而努力探索的优秀团队。2017 年 11 月 9 日下午，秦皇岛市朱红小学道德与法治名师工作室启动仪式暨首次研修规划会在海港区铁新里小学会议室顺利举行，工作室的成员们首先进行了自我介绍的破冰行动。

破冰行动结束后，主持人朱红校长公布了工作室的定位、工作室制度、工作室活动等方面的要求，并对全体成员提出了希望："工作室是学术性地引领辐射其他区域的平台，大家要和而不同，在多种声音中提炼精华，专注地作研究，通过智慧的碰撞、思考、反复教研，才会成功。作为一个团队，在一起行走的路上，要凝聚力强，要有坚持，要有团队精神。希望达到怎样的效果，要量化去看。在态度上要谦虚，但在方法上要创新。在以后的工作中，工作室会多创造外出学习的机会，带领成员们走出去，把先进的理论思想请进来。希望成员们在工作室里逐渐发展、成长！"

随后，进入开班第一课"为成长作规划"，引导学员反思影响自身专业成长方面的瓶颈问题，让所有成员列出瓶颈问题清单，针对存在的瓶颈问题，要求学员从以下几个方面制订自我成长规划：

（一）要坚持正确方向，体现国家意志，按照习近平总书记"四有老师"的要求，科学规划，铸魂育人。

（二）要从自身实际出发，自主设计有特色的个性化的可行性专业成长方案。

（三）要重视顶层设计，彰显前瞻性，突出发展性和专业性。规划既包括教育理念、师德修养、信息素养、学历提升，也包括专业技术水平、科研水平、教学业务水平和德育工作水平等内容。

（四）凸显创新和自我激励。自我成长规划要注重突出特色，张扬个性。

（五）在自身专业成长的道路上持之以恒地践行规划目标，并在实践中不断调整、修改和完善。为使规划切实可行，主持人为每位教师量身定做个性化成长方案，在此基础上，成员将三年规划进行细化，以利于未来三年目标的跟进与达成。

工作室的成员，既有学校一线思政课教师、区级思政学科教研员，也有学校德育干部、教育局科室干部，每一位入室成员都在自我规划中重新定位。秦皇岛市骨干教师、北戴河蔡各庄小学的张莉莉老师以"依托生态体验 追求学科本真"为目标，在省市两级课题的带动下，合理整合、开发品德课程资源，积极探索品德课堂教学方法和策略，力争探索出一条研究型、学术型教师发展之路；秦皇岛市骨干教师、海港区西港路小学李静老师将自己三年专业发展总目标确定为向着科研型教师方向迈进，既抓教学常规又抓教学科研，两手都要抓，两手都要硬；海港区骨干教师、海港区先盛里小学杨颖老师在会上谈到自己要不断改进课堂教学，从被动学习向主动学习转变，使自己成为善于反思、勤于积累的老师；有着资深教育教学经验的山海关桥梁厂小学朗惠君老师针对自身实际，规划了发展方向：要努力提高科研能力，并进行相关课题的研究，构建"生本、对话、创新、高效"的课堂文化。明确的目标规划指明了我们前进的方向，规范的制度使我们的团队更有凝聚力。

**二、宏观集成规划，建章立制为加强队伍建设，保证工作室的长期有效运行，工作室需进行科学规范管理**

全体成员结合工作室方案、工作室三年发展规划及目标，制定了工作室的各项规章制度。围绕工作室分阶段分层次培养目标，工作室先后制定了《朱红小学道德与法治名师工作室总体规划实施方案》《朱红小学道德与法治名师工作室管理制度》《朱红小学道德与法治名师工作室培训课程设置方案》《朱红小学道德与法治名师工作室主持人职责》《朱红小学道德与法治名师工作室团队专家职责》《朱红小学道德与法治名师工作室学员职责》《朱红小学道德与法治名师工作室区域工作坊总体规划实施指导方案》，根据实际制定并不断完善规章制度，为成员的可持续发展提供有力保障。工作室每个学期都有学期工作计划、学期工作要点以及合理精准的月份活动安排，既保证了工作室成员参与工作室活动的时间，也使各项教学教研活动得以顺利开展。

制定过程性考核量化细则。细则包括自身建设、教育教学、个人成长、互动出勤、承担任务、示范引领、科研论文、获得奖励等8个大项18个小项，并以分数量化形式，对工作室成员进行过程性管理。年末完成工作日志和个人成长手册，撰写总结，精心制作PPT，进行述职汇报，评选工作室优秀教师。为成员成立区级和校级工作室，10位工作室优秀学员担任所在区、校级名师工作室工作坊主持人，形成放射状工作网络，为中青年骨干教师专业发展搭建平台，促使他们在责任中各自磨炼，在引领一方中自主成长，在行动中示范辐射并带领本学科教师队伍提高整体素养。

## 构建共同体　协作成长

教师是教育高质量发展的关键，专业化发展是每个教师成长的必由之路。工作室提供了一个真正意义上的学术交流平台，通过读书学习、培训观摩、集中研讨等方式提升思想境界、专业素养和教育智慧。每个成员的专业起点不一样，成长标准应该是其加入工作室后，提升了多少，发展了多少。工作室里，大家共建共享，合作共赢。观念和而不同，教师们集思广益，碰撞产生智慧的火花，交流产生源头活水，成员们内外兼修，专业发展，工作更上一层楼。工作室活动唤醒了教师的成长需求，点燃了教师成长的内驱力，让专业成长成为教师的内在需求从而促进教师实现自我持续成长。

## 一、共读

正如富兰克林说的："读书使人充实，思考使人深邃，交谈使人清醒。"为了让教师更好地更新理念、开拓视野，更快地提升专业素养，工作室尽全力提供条件，高度重视阅读的作用，开展"共读"主题读书活动，共同品读中外经典教育名著，直面教育困境，破解教育难题，提升教育品质。每学期初拟订读书计划，每学期至少读一本教育专著，每月读一本教育杂志，并按时做好读书笔记，每月每位成员读书笔记必须在 2000 字以上。2018 年，工作室专门为每位成员购买了《西方教师教育思想——从苏格拉底到杜威》《让教育回归人性——周国平 30 年教育小语》等教学专著，要求成员认真阅读，并记录心得体会。利用工作室及网络微信互动等形式开展读书交流活动，通过分享阅读，引领工作室成员先做人，再为师。在共读中，我们回顾了教育的发展历程和教育的本质，为自己未来的教育实践把握脉搏。读书之后，工作室教师对于角色认知更清晰了，了解到教师不仅仅是一种职业，更是全部心灵的投入与生命的体验。做平凡、踏实、真实的自己，为了十年树木，百年树人的历史使命，无怨无悔。工作室还准备了《教育的目的》《教育哲学思想》《名师启迪》《优秀教师》《深度教学指向核心素养》《学习共同体走向深度学习》等图书，工作室成员读的教育理论图书及其他图书有近百本，每位成员写的读书笔记均超过 5 万字。读书交流活动，让阅读成为一种习惯。2020 年新冠病毒肺炎疫情期间，借助互联网媒介跟随名家名师的导读，工作室开展线上"云伴读"读书活动，深入学习和感悟教育经典，并学以致用、学思悟行。通过阅读享受中外经典名著的精神食粮，以求知丰盈自己，以阅读引领成长，以交流碰撞思想，向做有内涵的思政教师迈出坚实的脚步。

## 二、共学

工作室以三类培训为抓手，齐头并进促学习。

第一类，市区教育局组织的骨干教师集中培训。参与了市教育局组织的《卓越教师培训》，学习了各种专业的课程及教学方式方法；参加了全员暑期集中培训及远程学习，进一步加强了师德教育的紧迫感和时代感。

第二类，教材培训。工作室全体成员统一参加了由人民教育出版社组织的统编教材《小学道德与法治》网络培训会，聆听了国家基础教育课程教材专家针对教材解读进行的补充教学建议。通过培训，教师们更好地把握了教材的精髓和难点，把教材内化，对教材有了更全面而又准确的理解。"2020年小学道德与法治学科教材培训"重点解读了统编版小学三年级道德与法治教材的编写背景、基本理念、教材特点和实施建议。还参加了人教社秋季义教统编三年级上册《小学道德与法治》教材网络培训，南京师范大学道德教育研究所举办的"走向有魅力的德育课堂——小学道德与法治教学研究高层论坛"等。

第三类，专项业务提升培训。如赴北京的骨干教师培训，骨干教师省外研修班的学习班等。跟岗期间，崔英杰、李静等老师深入学习，积极参与学校在教学教研和德育实践方面的活动，积极思考，更新了教育理念，提升了专业素养；近几年，工作室成员郝婧、张莉莉、吴鑫云和佟芳等几位老师分别赴杭州、西安等地，参加千课万人全国小学部编"道德与法治"新教材课堂教学观摩会；主持人朱红参加了2020年骨干校长国培项目，跟岗期间深入学习，参与学校多方面教学教研和德育实践活动，更新了教育理念，提升了专业素养。所有培训都会进行二次培训暨主题研修总结会，以"悟道、知法、德行天下"为宗旨，以对学生的品德教育、家庭教育为辅助，自主开展系列性研修活动，促进学生和教师的全面发展，构建工作室特色模式，打造出更有影响力的小学道德与法治教学研究共同体。

为了提高工作室成员的写作意识和写作能力，工作室一方面征订《中小学德育》《思想政治课教学》等核心期刊，让成员通过阅读感悟论文写作的学习与方法；另一方面，通过网络培训及身边的教育科研专家讲座等方式，组织教师学习论文的选题技巧及方法，并与知网联系，参加了中国知网组织的"研究是最好的成长——专题论文写作讲座"。通过学习，教师们明白了什么样的文章是好文章：好文章应该有创意有思想，有价值有见地，并且能最大效力地服务于教学工作。几年来，工作室成员从青涩到成熟，先后两次参加河北省出版社组织的"我与新教材征文活动"，孙英、吴鑫云、佟芳等一批老师获奖，多位成员在《小学教学研究》《河北教育》等期刊上发表论文数十篇。

### 三、共研

工作室成立以来，积极开展"观摩研讨课""送教下乡""讲座沙龙"等一系列活动，充分发挥了名师工作室的示范、引领、辐射作用，同时也促进了成员们自身的进一步成长。工作室的学科基地校铁新里小学，定期以课堂为依托，开展以"聚焦核心素养，提升有效性，构建道德与法治新生态课堂"为主题的教学研讨活动。同课异构、一课三上、导师磨课等各种教学课例研讨课，锤炼了青年教师的课堂实践和反思能力，提升了成员观课评课的教研能力，增强了工作室的团队合作意识。在全省道德与法治学科赛课、秦皇岛市小学道德与法治青年教师教学基本功大赛活动中，工作室成员杨颖、张立等多名教师喜获佳绩。"一师一优课"活动中，工作室成员认真学习评课标准，扎实备课，积极参与，朱红、张立、李静、张莉莉、杨颖等多位教师获得了部级省级优课，张立、杨颖老师也作为秦皇岛市赴石家庄参加河北省优质大赛评比的代表参赛。每一次活动、每一节课都是集体智慧的结晶，备课、试讲、磨课，从整体的教学设计到具体的细节处理，每个环节用多长时间，板书设计、语言过渡、提问题……集思广益，优势互补，共同成长。2020年6月份，在"第三届全国名师工作室创新发展成果博览会"中，工作室在主持人朱红校长的带领下，加入了名师工作室联盟，同时积极参加成果展示，取得了可喜的成绩，工作室主持人荣获设计一等奖，四名成员荣获优秀教学设计二等奖，四名成员荣获优秀课例一等奖。

## 聚焦课堂 智慧成长

### 一、课例研讨，筑牢主阵地

教师必须具有与时俱进的思想意识和先进的教学理念，不断创新的能力，爱教、懂教、善教，工作室立足课堂，研究课堂教学，形成了"课堂教学观测量表"，推动课堂教学创新评价。定期开设观摩课，拓宽教学视野，录制手机微视频课、思政微课，希沃多媒体课堂，积极探索现代信息技术与学科教学的有机结合。经常性地以主题式探究活动课、议题式教学研讨课、单元发展性活动课，构建基于学生素养的自主学习教学模式。工作室组织开展"聚焦问题引领新行动""践行新理念变革教与学"观课议课系列活动，导师做示范课，引领教学名师做展示课，"学思课堂"精心设计问题，充分发挥学生的主动性和创造性，进行有效的课例研讨，促进课堂教学转型。工作室坚持实施"五个一"工程，每学期每人一节成型优质课、一个教学设计、一课优质教学反思、一听评课案例、一本成型个人教学成长集。激发教师对课程标准深入研究，研究教材，研究学情，研究教法学法，每一节课用心设计，每一次参赛，都会在学术上有质的飞跃，提升了综合素养，彰显了教育智慧，实现教师的二次成长。

## 二、教育科研，卓越教师的成长摇篮

课题研究活动是引领推进学员从骨干走向卓越的重要通道和推动器。做全面发展的创新型教师，拓宽教育视野，学习现代教育学科知识，熟练运用现代教育技术，由单一型向复合型教师转变，是科研型教师培养的目标。通过人人参与课题研究，培植教育科研精神，提高发现问题的能力，总结教育教研的方法，形成一线教师宝贵的学术成果，以科研带动课堂教学改革，以课堂教学改革促进科研，从而实现课堂教学质量的大面积提高和青年教师的可持续成长。

（一）举办课题培训专题讲座，指明研究方向和路径，提升研究技能，引导学员围绕课堂，认真反思，找准真问题，将真问题转换为研究课题或研究项目，通过研究揭示出具有普遍意义的一般规律，用于指导教育教学改革实践。

（二）根据所选的研究方向，提倡合作研究。在探索中凝聚和生成教育智慧，并及时总结成果，形成研究报告或者系列论文。工作室成立以来，分别以省级课题"新时代小学立德树人有效途径和方法的研究"和市级课题"提升小学生道德素养有效策略的研究"两个课题为引领，目标驱动，任务指向，省市级课题立项 2 项并结题，市级科学规划办课题立项 7 项，发表期刊论文 26 篇，多篇论文获奖。

（三）立足课堂，将研究与课程改革、教学改革融为一体。在研究实践中积极探索适合学生的教学模式和方法，激趣乐学，重点培养学生良好的道

德品质和思维能力，通过研究课堂教学改革，进一步提炼课题教科研的价值，进而更好地引领教研活动。

# 送教送研　多元成长

送教送研活动是助推学员从骨干走向卓越的实践平台和主阵地。为充分发挥骨干教师的示范带动作用，全面提高骨干教师及乡村教师教育教学水平，促进城乡教育均衡发展，工作室成员多次走进昌黎、青龙、山海关，进行送教下乡、精准帮扶。2020 年 11 月 19 日，工作室成员来到海港区连峪小学开展送课下乡教学交流研讨活动。活动以课堂教学为主阵地，以"引领学生过有品质的道德生活"为主题，采取"上课－磨课"的形式，全面促进学科核心素养的落地研究。秦皇岛市教科所副所长李艳辉也莅临了本次活动。工作室带来了三节"道德与法治"课，主持人作"引领孩子过有品质的道德生活"的讲座。

积极开展"名师工作室与对点共同体精准帮扶"项目，秦皇岛市朱红小学道德与法治名师工作室于 2020 年 11 月 25 日与东港镇学校发展共同体展开联合教研活动。教学教研活动以"深度备课 有效课堂引领教育价值发展"为主题，工作室的孙英、张立、杨颖为老师们做课，课后三位教师做课，从学生身边资源出发，通过启发学生思考、活动、讨论，将小学道德与法治学科核心素养落地生根。课堂中巧妙利用课本资源、生活资源和课堂生成资源，引导学生感悟生活、担当责任。工作室成员充分发挥了名师的引领、带头作用，带动了东港镇学校发展共同体教师的专业成长。

面对思政新要求，要形成终身学习、反思实践、开放钻研的从教品质，工作室成员在研修中逐步形成了"实践—理论—再实践—再理论"循环上升的态势。在专业成长方面，成员们将实践成果以不同形式展现出来。工作室利用独特优势，凝聚团队的智慧，助力骨干教师专业发展。通过师带徒的形式，采用项目化管理，改善学习成长方式。同时，与其他名师工作室建立联系，广泛开展"请进来""走出去"学习交流活动，如邀请多位专家、名师与成员交流分享自己的成长经历、成功经验和教学感想，给大家以激励和启迪。举办专题讲座，指导教师更新观念。讲座内容涉及教师专业发展、学生活动、课程理念与方法、家庭教育等方面。2021年是党的百年华诞，为了更好地发挥思政教师作用，工作室组织骨干教师组成"校园党史志愿宣讲团"，义务为全市各学校宣讲党史，传承红色精神，汲取红色力量。

## 共赴未来　众行致远

面对"百年未有之大变局"和"两个一百年"的奋斗目标，作为全市首批思政名师工作室，我们深知思政课是落实立德树人的关键课程，肩负着为国家培养合格人才的历史使命。未来，我们更要明确目标定位，坚定正确的政治方向，强化理想信念教育，勇于实践，大胆探索，带好一个团队，做好一项研究，出好一批成果，让理论学习、专家引领、课题研究、教学研讨实现效能最大化。唯有如此，名师工作室这个精英团队才能独树一帜，才能走得更稳更实，才能在不久的将来成为全省卓越、全国一流的思政研究团队。

朱　红

秦皇岛市朱红小学道德与名师工作室主持人

秦皇岛市海港区铁新里小学党支部书记、校长

2021年7月于秦皇岛

# 目　　录

# 实践——典型课例的普遍意义

# 理想——让课程在日常中丰盈

# 起航

## ——工作室的专业之路

# 工作室授牌、启动

2017年9月21日，秦皇岛市名师工作室建设推进会暨第四批名师工作室授牌仪式在市广播电视大学一楼报告厅隆重举行。活动开始，秦皇岛市教育局副局长于慷同志为第四批名师工作室主持人授牌。小学道德与法治名师工作室主持人朱红老师和西港路小学冷洪林校长上台接受领导授牌。第四批名师工作室主持人代表、小学道德与法治名师工作室主持人朱红老师上台发言。她说："做好名师工作室主持人，带好名师团队，要做到三种境界，即'静心、精研、共享'。同时还要做到'敬'，只有我们对我们的职业、学生，心怀感恩，心存敬意，我们才能带着感情去工作，才能勇往直前，去实现真发展！"最后，秦皇岛市教育局副局长于慷讲话，他对第四批名师工作室主持人及其团队表示祝贺，同时对名师工作室提出了殷切希望。

2017年11月9日下午，秦皇岛市朱红小学道德与法治名师工作室启动仪式暨首次研修规划会在海港区铁新里小学会议室顺利举行，全体工作室成员充满激情地参加了本次活动。秦皇岛市朱红小学道德与法治名师工作室的成员们进行了自我介绍的破冰行动。随后，主持人朱红校长从工作室的定位、工作室的活动要求、外出学习等方面向成员们阐述了自己的见解并提出了希望。最后成员们从个人专业发展目标和个人专业发展实施计划两个方面解读了三年个人专业发展规划。秦皇岛市朱红小学道德与法治名师工作室的启动代表一个全新的开始，工作室的成员们更加信心满怀，统一思想，凝聚人心，达成共识，找准方向。相信在各级领导的关怀和支持下，在朱红校长的带领下，秦皇岛市朱红小学道德与法治名师工作室会不负众望，闯出属于自己的新天地！

# 教 学 研 讨

　　2017 年 11 月 30 日，海港区教师发展中心小学教研室组织的小学道德与法治课堂教学观摩研讨活动在迎秋里实验学校举行。秦皇岛市朱红小学道德与法治名师工作室成员积极参与其中，秦皇岛市教科所副所长李艳辉出席了此次活动。由迎秋里实验学校的张立老师执教的"大家排好队"生动有趣，通过学生领取奖励卡不排队和排队两种方式的对比，让学生从内心认同排队的重要性。东港里小学的吴鑫云老师为我们做课"我家门前新事多"。她通过引导学生发现家乡的巨变，在充分的感性积累的基础上去提高认识，升华情感，指导行为，把学生道德认识的提高、道德情感的激发有机地联系起来。秦皇岛市教科所副所长李艳辉对两位教师的课作出了高度评价，同时对海港区道德与法治教学给予了肯定。道德与法治的学科特点和特有的育人功能，决定了我们只有仔细研读课标、精选教学素材、贴近学生生活、联系学生实际，才能打造出形神兼备、术道兼修的课堂。就让我们在回望中成长，在思考中继续前行吧！

　　新芽吐绿，万物争春！在这最美的人间四月天里，2018年4月3日，秦皇岛市朱红小学道德与法治名师工作室的全体成员齐聚道德与法治学科基地校铁新里小学，以课堂为依托，开展了以"聚焦核心素养，提升有效性，构建道德与法治新生态课堂"为主题的教学研讨活动。来自基地校海港区铁新里小学的青年教师陈尧竹的课堂轻松愉快，激发了孩子们的学习热情，孩子们在教师的耐心引领下积极参与讨论，围绕生活中的多种情境展开讨论；在田星老师的课堂上，孩子们带来了自己喜欢的玩具，认真倾听，激烈讨论，大胆展示，小组交流讨论，共同寻求解决问题的方法，充分体现出孩子们的学习主体地位。随后，白主任给出了高屋建瓴的指导意见，"要让孩子们把'安全地玩'的观念植入内心，并能辐射到自己生活的方方面面，进而触发儿童思考安全地生活"。成员们围绕主题，展开了激烈的讨论，头脑风暴碰撞出智慧的火花。此次教学课例研讨活动，锤炼了青年教师的课堂实践和反思能力，提升了成员教师观课评课的教研能力，增强了工作室的团队合作意识。

　　2018 年 5 月 24—25 日，秦皇岛市教育科学研究所在海港区先盛里小学举办了秦皇岛市小学道德与法治青年教师教学基本功大赛。各县区小学道德与法治学科教研员及学科骨干教师、秦皇岛市朱红小学道德与法治名师工作室成员参加了此次活动。工作室成员杨颖老师讲授"我是一张纸"，她从一张纸导入，引发学生对纸张的关注，引导学生从生活入手，初步了解纸的用途，并谈谈自己身边的用纸情况，引发学生思考我们应该怎样对待纸张。工作室成员张立老师为大家展示"我能行"一课，她以鼓励学生发现自己"行"的点开始，"我在这点行，你在那点行"，明白大家都有"行"的地方。活动的最后，秦皇岛市教育科学研究所副所长李艳辉作了总结性发言，指出了反思的重要性。工作室成员将以此次基本功大赛为契机，以比赛促发展，以比赛促提高，深化课堂教学改革，促进教师夯实基本功，提升教学研究水平和教学实践能力，从而更好地服务于教育教学工作。

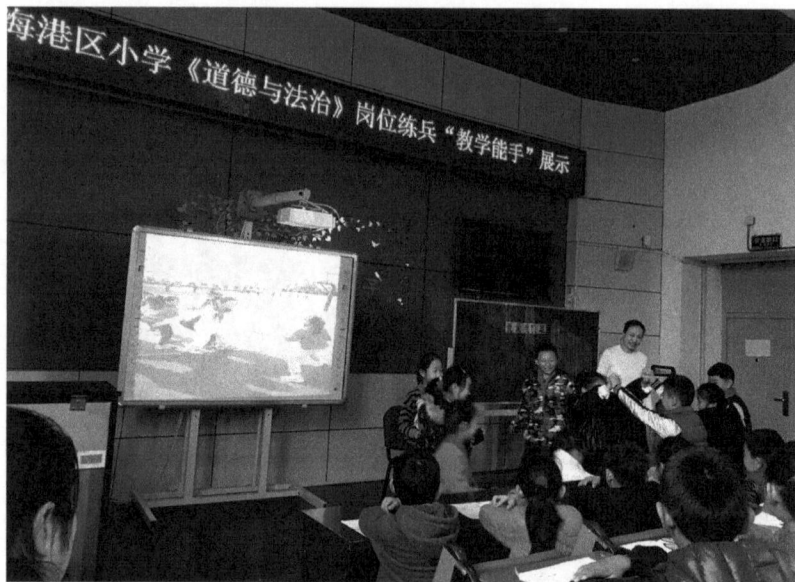

2018 年 11 月 9 日上午，海港区小学"道德与法治"岗位练兵"教学能手"展示及中心组活动在迎秋里实验学校阶梯教室举行。参加本次活动的有市教科所副所长李艳辉、教师发展中心主任白芸香、教研员万冬霞老师以及学科骨干教师。秦皇岛市朱红小学道德与法治名师工作室全体成员参加了本次活动。名师工作室成员张立老师作为区道德与法治学科"教学能手"在本次活动中做课。她在"我爱我们班"这节课中充分利用学生的生活资源，创造性地使用教材，通过交流和现场体验活动，让孩子们感受到班级生活的丰富多彩以及给自己带来的快乐与收获。课后，张立老师对本节课的教学进行了深入的反思，结合自身的教学经验，从教学用书的研读、教材的灵活使用、学情的调查、课中的指导、课后的跟踪等方面同与会教师进行了经验分享。

2019 年 11 月 27 日，新教材　新思路　新征程——秦皇岛市小学道德与法治主题教研活动在海港区铁新里小学举行。工作室成员海港区文化里小学王艳春老师在"说播课"环节中给我们带来了四年级上册"我们所了解的环境污染"一课，王老师通过出示一些生活中的塑料制品，引导学生发现物品的共同点是都由塑料制成。在"微论坛"环节，工作室的张立老师给我们带来了题为《新教材突出新亮点　新思路催生新课堂》的发言。张老师提到，通过整合的多元教育内容，丰厚学生的成长。海港区西港路小学副校长李静与大家分享了题为《有效体验，让道德与法治课堂充满成长的激情》的发言。她认为教师要抵达心灵，在充分的对话中进行有效体验。海港区教师发展中心小学研训室万冬霞老师作了题为《德法互融　浸润心灵　呵护成长》的发言，就如何才能实现道德与法治相融，万老师阐述了自己的观点。北戴河区教师发展中心谷超颖老师与大家分享了题为《六年级法治专册教学初探》的发言。谷老师认为教师要链接"法律与生活"，引领学生提升法治认识。工作室主持人铁新里小学校长朱红与大家分享了题为《立德树人，上有灵魂的思政课》的发言。秦皇岛市教科所副所长李艳辉对本次活动作总结，并结合全市教学现状作了题为《教材引领教学　提高育人实效》的讲座。

"霜风猎猎催寒冬"，2020年11月25日清晨，工作室主持人朱红校长带领工作室成员一行16人到达东港镇第一小学，三位名师后备人才：海港区铁新里小学孙英主任、先盛里小学杨颖主任、迎秋里实验学校张立老师依

次做课。市级骨干教师铁新里小学孙英主任带来二年级上册"我们不乱扔"。孙老师注重学生的实际生活体验，学生感受到干净整洁的环境使人们心情愉悦，脏乱的环境会污染环境、损害健康。市级骨干教师先盛里小学杨颖主任所作的"这些是大家的"一课，是二年级上册第三单元的第一课，主要培养学生爱护公物的意识。市级骨干教师迎秋里实验学校张立老师讲授了"欢欢喜喜庆国庆"一课。课堂上，张老师以学生为主体，通过多种活动情境的创设，激发学生的爱国情怀。工作室主持人朱红校长对工作室成员专注、踏实地坚守学科研究给予了肯定。她指出："磨课是自我反思的过程，作为道德与法治教师，要创建促进孩子成长的课堂。这就需要我们功夫下在课前，资源深度使用。"本次工作室与东港镇学校发展共同体教学研讨活动接地气、见实效，为城乡学科教师搭建了学习交流平台，工作室成员充分发挥了名师的引领、带头作用，带动了东港镇学校发展共同体教师的专业成长。同时，在交流研讨中，工作室成员的教学教研能力也得到了进一步提升，达到了互助共进的目的。

# 培 训 提 升

　　2019 年 10 月 13—18 日，秦皇岛市朱红小学道德与法治名师工作室赴山东曲阜师范大学参加了秦皇岛市 2019 年名师工作室能力提升培训班。曲阜师范大学教育科学学院、教师教育学院李允教授带来了《教师专业化和专业化教师》的讲座。曲阜师范大学孔子文化研究院副教授、哲学博士王苏老师的《传承传统师德，涵养当代师德》讲座，从师德建设的紧迫性和重要性、传统师德的代表人物、新时代中小学教师职业行为十项准则等方面进行了阐述。姜美颖教授作了《基于核心素养的教学科研》的讲座。学生发展核心素养，主要是指学生应具备的，能够适应终身发展和社会发展需要的必备品格和关键能力。名师工作室一行在杨主任的带领下来到曲阜师范大学附属实验学校参观学习，实地考察。每一次外出培训都是学习的机会，工作室会在主持人朱红校长的带领下继续发挥引领、示范、辐射和指导作用，提高教师的各方面素养，为我们的教育教学服务。

2019 年 10 月 22 日，秦皇岛市朱红小学道德与法治名师工作室的成员们齐聚建设路小学，参加史家教育集团"基础教育国家级教学成果推广"暨学科教师培训活动。建设路小学谭晓蕊老师的"生命最宝贵"一课，从形成不易、孕育不易、养育不易三个方面，引导学生感悟自己的生命来之不易。北京市史家胡同小学杜欣月老师的"我们受特殊保护"一课，从权利绿灯大搜索、权利难题我来辩、权利年龄我知道、权利实施有保障四个环节进行教学。史家教育集团的王丹老师、金少良老师和郭志滨老师三位专家的讲座更是给在场的老师们带来了一场饕餮盛宴。通过本次活动，工作室的老师们深感自己责任之重大。道德与法治学科是培育人才的关键学科，立德树人是我们的初心和使命。

# 送 教 下 乡

　　2019 年 6 月 19 日，秦皇岛市教育局组织送课下乡活动，秦皇岛市朱红小学道德与法治工作室主持人朱红校长与各名师工作室一起，走进昌黎第四小学开展教学研讨活动。河北省骨干教师、秦皇岛市道德与法治名师——海港区铁新里小学校长朱红，为一年级小学生带来了"家人的爱"一课。温馨轻松的课堂在生动活泼的绘本故事中拉开了序幕。在市教科所副所长李艳辉的主持下，来自各区县的教研员和领导们开始了研讨活动。此次送教下乡研讨活动，为秦皇岛市朱红小学道德与法治名师工作室和昌黎县道德与法治教师搭建了一个沟通、交流、分享、成长的平台，发挥了名师工作室的带动指导作用，在城乡共进的道路上留下了精彩一笔！

为响应秦皇岛市教育局的号召，切实发挥名师在教育科研方面的示范、引领和辐射作用，秦皇岛市朱红小学道德与法治名师工作室于 2020 年 11 月 19 日来到海港区连峪小学开展送课下乡教学交流研讨活动。成员孙英主任为同学们展示二年级上册"我们不乱扔"一课。孙老师从同学们熟悉的校园环境谈起，通过辨析，认识到公共场所的卫生需要我们大家共同来保持。成员杨颖主任给学生们带来"这些是大家的"一课。课堂上，杨老师引领学生在如何爱护公物的过程体验中，培养学生的良好习惯。成员张立老师和孩子们共同上了"欢欢喜喜庆国庆"一课。张老师通过播放国庆节阅兵式的视频、组织知识小竞答等活动，帮助学生树立国家意识，涵育了孩子们的爱国情怀。三位做课教师进行了反思，工作室成员们以"引领学生过有品质的道德生活"为主题进行研讨。市教科所副所长李艳辉向我们传授了心得。工作室主持人朱红校长肯定了成员们认真、严谨、踏实的工作态度和工作作风，鼓励工作室成员用心教研为自我，用心教学为学生，用心做最好的自己！

为深入贯彻落实习近平总书记在党史学习教育动员大会上的重要讲话精神，充分发挥思政课教师党史宣讲排头兵的作用，2021 年 4 月，秦皇岛市朱红小学道德与法治名师工作室组建了思政教师校园志愿宣讲团。宣讲团成员由专家名师和骨干教师组成，采取送课、讲座、红色故事会等多种形式，围绕新中国史等内容进行宣讲。

## 一、专家名师、骨干教师简介

李艳辉，秦皇岛市教育科学研究所副所长，中共党员，大学本科学历，中学高级教师，河北省首批中小学骨干教师，秦皇岛市思政学科名师。从教 34 年，热爱教学教研工作，主持完成河北省"十二五"规划课题并获省级教学成果奖。主讲的小学品德"学科核心内容解析与教学策略"系列课程在河北省 2015 年全员培训中录用。在省市刊物发表论文 7 篇。

白芸香，大学本科学历，现任海港区教师发展中心小学教研室主任。从教 34 余载，工作兢兢业业、勤勤恳恳。她具有学习意识、研究意识、反思意识并付诸行动。在推进课程改革的过程中，经常深入一线听课教研。她善于捕捉教师课堂教学中的闪光点，挖掘教师的个人魅力，适时激励，帮助他们形成各自的教学风格，指导青年教师快速成长。

朱红，秦皇岛市朱红小学道德与法治名师工作室主持人，河北省级骨干教师，河北省思政专家库成员，秦皇岛市学科名师，秦皇岛市思政学科兼职教研员，海港区第十届党代会党代表，河北省中小学教师资格面试考官。始终在思政学科教学第一线，在学科教学、管理、教师培养、家庭教育方面都有认真的研究，所做的录像课及讲座资料在全省国培选用。

万冬霞，秦皇岛市朱红小学道德与法治名师工作室成员，海港区教师发展中心小学教研室道德与法治教研员。曾获秦皇岛市语文青年教师基本功大赛一等奖，道德与法治课例获市级优质课。她从事道德与法治教研工作后，勤于钻研，所指导的课例多次获部级、省级优质课奖励。多次在市教科所组织的主题教研活动中作专题发言，被评为海港区师德标兵。

李静，秦皇岛市思品学科骨干教师，秦皇岛市思政学科名师，秦皇岛市朱红小学道德与法治名师工作室成员。曾获得"河北省卫生工作先进个人""秦皇岛市教学标兵""秦皇岛市优秀教师"等荣誉称号，所讲的"我长大了""让

爷爷奶奶高兴"等优质课获得国家、省、市、区级奖励，在各级各类刊物上发表论文并获奖。

谷超颖，秦皇岛市朱红小学道德与法治名师工作室成员，北戴河区道德与法治学科教研员，北戴河区级课改名师、骨干教师。曾在 2017 年主持开展国培计划小学品德学科工作坊研修工作，并被评为优秀坊主。主持并参与过市、区级课题研究、课例交流、讲座等，指导青年教师多次获得省市级奖励。

孙英，秦皇岛市朱红小学道德与法治名师工作室成员，市级骨干教师，秦皇岛市海港区铁新里小学大队辅导员。曾获"河北省最美辅导员"等荣誉称号。所授"培养孩子的自理能力"获河北省家长学校优质课评比二等奖；"欢欢喜喜庆国庆"获市级二等奖。撰写多篇论文获奖，并刊登在国家、省各级报纸杂志上。

张立，本科学历，中小学一级教师，秦皇岛市朱红小学道德与法治名师工作室成员，秦皇岛市道德与法治学科骨干教师，海港区学科带头人。曾获秦皇岛市优秀骨干教师、海港区优秀教师、海港区教学能

手等荣誉称号，多次荣获国家、省、市、区级优质课，近五年主持参与研究
课题6项。

杨颖，中小学一级教师，市级骨干教师，秦皇岛市朱红小学道德与法治名师工作室成员。论文《小学中年级语文分层预习研究策略的研究》获第四届研究成果一等奖；"购物场所我知道"教学设计获省一等奖；在岗位练兵活动中，"我们的国粹"获二等奖，"我很整洁"一课在河北省全员培训中录用。

## 二、宣讲内容

| 宣讲员 | 宣讲内容 | 宣讲对象 |
| --- | --- | --- |
| 李艳辉 | 《百年党史 百年辉煌》 | 教师 |
| 白芸香 | 《伟大的战略决战——三大战役》 | 教师 |
| 朱 红 | 《回顾百年党史路 凝聚红色爱国情》 | 教师 |
| 万冬霞 | 《百年党史 艰辛辉煌之路》 | 教师 |
| 李 静 | 《红军不怕远征难》 | 教师 |
| 杨 颖 | 《星星之火，可以燎原》 | 教师 |
| 谷超颖 | 《奋斗百年路 启航新征程》 | 师生 |
| 张 立 | 《山海传承烽火情》 | 师生 |
| 吴鑫云 | 《崇尚革命英雄 传承红色基因》 | 师生 |
| 孙 英 | 《埋伏下神兵千百万——地道战》 | 学生 |
| 佟 芳 | 《开天辟地的大事——中国共产党成立》 | 学生 |
| 王艳春 | 《人类历史上的伟大奇迹——长征》 | 学生 |

### 三、服务预约方式

宣讲团将面向全市中小学开展菜单预约式服务。本次党史宣讲为公益性活动，不收取任何费用。

宣讲团将担负起党史学习者、传播者、传承者的角色，通过理论宣讲，全面展现党的百年奋斗历程和伟大成就，用党的光荣传统和优良作风教育进一步鼓舞斗志、坚定信念、凝聚力量！

# 课 题 引 领

　　2019年9月26日下午，秦皇岛市朱红小学道德与法治名师工作室的成员们齐聚铁新里小学，主持人朱红校长召开了新学期第一次工作例会——课题开题会暨工作计划会。秦皇岛市教科所副所长李艳辉也出席了此次会议。张立老师宣读了工作室新学期的工作计划与目标，工作室的成员们明确了自己的工作方向。朱红校长组织进行了课题的开题及研讨会，对申报的省级课题"新时代小学立德树人有效途径与方法的研究"和市级课题"提升小学生道德素养有效策略的研究"在课题意义、目标与内容方面进行详细的解读。成员们以"思政课如何发挥立德树人的作用"以及"怎样通过思政课培养小学生的道德素养"两个主题结合教学进行交流研讨。大家各抒己见，将讨论推向高潮。成员们对道德与法治这杯"香茶"，将在今天的学习中沸腾，在今后的教学研究中沸腾，然后沉淀，散发出立德树人最浓郁的生命之香。

早春三月，草长莺飞，春暖花开。2021年3月12日下午，铁新里小学市级"十三五"规划课题"培养小学生以道德为核心的文明素养的德育实践与研究"开题论证会如期举行。本次论证会邀请东港镇第一小学彭红蕊校长、东港路小学白海兰书记、迎秋里实验学校陈智平副校长三位中学高级教师莅临指导，为课题研究提出建议，进行论证。首先由课题主持人朱红校长向与会专家和课题组成员阐述课题研究方案，对研究背景、内容、方法、步骤、预期成果等方面作了详细说明。铁新里小学张哲主任为大家更顺利地进行研究提出了宝贵建议：与教育教学紧密结合，注重及时积累，通过大量阅读提升研究能力。三位专家认真聆听了课题开题报告，对课题研究进行论证。专家们充分肯定了本课题的研究方案，一致认为课题选定具有时代意义，符合青少年思想道德建设要求。同时，专家们从不同层面对课题研究给予针对性的指导。课题组成员们认真聆听专家的指导，受益颇丰。此次开题论证会进一步丰富了课题研究的内涵，使课题研究的思维得以激活，研究思路得以拓展。专家们的论证给课题组带来了建设性的建议和针对性的指导。全体课题组成员将以论证会为加油站，同心协力，潜心研究，为更好地开展课题研究、取得预期成果作好准备。

# 读 书 分 享

2018年4月19日，秦皇岛市朱红小学道德与法治名师工作室在铁新里小学会议室举行了《西方教师教育思想——从苏格拉底到杜威》读书交流会。工作室主持人朱红校长和成员们参加了此次活动。工作室老师们在假期认真阅读书籍，做好读书笔记，撰写读书心得，形成了"好读书、读好书、与书为友"的读书氛围，进一步提高了教师的综合素质，促进了教师专业成长。读书交流会由张立老师的开篇语导入，她说："读书的最终目的都是读到自己，从中找到了自己，塑造了自己。"工作室成员郎惠君老师对斯宾塞的快乐教师观点谈了自己的体会，她认为："当教师自己情绪糟糕的时候，最好不要教儿童，容易把坏情绪发泄到孩子身上。教师要尽量努力营造快乐和鼓励的氛围，要努力做一个乐观、快乐的人。"读书交流会接近尾声，主持人朱红校长作总结性发言。通过读书交流，工作室成员们的内心充满了幸福和满足，让自我灵魂的荒漠迎来了甘露。

# 成 果 展 示

2020 年 6 月，秦皇岛市朱红小学道德与法治名师工作室在主持人朱红校长的带领下，积极参加第三届全国名师工作室创新发展成果征集活动，取得了可喜的成绩：工作室主持人荣获创新发展成果一等奖和优秀课例特等奖，三名成员荣获优秀教学设计特等奖，五名成员荣获优秀教学设计一等奖，四名成员荣获优秀教学设计二等奖，四名成员荣获优秀课例一等奖，工作室主持人朱红校长荣获优秀课例和优秀教学设计特等奖，李静副校长和张立老师荣获优秀教学设计特等奖，主持人朱红校长荣获 2020 年度全国名师工作室创新发展成果一等奖，工作室成员张惠娟、吴鑫云、田星、王丽、崔英杰老师荣获优秀教学设计一等奖，李静副校长、吴鑫云、王艳春和佟芳老师荣获优秀课例一等奖，工作室成员郎惠君校长、杨颖主任、陆键辉老师和孙英主任荣获优秀教学设计二等奖。常言道："与智者同行，你会非同凡响；与高者为伍，你会步入巅峰。"让我们心系教育，朝气十足，在专研的教学中，期待收获更多美好！

2021 年 4 月 10—12 日，全国名师工作室联盟第四届年会在美丽的海滨城市海口召开，活动以专家报告、学术交流、课例展示、颁发奖项为主要形式，向来自全国各地的教育人呈现了一顿又一顿丰盛的精神大餐。工作室积极参加本次活动，取得了可喜的成绩：获得优秀课例特等奖、优秀教学实录、课题成果等十余项奖励。更得到此次联盟会的认可，有幸被评为"全国名师工作室联盟"新一届的理事。工作室全体成员将在朱红校长的带领下，扎实开展教研工作，将教育成果辐射延伸，充分发挥工作室的示范引领作用。

**附工作室成员个人奖励：**

2017 年，刘静老师在秦皇岛市中小学骨干教师考核中被评为市级优秀骨干教师。

2017 年，刘静老师的《我和我的家》教案在全市一年级"道德与法治"

复线型教案设计评比中获得市级二等奖。

2017年，杨颖老师的《我不拖拉》教案在秦皇岛市一年级"道德与法治"复线型教案设计评比中获得市级一等奖。

2017年，郎惠君老师的《花儿草儿真美丽》教案在秦皇岛市一年级"道德与法治"复线型教案设计评比中获得市级一等奖。

2017年，郎惠君老师的"我和大自然"主题单元在秦皇岛市小学"道德与法治"教材研读活动中分享交流，效果良好。

2017年，郎惠君老师的"我们在公共场所"主题单元在秦皇岛市"道德与法治"教材研读活动中分享交流，效果良好。

2017年，郎惠君老师被评为市级优秀教师。

2017年，李静老师的"规则在哪里"课例在"一师一优课、一课一名师"活动中获得部级优课奖励。

2017年，张立老师的"做守纪律爱劳动的学生——做游戏 守规则"课例在"一师一优课、一课一名师"活动中获得部级优课奖励。

2017年，张立老师的"大家排好队"一课在秦皇岛市小学道德与法治课堂教学观摩研讨活动中获得市级优课奖励。

2017年，吴鑫云老师的"家乡新变化"一课在秦皇岛市小学道德与法治课堂教学观摩研讨活动中获得市级优课奖励。

2018年，张立老师的"我爱我们班"一课在河北省中小学学科教学评比活动中获省级一等奖。

2018年，张立老师的"我爱家乡山和水"一课在河北省第二届基于"互联网+"数字教育技能大赛中获省级一等奖。

2018年，刘静老师的"不一样的你我他"课例在"一师一优课、一课一名师"活动中获得市级优课奖励。

2018年，刘静老师的"不一样的你我他"（以学为主的教学案）在教学成果评比活动中获得市级二等奖。

2018年，张立老师在秦皇岛市小学品德学科省部级"优课"观摩研讨活动中作课例解读，效果显著。

2018年，李静老师的"规则在哪里"课例解读在秦皇岛市小学品德学科

省部级优课观摩研讨活动中作了课例解读，效果显著。

2018年，李静老师的"大家一起来"一课在秦皇岛市骨干教师送教下乡优质课大赛活动中获得市级优课奖励。

2018年，李静老师的"爸爸妈妈很爱我"一课在市骨干教师"牵手乡村教育"送教下乡活动中获得市级示范课奖励。

2018年，吴鑫云老师的"建'一带一路'，圆中国之梦"视频公开课在秦皇岛市中小学习近平新时代中国特色社会主义思想"五分钟"视频公开课评比活动中获得一等奖。

2018年，吴鑫云老师在"我与新教材——统编教材使用心得"征文活动中获得三等奖。

2018年，张立老师在"我与新教材——统编教材使用心得"征文活动中获得二等奖。

2018年，张立老师在秦皇岛市小学道德与法治青年教师教学基本功大赛中获得一等奖。

2018年，杨颖老师在秦皇岛市小学道德与法治学科青年教师教学基本功大赛中获得市级一等奖。

2019年，李静老师被评为秦皇岛市学校思想政治理论课教学名师。

2019年，张立老师在全市"新教材 新思路 新征程"小学道德与法治主题教研活动中作了《新教材突出新亮点 新思路催生新课堂》论坛发言，效果良好。

2019年，李静老师在全市"新教材 新思路 新征程"小学道德与法治主题教研活动中作了《有效体验 让道德与法治课堂充满成长的激情》论坛发言，效果良好。

2019年，李静老师的"我们小点声"一课在秦皇岛市骨干教师"牵手乡村教育"送教下乡活动中获得市级优课奖励。

2019年，李静老师的"规则在哪里"课例在"一师一优课、一课一名师"活动中获得省级教师教学方法应用创新方面课堂教学案例奖励。

2019年，李静老师的"学会合作"课例在"一师一优课、一课一名师"活动中获得市级优课奖励。

2019 年，吴鑫云老师的"小水滴的诉说"课例在"一师一优课、一课一名师"活动中获得市级优课奖励。

2019 年，孙英老师的"以生为本，在体验实践中感悟，引导学生文明行为——'这些是大家的'教学课例"在秦皇岛市小学道德与法治优秀课例评选活动中获得市级二等奖。

2019 年，张立老师的"我能行"一课被评为秦皇岛市学校思想政治理论课精品案例。

2019 年，李静老师的"慧眼看交通"一课在"第二十三届全国教育教学信息文化交流"活动中获得市级优课二等奖。

2019 年，郎惠君老师的"流动儿童家庭教育"一课在"一师一优课、一课一名师"活动中获得市级优课奖励。

2019 年，王艳春老师的"我们所了解的环境污染"一课在市级小学道德与法治教研活动中获得市级优课奖励。

2020 年，王艳春老师的"我们所了解的环境污染"（示范课）在第三届全国名师工作室创新发展成果博览会成果评审中获得国家级优秀课例一等奖。

2020 年，郎惠君老师的"花儿草儿真美丽"（教学设计）在第三届全国名师工作室创新发展成果博览会成果评审中获得国家级教学设计二等奖。

2020 年，崔英杰老师的"生活离不开规则"（教学设计）在第三届全国名师工作室创新发展成果博览会成果评审中获得国家级优秀教学设计一等奖。

2020 年，李静老师的"大家排好队"（教学设计）在第三届全国名师工作室创新发展成果博览会评审活动中获得国家级优秀教学设计特等奖。

2020 年，李静老师的"合作快乐多"（示范课）在第三届全国名师工作室创新发展成果博览会评审活动中获得国家级优秀课例一等奖。

2020 年，孙英老师的"传统游戏我会玩"（教学设计）在第三届全国名师工作室创新发展成果博览会成果评审中荣获国家级优秀教学设计二等奖。

2020 年，王丽老师的"我们小点儿声"（教学设计）在第三届全国名师工作室创新发展成果博览会成果评审中获得国家级优秀教学设计一等奖。

2020 年，杨颖老师的"让我自己来整理"（教学设计）在第三届全国名师

工作室创新发展成果博览会成果评审中获得国家级教学设计二等奖。

2020年，张立老师的"家人的爱"（教学设计）在第三届全国名师工作室创新成果博览会成果评审中获国家级特等奖。

2020年，王丽老师在第二届"我与新教材——统编教材使用心得"征文活动中荣获省级优秀奖。

2020年，孙英老师在第二届"我与新教材——统编教材使用心得"征文活动中荣获省级一等奖。

2020年，王艳春老师在第二届"我与新教材——统编教材使用心得"征文活动中荣获省级三等奖。

2020年，郎惠君老师在第二届"我与新教材——统编教材使用心得"征文活动中荣获省级优秀奖。

2020年，崔英杰老师在第二届"我与新教材——统编教材使用心得"征文活动中荣获省级优秀奖。

2020年，崔英杰老师的"坚定理想信念争做强国少年"一课在秦皇岛市中小学习近平新时代中国特色社会主义思想"三进"优质课评比活动中荣获市级优质课二等奖。

2020年，刘静老师的"这些是大家的"一课在中小学思想政治理论课授课大赛活动中获得市级三等奖。

2020年，孙英老师的"欢欢喜喜庆国庆"一课在中小学思想政治理论课授课大赛活动中获得市级二等奖。

2020年，张立老师在秦皇岛市第五届中小学骨干教师考核中被评为优秀骨干教师。

2021年，刘静老师的"父母多爱我"课例在"一师一优课、一课一名师"活动中获得市级优课奖励。

# 行走

—— 课题引领精准发展

苏霍姆林斯基说过："如果你想让教师的劳动能够给教师带来乐趣，使天天上课不至于变成一种单调乏味的义务，那你就应当引导每一位教师走上从事研究这条幸福的道路上来。"教师研究与教师发展是密不可分的，教师要想发展提升，就必须要进行研究，以研促教；同时，教师发展了，也有利于教师开展研究，提升研究水平。开展务实的课题研究，是促进教师专业成长的有效途径。

教育科研课题研究是用先进的教育理论作指导，采用科学有效的方法、规范的形式来解决学校发展、课堂教学、教师成长、家庭教育等各方面的问题和困惑，总结课程改革中成功的经验，反思教育教学中的行为，推广应用先进的、成功的科研成果，提高教育教学质量的认识实践活动。新时期的教育要求教师成为研究型的教师，由经验型、勤奋型的教师转变成为学者型、科研型的名师，必须走教育与科研相结合的道路。

随着教育改革的全面展开，德育教育显得尤为突出和重要。十八大报告指出，"把立德树人作为教育的根本任务，培养德智体美全面发展的社会主义建设者和接班人"。立德树人，即教育事业不仅要传授知识、培养能力，还要把社会主义核心价值体系融入国民教育体系之中，引导学生树立正确的世界观、人生观、价值观、荣辱观。在党的教育方针的指引下，工作室主持人朱红校长带领工作室成员积极地投入教育科研中来，先后承担并完成了省级课题"新时代小学立德树人有效途径与方法的研究"和市级课题"提升小学生道德素养有效策略的研究"等课题的研究。研究过程中，在尊重个人在某个问题上独特的观点和见解的基础上，将个人智慧与集体智慧有机结合起来，集思广益，逐步凝聚成为科研成果。通过问卷调研、实地谈话等方式，全面了解教师和学生的情况和要求、建议以及存在的问题，分析其原因，通过教师的课堂教学和德育实践，形成了以"立德树人"为目标的德育活动系列及校本课程，找到了德育课堂的有效实施途径与方法，时时刻刻鞭策学生热爱祖国、遵纪守法、谦恭有礼、勤奋读书，积极落实社会主义核心价值观，在课堂中找准了德育切入点，实现了如下研究目标：（1）新的教学模式促进学生在自觉地掌握知识的同时全面提高自己的思想道德素质，切实提高了德育实效；（2）以德育活动为载体，先后开发了"形成理想、信念专题""爱国主义专题""社会道德专题""社会与法制专题"等一系列德育活动及"阳光下鲜花盛开""心灵契约"等校本课程，有力地推进了学生思想道德建设，营造了阳光育人学校环境；（3）通过多渠道多层次的探究，坚持面向全体，全面提升小学生道德素养；（4）强化了教师"四个意识"，提高了教师育人能力。孩子们道德素养的提升也使得家长们对学校的德育课程有了充分的信任和肯定。在主持人朱红校长的引领下，工作室成员也先后承担了"小学'道德与法治'课程与学校德育活动有效整合的研究""小学道德与法治开放性教学的研究"等课题的研究，并大胆尝试将课外研学与德育课程有效整合的研究，建立了学校德育活动与"道德与法治"课程新的联系，构建"道德与法治"课程向课外延伸的平台，将"道德与法治"课程与学校德育工作形成一个整体。借助秦皇岛市朱红小学道德与法治名师工作室的平台，不断将课题研究成果推广至市区，主持人及课题组成员多次在市区活动中作课例展示及交流研讨，取得了良好的效果，使得课题研究成果在实践中进一步检验完善，最终实现价值最大化。在课题成果推广应用的过程中，我们又会有新的发现、新的思考，从而推动课题研究螺旋式上升发展。

课题研究是教师成长的动力，也是不断提高教学能力的源泉。在课题研究的这条道路上，虽然付出是辛苦的，但收获却是幸福的。课题研究是教育天地中一道独特的风景，让我们走进这美丽的风景，从中体验科研的美丽，收获育人的幸福！

# "新时代小学立德树人有效途径与方法的研究"研究报告

## 主持人：朱红

### 一、课题研究的背景和意义

百年大计，教育为本；教育大计，德育为先。近几年来，随着教育改革的全面展开，德育教育显得尤为突出和重要。十八大报告指出，"把立德树人作为教育的根本任务，培养德智体美全面发展的社会主义建设者和接班人"。"立德树人"首次被确立为教育的根本任务，是对十七大"坚持教育人为本、德育为先"教育理念的深化，指明了今后教育改革的方向。立德树人，即教育事业不仅要传授知识、培养能力，还要把社会主义核心价值体系融入国民教育体系之中，引导学生树立正确的世界观、人生观、价值观、荣辱观。为此，我们开展了"新时代小学立德树人有效途径与方法的研究"课题研究。

（一）理论意义

中国特色社会主义进入新时代，这个新时代，是承前启后、继往开来的时代。本课题是在新的历史时期，在构建社会主义和谐社会、创建和谐校园的社会大环境下提出来的。立德，就是坚持德育为先，通过正面教育来引导人、感化人、激励人；树人，就是坚持以人为本，通过合适的教育来塑造人、改变人、发展人。课题研究的理论意义体现在以下几个方面。

一是德育自身发展的需要。党的十八大报告明确指出，把"立德树人"作为教育的根本任务，培养德智体美全面发展的社会主义建设者和接班人，这为新形势下加强和改进学校工作指明了方向。学校必须始终以"立德树人"为根本，探索"立德树人"的实现路径，创新"立德树人"的工作机制，提高"立德树人"的实际成效。随着社会的不断发展与进步，学校德育的目标、内容、途径与方法也在不断发展与变化。通过本课题研究，可以将学校的一切工作、学生的一切活动从德育层面进行有机切入，探索德育途径与方法体系，促进学校德育水平与效益的提升。

二是体现以人为本、以学生为本的德育理念，注重提升人的生命价值。立德树人的德育是尊重人的认识规律和成长规律，突出人的主体性和主体地位。通过课题研究，在一系列的德育途径与方法操作、德育活动的体验中，可以有效地培养人的精神品质和道德规范，达成"知、情、意、行"的统一，促进学生健康成长，从而实现生命的美丽和价值的提升。在小学阶段这个"关键期"，对孩子进行立德树人良好品质的培养，必将为孩子日后的学习工作打下坚实的基础，必将成为孩子一生宝贵的财富。

三是体现立德树人德育理论的创新。"德育不仅是规范性的德育，而且更是发展性、创新型的德育。"德育理论的创新来源于德育实践的创新。通过课题研究和德育实践，建构学校立德树人的德育体系的途径与方法体系，可以将学校立德树人的目标、内容、途径与方法体系提升到理论层次，探索出比较系统的、科学的立德树人的德育内容，用立德树人的创新理论指导立德树人的德育体系实践。

（二）应用价值

一是具有鲜明的时代性。我国社会正处于深化改革开放和发展社会主义市场经济的关键时期，学校如何有效地推动中国特色社会主义理论体系进教材、进课堂、进头脑，如何有效开展理想信念教育，弘扬民族精神和时代精神，如何深入开展爱国主义、集体主义、社会主义教育，如何有效帮助学生树立社会主义的核心价值观，如何帮助学生把握成长的方向和规律，培养学生优良的品德和健全的人格，把学生培养成品学兼优、德才兼备的栋梁之材，已成为突出的时代性课题。大力倡导和深化"立德树人"，正是破解这一时代性课题的迫切需要。

二是探索性价值。"五育并举，德为先。"德育是学校教育的重要内容，它解决的是"为谁培养人""怎样培养人""培养什么样的人"的重大问题。本课题就是站在这样的高度提出来的，通过有效的操作，构建出具有校本特

色的立德树人的德育体系，必然会对德育的和谐发展、教育的和谐发展、社会的和谐发展起到动力、导向和保障作用，其深入研究具有重大的实践探索价值。

三是实践性价值。深化课程改革、落实立德树人根本任务具有重大意义。将立德树人的目标和内容落实到学校教育教学的各项工作和活动之中，有力地指导我们的德育实践，实现学校整体育人、学生全面发展的目的。建立健全综合协调、充满活力的育人体制机制，是提高国民素质、建设人才强国的战略行动，对于全面发展、提高育人水平、让每个学生都能成为有用之才具有重要意义。

（三）国内研究现状

随着新一轮课程改革的不断推进，实施立德树人教育研究是全面落实素质教育的基本体现和关键所在，学校在进行着立德树人育人模式建构的研究。以党的教育方针为引领，学校通过有效的教育形式、方法、途径和实际的教育内容提高德育教育的实际效果。立德树人的教育是社会主义精神文明建设的奠基工程，是我国学校社会主义性质的一个标志，贯穿于学校教育教学工作的全过程和学生日常生活的各个方面，渗透在智、体、美和劳动教育之中，与其他各育互相促进、相辅相成，对促进学生的全面发展、保证人才培养的正确方向，起着主导作用。国内对于德育管理、德育实效性的研究、德育的育人模式都有一定的研究基础，但是基于新时代背景下小学立德树人途径和方法研究还处在探索期。通过此课题研究可以丰富和发展德育理论，可以将我们对立德树人的德育体系、德育的感性认识迅速转化为理性认识，将我们的德育实践经验快捷地提升到理论高度，建构出符合我们学校教学实际、学生品德发展实际和人文环境实际的顺应时代发展需要的立德树人的德育体系，并且在实际的工作中进行大胆的实践探索与实践，这也是对德育教育的深入研究与实践。

## 二、研究内容

1. 课程德育建设。社会主义核心价值体系教育融入教育教学活动中，充分发挥道德与法治等德育课程学科教育的指导作用，以"名师工作室"为研究阵地，开展德育研究，形成教育内容指导序列，着力培养青少年学生爱国、责任、诚信、奉献、尊重、合作等优秀品质。

2. 养成教育建设。重点以文明礼仪养成教育为突破口，将立德树人与养成教育有效融合。依据小学生身心发展特点，确定以"健体、做人、学习"三个基本习惯为培养点，编写小学生立德树人与养成教育教材，开设养成教育礼仪课，形成校本教材，突出形式上的生动活泼、图文并茂，内容上的科学化和序列化。

3. 校园文化建设。以培育先进的学校文化理念，从学校核心价值理念、教育教学内容方法、质量评价体系、课程开发与设置、学校阳光管理等几方面进行具体研究，创造具有学习型组织特征的学校氛围，加强校园文化建设，推动学校创造"育人为本"的学校文化建设。

4. 心理健康建设。以心理健康为突破口，建设心理健康德育研究基地，建设德育工作研究团队，深化德育热点、难点、前瞻性问题的研究，为解决德育工作面临的新问题提供理论指导和实践帮助。

5. 教师师德建设。促进教师的自主发展，帮助教师树立立德树人的阳光教育思想，转变育人观念，改进育人方法，提高对教育事业的责任感和使命感，感受到德育教育带来的价值与快乐，使教师成为适应现代教育需求的研究型阳光教师。

### 三、研究目标

课题本着"面向全体、全面提高"的思路，以素质教育本质内涵为指导，以促进每一个学生都能得到发展为出发点，按照新形势下学校内涵发展要求，寻求小学立德树人的德育有效途径和方法，通过不断的研究与实践，以创建"有品位、重发展、求精致"的阳光学校为总体办学目标，让"立德树人"思想引领学校特色办学，走内涵发展之路。

### 四、研究思路

#### （一）营造阳光的育人环境

"让校园的每一块墙壁都成为育人的阵地，让校园的每一个角落都成为育

人的场所"的建设理念，时时刻刻鞭策学生热爱祖国，遵纪守法，谦恭有礼，勤奋读书，营造浓厚的育人氛围，对小学生的教育起到潜移默化的作用。

（二）规范的管理制度育人

建立规范的管理制度，使学生行为规范有章可循。分年段用不同形式开展有针对性的教育，努力把学生培养成为体魄强健、谦恭有礼、温文尔雅、自觉读书、自主学习、自律自强、自信向上、举止大方的阳光少年，以适应现代社会发展的需要。

（三）阳光团队的榜样力量

学校层面师德建设的价值观引领，塑造外雅内秀、乐业爱生、善导务实，团结协作的阳光教师团队，培树正确的价值观，在学生心中种下一颗颗优良的种子，做好新时代的四有好教师。

（四）课堂教学的有机渗透

德育课程是思想政治教育的主渠道，课程育人是继承性教育和创新性教育的统一。教师通过道德与法治课程建设、地方课程、主题课程等各种途径，抓住课堂教学和教材中的教育点以及社会主义核心价值观、中华优秀传统文化、爱国主义教育、法治教育等教育点，不失时机地对学生思想、行为等方面进行耐心细致的教育，以促进学生德育素养的提高。

（五）实践活动的感悟体验

学校将结合立德树人的教育思想和重要节日不定期地开展主题系列活动，深化学生公民素养教育，积极创建学校、家庭和社区协作的教育机制，以各学科教学渗透为辅，构建学校、家庭、社会相结合的立德树人教育模式。

（六）心理辅导的有机结合

把心理辅导与行为养成有机结合，针对学生心理活动状态，积极地进行心理辅导。为学生提供生动鲜活的模仿榜样或对象，从而让孩子以他们为偶像，从思想上加强自我约束和自我塑造。

（七）科学合理的评价办法

德育评价采用全员评价，即自己评、学生评、家长评、老师评。评价教育行为时，强调对学生行为过程的评价，重视学生在行为过程中的态度情感和行为表现，帮助学生认识自我，建立自信，从而形成良好的行为习惯。

（八）立德树人教育网络

学校教育、家庭教育、社会教育具有各自的职能和优势，汇聚学校、社会、家庭等力量，使三方面教育互为补充，产生整体合力，为学校的教育提供有力的外部支持，实现社会资源教育效应的最大化。

**五、研究方法**

1. 文献研究法：搜集、鉴别、整理文献，从中获取相关信息，并通过对文献的研究，形成对事实的科学认识的方法。

2. 行动研究法：通过实际工作者行动以及反馈的信息等，不断修正和完善研究方案，与此同时，研究的成果应为实际工作者理解、掌握和实施，从而确保研究的现实性、可操作性。

3. 调查研究法：通过问卷调研，实地谈话等方式，全面了解教师和学生的情况以及要求、建议、存在的问题等。然后分析其原因，寻找合理的教学策略，指导实践，确保课题研究顺利开展，且取得良好的实效。

4. 教学实验法：通过教师的课堂教学实践，反思课题研究的成败，在反思中改进，在反思中成长。

5. 统计法：对研究中搜集到的数据资料，在确保其原始性、真实性的基础上，进行科学的统计处理，以寻求其内在联系。

6. 经验总结法：对个人在实际操作中出现的问题、疑点，大家集体讨论解决办法，借鉴参考有价值的、有效果的经验，从而保证课题研究效果。

**六、研究过程**

（一）研究阶段

1. 前期准备阶段：2019 年 4 月—2019 年 12 月

在前期调研的基础上，初步分析小学生的思想品德现状及成因，了解相关德育工作动态，制订课题实验方案，制订研究方案，申请立项。

2. 实施阶段：2020 年 1 月—2020 年 8 月

通过课堂评比、教学交流、观摩研讨、社会调查、走访等形式，进一步了解小学生的立德树人模式建构的方法、现状及成因，完成过程性资料。根

据初步的结论形成一个更完善的方案实施。

3. 课题结题阶段：2020年9月—2020年12月

向全区实验学校部分教师、学生、家长发放相关调查问卷，整理相关资料，进行全面总结，形成课题总结的各种成果论文及课题研究报告，申请准备结题。

（二）研究活动

1. 组织课题组学习培训16次，查阅文献，利用互联网广泛收集信息；了解相关研究状况和发展趋势，把握时代特点，学习立德树人相关理论内涵，学习课题研究的相关方法。

2. 开展家校合作讲座、研讨6次，每学期开展22次，每学年为家长制定家庭教育指导手册，以期更好地促进家校合作。

3. 开展专题研讨20余次，在课题组内部开展德育论文征文活动，鼓励课题组成员积极研究实践，评选优秀论文，编辑成论文集。

4. 多次聘请市、区级专家对课题组进行指导和专题讲座。

5. 组织开展学生德育活动20多次，促进了学生的成长。学生通过课题组的主题活动，道德修养得到完善，情感得到陶冶，心灵得到升华。

6. 按时完成课题月汇报、大事记，记录课题研究足迹，及时修正课题研究过程中出现的问题。

7. 开展法制教育、国防教育、爱国教育、安全教育等主题教育，培养学生全面发展。

**七、研究基础**

课题组成员在近三年主持或参与过的省级课题有2个，市级课题10个，区级课题3个，是一支教学能力强、教研能力强的团队。这些课题分别是省级教育学会课题"办好英语特色学校的研究""教师工作压力的调查与研究"；市级"十二五"规划课题"小学语文教学中随文练笔对学生写作水平影响的研究""小学思想品德课教学实效性研究""关于农民工子女不良学习习惯的研究""小学思品教学目标理想定位与有效达成研究""以校园足球为依托促进学校特色文化建设""促进新教师课堂教学技能有效策略的研究""小学

'道德与法治'课程与学校德育活动有效整合的研究";秦皇岛市"十三五"规划课题"深度融合小学多学科课程资源,构建学校特色课程体系的实践与研究""低年级进行课程整合的研究""小学数学教学中引发学生思考的策略研究";海港区"十二五"规划"小学中年级语文分层预习的研究与实践""农民工子女自信心的培养""小学生感恩意识的培养研究""以主题教育促进学生心理健康成长"。

### 八、研究成果

经过课题组教师的共同努力,"立德树人有效途径与方法研究"取得了良好的效果,基本完成了研究任务,实现了研究目标。课题研究推动了学校德育工作的深入改革,实现了课题研究与学校道德与法治学科教学、德育工作之间的良性循环。

（一）根据现状,有针对性地开展课题研究

课题研究开始之前,课题组对学生进行了问卷调查,了解了小学生各个阶段的道德品质现状以及主要问题所在,根据存在的问题确定教育和德育活动的内容和方向。课题组针对小学不同阶段提出不同的道德规范,更符合学生的心理和年龄特点;课题组不断修订课题研究的意见建议,进行总结、归纳和吸收,对课题研究中出现的问题进行精心修订,使之更符合师生需要,更好地服务师生,达到课题研究的预期目标。

（二）研究案例,不断优化立德树人的内涵层次

社会主义核心价值体系教育融入教育教学活动中,充分发挥"道德与法治"等德育课程学科教育的指导作用,以名师工作室为研究阵地,开展德育研究,形成教育内容指导序列,着力培养青少年学生爱国、责任、诚信、奉献、尊重、合作等优秀品质。

立德:立,树立;德,德业;树立德业。出自《左转·襄公二十四年》:"太上有立德,其次有立功,其次有立言,虽久不废,此之为不朽。"孔颖达疏:"立德,谓创制垂法,博施济众,圣德立于上代,会泽被于无穷。"李康《运命论》:"若夫立德必须贵乎,则幽、厉之为天子,不如仲尼之为陪臣也。"清钱谦益《户科给事中孔吉授徵仕郎》:"夫给事中在帝左右,古多用履素立

德者为之。"

德育具有历史的继承性和时代的变异性。我国古代德育思想是内圣外王、修身为本，意在通过个人的道德修养启发个体内在的道德觉醒，督促引导个体不断地进行道德修炼，从而成为一个品德高尚的人。

党的十八大报告指出，"把立德树人作为教育的根本任务，培养德智体美全面发展的社会主义建设者和接班人"，同时也将"立德树人"首次确立为教育的根本任务。这是对十七大"坚持育人为本、德育为先"教育理念的深化，也为今后教育改革发展指明了方向。

教育事业不仅要传授知识、培养能力，还要把社会主义核心价值体系融入国民教育体系之中，引导学生树立正确的世界观、人生观、价值观、荣辱观。教育学生不仅要传授知识技能，更要凭借良好的价值观、德行、信念来感染、影响、教育学生。"少年强则国强"，在飞速发展的 21 世纪，我们要让莘莘学子深知，使一个公民立足于社会的不仅是专业能力，更是个人的品德。无数个事实告诉我们，以德服人才是立足于社会、长期服务社会、得到社会认可的重要因素。

"树人"就是培养人才。出自《管子·上篇·权修》："一年之计，莫如树谷；十年之计，莫如树木；终身之计，莫如树人。"培养人才是长久之计，当然也很不容易。本课题中的"树人"是指培养具有高尚的道德情操、扎实的文化素质、健康的身心、良好的情趣，具有中华文化底蕴、中国特色社会主义共同理想的社会主义合格的建设者和接班人。

（三）立足课堂，探究立德树人学科教学内容和模式

课堂教学是落实课题教学目标的重要阵地。"新时代小学立德树人有效途径与方法的研究"课题立足课堂，遵循教学规律和学生成长规律；弘扬传统文化，把培育和践行社会主义核心价值观融入日常德育教育过程中；面向全体学生，促进学生全面发展；坚持系统设计，整体规划教育过程中各个环节的改革；整合各种资源，统筹各方面的力量，实现全科育人、全程育人、全员育人；坚持突破重点，聚焦课程改革的主要问题，针对课堂教学和德育中存在的问题，重点推进；坚持继承和创新，注重课程改革的有效性和可持续性。高举中国特色社会主义伟大旗帜，推动社会主义核心价值观进教材、进

课堂、进头脑；确立教育教学主要环节，形成多方参与、齐心协力、互相配合的研究模式。

### （四）不断完善，构建立德树人德育工作体系

#### 1.加强德育队伍建设

随着课题研究的深入，课题组研究建立了健全的德育组织队伍，形成了自上而下的垂直德育管理网格，使学校的德育管理工作做到了覆盖全面、联系密切、指挥灵活、步调一致，极大地提高了德育管理的效能，更好地为学校德育工作，为学生全面发展的德育教育服务。

#### 2.加强德育制度建设

营造阳光的育人环境，建立规范的管理制度。对学生日常的行为习惯应该怎样做，作出具体、详细的规定，使管理规范化，使学生行为规范有章可循。

#### 3.加强德育环境建设

为学生德育发展营造良好的文化氛围。优美的校园环境，能陶冶学生身心，熏陶学生行为，增强校园的育人魅力。本着让校园的每一块墙壁都成为育人的阵地，让校园的每一个角度都成为育人的场所的建设理念，绿化、净化、美化校园环境，营造浓厚的育人氛围，对小学生的养成教育潜移默化，润物无声。

#### 4.加强教师队伍建设

教师作为实施立德树人、教书育人根本任务的中坚力量，要不断增强立德树人的意识，坚持教书与育人、立德与树人相结合。在教育教学实践工作中，能够把社会主义核心价值观作为他们始终遵循的价值追求与行为准则，并真正做到以德修身、以德立学、以德施教、以德育德。教师的言传身教，对学生成长有着重要的影响，因此把师德建设作为践行社会主义核心价值观的重要前提。

学校制定师德讲堂制，每月集中开展师德讲堂活动。在践行社会主义核心价值观的大背景下，探讨师德要求，率先把社会主义核心价值观落实到行动中，为学生、家长和社会各界作出表率，校园内外处处显示教师践行价值观的风采。如爱岗敬业方面：教师雨中路口坚持执勤，维护学生上下学秩序和安全；作业面批面改，精心设计教学环节，努力提高业务水平等。平等公

正方面：教师不偏不向，尊重学生差异，注重学生全面发展；师生共同劳动，共建美丽校园；教师同学生一起遵守进校推车步行的规定，和学生一起出入校门，为学生作出表率；师生同用礼貌用语，和学生一同遵守文明公约；建立班级议事制，集体的事集体讨论决定，不独断专行。教师的为人师表、言传身教是最具影响力的教育，师德师风建设是践行社会主义核心价值观活动的前提。

（五）丰富渠道，多角度多举措相辅相成

1. 在主题活动过程中感悟体验

主题活动助力养成教育建设。一是大力推进校园主题活动建设，积极营造立德树人实施氛围。重点以文明礼仪养成教育为突破口，将立德树人与养成教育有效融合，依据小学生身心发展特点，确定从"健体、做人、学习"三个基本习惯为培养点，重点培养小学生的品德素质。编写小学生立德树人与养成教育教材，开设养成教育礼仪课，形成校本教材，突出形式上的生动活泼、图文并茂，内容上的科学化和序列化。二是组织各类经典诵读活动和主题教育活动，以活动为载体，大力激发学生养成良好品德习惯的积极性。

2. 在课堂教学中及融合中有机渗透

在道德与法治学科的教学中，紧紧抓住课堂教学，对学生进行行为、品德、思想等方面有针对性的教育。课程作为课堂教学活动的"中介"和师生交往的"纽带"，是立德树人过程中最重要的育人载体。思政课是体现社会主义办学方向和本质要求，落实立德树人根本任务的主渠道和核心课程。思政课教师承担着传播思想、传播知识、传授真理的重要使命，在教学中要通过思想的逻辑撞击学生的心灵，真正做到价值性与知识性、政治性与学理性、批判性与建设性、教学性与生活性四个方面的高度统一，以期使学生熟知、真知、真信、真用教师所传授的大学问、大智慧。同时，思政课教师不能把思政课与其他课程、学生成长和生活的环境割裂开来，而是要发挥思政课对通识课程、专业课程、学生学习生活的辐射和引领作用，以实现课程知识教育与价值教育、隐性教育和显性教育同时同向发力，真正实现立德树人的根本目的。

3. 立德树人与心理辅导的有机结合

以心理健康为突破口，建设心理健康德育研究基地，建设德育工作研究团队，深化德育热点、难点、前瞻性问题的研究，为解决德育工作面临的新问题提供理论指导和实践帮助。关注学生心理，对学生行为习惯、养成教育不是仅仅停留在表面，而是进行深度分析，通过行为表象，体察他们的内心世界。针对学生存在的心理活动状态，积极进行心理辅导。

4. 对学生道德评价方法的多元化

"道德与法治"课程是一门以学生生活为基础、以学生良好品德形成为核心、促进学生社会性发展的综合课程。课题研究过中，根据课程特点，全面考察学生的品德与生活素养，不采用唯一标准评价，而是采用多元性、综合性、开放性的评价。小学生处于不断发展、变化的过程中，教育的意义在于对他们进行引导和促进，所以课题组在对学生立德树人策略进行研究的同时，注重学生养成教育的评价，强调对学生行为过程的评价，重视学生行为过程中的态度、情感、价值观的自我认知，鼓励学生养成良好的行为习惯。

5. 在丰富多彩的校园文化中践行

校园文化建设是学校落实立德树人根本任务的重要一环，也是学校实现跨越式、内涵式发展的本质要求。校园文化建设主要是通过加强物质文化建设、精神文化建设、制度文化建设和行为文化建设等途径，潜移默化地对学生进行思想与价值引领，从而达到以文育人、以文化人的育人目的。以培育先进的学校文化理念，从学校核心价值理念、教育教学内容方法、质量评价体系、课程开发与设置、学校阳光管理等几方面进行具体研究，创造具有学习型组织特征的学校氛围，加强校园文化建设，推动学校创造"育人为本"的学校文化建设。

6. 通过劳动教育有力促进

劳动教育为孩子的幸福人生奠基是现代教育的主旨之一。习近平总书记说："生活靠劳动创造，人生也靠劳动创造。"劳动教育是提高中小学生综合素质、成就幸福圆满人生的有效途径。苏联教育家马卡连柯曾指出："劳动永远是人类生活的基础，是创造人类文化幸福的基础。"劳动教育通过以劳树德、以劳增智、以劳强体、以劳育美，为成就青少年学生的幸福人生奠定坚实基础。

劳动教育对于立德树人、促进学生全面发展具有不可替代的作用。劳动

教育可以促进学生形成勤俭节约、踏实肯干、意志坚定、团结协作的优良品质，使之成为有大爱大德大情怀的人。品德修养不是一蹴而就的事，需要在长期的社会实践中、在日常生活的点点滴滴中，踏踏实实地磨炼达成。劳动教育对于青少年践行社会主义核心价值观、传承中华优秀传统文化、实现中华民族伟大复兴的中国梦具有重要意义。

7. 树立师德建设的榜样力量

榜样的力量在儿童心中是无可替代的。老师永远是孩子们效仿的对象，在小学阶段，在培养学生良好行为习惯方面担当重要角色。促进教师的自主发展，帮助教师树立立德树人的阳光教育思想，转变育人观念，改进育人方法，提高对教育事业的责任感和使命感，感受到德育教育带来的价值与快乐，使教师成为适应现代教育需求的研究型阳光教师。

8. 加强家庭教育的积极配合

加强道德教育，让社会主义核心价值观深入人心，是我们开展道德宣传教育的目的所在。家庭作为社会的最基本单位，负有对孩子最基础的道德教育责任。道德教育事关一个人的一生，对人的成长起着决定作用。因此，打造好家庭这个道德教育阵地，对加强公民道德教育起着至关重要的作用。打造家庭教育阵地，父母是关键。家庭是育人的第一学校，父母是孩子的第一任老师。父母对孩子的教育和家庭环境，直接制约着青少年的个性和心理发展。作为孩子的父母，首先，要想方设法创造一个适应孩子健康成长的家庭环境，不能把社会上一些不好的习惯、行为方式带到家里，应该让孩子在无忧、轻松舒适的环境下学习和生活。其次，家长还要加强自身学习，努力提高自己的个人修养和文化素质，用自己的言谈举止潜移默化地去影响孩子、教育孩子，给孩子树立一个学习的榜样，以利于培养孩子正确的世界观、人生观、价值观，形成良好的道德品质。

教育是一项多维和立体的整体工程，学校教育必须和家庭教育、社会教育相互协调，和谐共振，才能在学生身上产生最优化的效应。我们课题组从学生发展的角度，为了学生全面的发展，为学生良好行为习惯的培养搭桥铺路，在学校、家庭和社会之间架起教育的桥梁。立德树人是学校教育、家庭教育、社会教育的立足点和出发点，也是学校教育、家庭教育、社会教育的终极目标。

9. 依托社会教育的合力作用

立德树人不仅仅是学校和家庭的事，更需要发挥社会教育的合力，建立多方互动的教育机制、共享机制、激励机制、监督机制等，以搭建起全社会共同参与全方位立体化的立德树人教育体系。首先，课题研究的主题活动调动社区、铁路、政府等各方力量，共同构建了社会共育机制，政府、学校、社会各部门的各类人员都是立德树人的多元主体，共同为学生建立了立德树人的大课堂，为学生提供了良好的社会实践平台，而且把立德树人作为全社会共同担负的职责，从而进一步提高了整个社会的教育合力。其次，课题组充分发挥德育阵地的作用，充分利用图书馆、青年宫、科技馆、红色文化基地等各类育人资源，而且通过家校合作、校企合作、校政合作，多渠道、多层面挖掘育人资源，统筹整合这些育人资源，进而形成家庭教育、学校教育社会化格局。最后，课题组研究过程中的"网上祭英烈""我对英雄说句话"等活动更是营造了健康和谐有序的网络育人空间，为广大群众特别是小学生营造了一个风清气正的网络空间。

深入开展的课题研究实践，使学校德育工作不断迈向新台阶，大大促进了学生良好道德品质及行为习惯的养成；良好的道德理念已经深植于学生的内心深处，校园内学生秩序井然，一大批阳光少年脱颖而出。课题研究以来，课题组成员积极研究探索，发表多篇省级、国家级论文，20余节课在各级比赛中获奖。通过"新时代小学立德树人有效途径与方法的研究"课题组近两年的调查和研究，我们已认识到"把立德树人作为我们教育的根本任务，培养德智体美全面发展的社会主义建设者和接班人"的深刻含义，并且会继续学习，在工作中学习，在书本中学习，更要在实践中学习，将学习作为一种习惯，不断提高自己的认知水平和综合素质。

# "提升小学生道德素养有效策略的研究"研究报告

主持人：朱红

## 一、课题研究的背景及意义

在经济全球化时代，综合国力的竞争归根结底是人才的竞争。青少年是我国未来发展建设的希望，是实现中华民族伟大复兴中国梦的后备力量。他们承载着国家富强、民族振兴、人民幸福的神圣使命，因此培养具有崇高道德品质和坚定理想信念的社会主义优秀青少年，对于我国未来经济社会的发展和国家安全具有重要意义。

中共中央国务院《关于进一步加强未成年思想道德建设的若干意见》指出："对小学生重点是规范其基本言行，培养良好习惯。"青少年是我们未来事业的接班人，他们的道德素质状况将直接关系到新一代国民的道德水平。而青少年道德教育的一个重要内容就是良好行为习惯的养成，其中一个极为重要的方面就是让青少年学生在成长过程中养成一系列做人、做事、学习等方面的良好习惯。因此，坚持从小学生的行为习惯养成教育入手，不仅有利于克服长期以来德育工作中追求"高、大、全"的弊端，增强德育工作的实效性，而且对推进素质教育、适应新的时代环境和形势都具有重要意义。

首先，有利于小学生健康成长和顺利发展。良好的道德素养是小学生健康成长的基本前提，更是他们在人生道路上顺利发展的重要保障。一个人只有从小培养良好的道德素养，才能在日常的生活中做出符合道德规范的行为，也才能更好地约束自己，不触碰道德的底线。小学生具有很强的可塑性，道德素养的探究会深刻影响小学生的思想动态和日常行为方式，甚至可以说，有什么样的道德教育，就会有什么样的孩子。只有科学合理的道德素养教育，才能培养出具有良好的道德素养和道德情操的小学生。

其次，可以为学生今后的思想政治教育乃至人生打下坚实的基础。只有将小学生的道德素养教育抓牢，才会为学生今后的生活、社会实践打下良好的道德基础。只有一切从小开始，从小就让他们养成良好的道德素养，才能为以后的人生奠定坚实的基础。

最后，有利于社会风气的根本好转。社会风气由当时所处时代背景下的一代人所决定，有什么样的民众就有什么样的社会风气，民众的道德水平决定了社会风气的好坏。要想使社会风气得到根本好转，就要从全新的一代抓起，要从孩子抓起。培养有良好道德素养的小学生对未来社会风气的好转有极大现实意义。要让每一个小学生积极参加活动，主动帮助身边的人，通过自身的行为感染他人，主动践行社会主义核心价值观。

新时期小学生在道德素养方面的问题呈现出新的特点和新的表现方式，迫切需要我们仔细分析小学生道德素养方面的突出问题，并深入探究解决问题的方法和途径。由此，我们提出"提升小学生道德素养有效策略的研究"课题有重要现实意义，我们有志于把该项研究系统、深入、持久地开展起来。

### 二、文献综述

中小学道德教育是具有传统的历史教育模式的，世界各国都十分重视中小学的德育教育，其中很多的专家学者都有这方面的研究，例如，德国哲学家赫尔巴特认为学校是培养学生道德的主战场，学校是影响小学生道德发展的主要因素；英国里克纳的《为品格而教》、俄国贝内特的《美德书》、美国纳什的《美国中小学品格教育研究》、荷兰亨特的《品格的死亡——在没有善与恶的时代里的道德教育》等，这些学者都总结了中小学德育教育的重要性，怎样实施德育教育，怎样使中小学生在德育教育中做积极的倡导者，怎样使学生在德育教育中以乐观的心态去接受。

我国当前在经济社会转型期的道德出现一些新问题，尤其是青少年的道德，应该引起足够的重视。目前国内学界在这方面的研究较多，学界普遍认为了解道德的要求、内涵、目的有助于解决道德存在的潜在问题。例如杨根乔在《当前青少年思想状况存在的问题及其对策》中从个体和家庭两个角度讨论孩子的道德素养问题；陈慧宁在《浅谈小学德育工作的现状和对策》中分析了当前现状，并指出小学生应该全面发展，最为重要的是道德素养的提升；骆兰在《当前小学思想品德教育的问题和对策研究》中提出教师应该加强修养，这样有助于解决小学生道德修养的提升问题。

综上所述，我国近年来涌现出一批研究小学和小学生道德问题的学者和专家，提出的见解也较为独特，然而针对我国目前如何加强小学阶段的道德素养建设问题的研究还不能解决现实问题，因此本次课题的研究具有重要的现实意义。

### 三、概念的界定

道德：社会意识形态之一，人们的行为准则和规范。

素养：即修养。

个人在道德上所涉及的社会公共日常生活中的道德关系，并经过多次重复或练习而固定下来，形成习惯的、外在的良好文明行为方面的教育。

### 四、课题研究的理论依据

道德素养已引起人们的高度重视，有不少成功的理论可供借鉴。如瑞士学者皮亚杰和柯尔伯格提出的儿童道德认知发展理论，苏联心理学家关于儿童羞愧感的研究，班杜拉和西亚斯的社会学习理论等。

道德教育也是蔡元培教育思想中不可或缺的一部分，他在《中国伦理学史》《现代教育思潮》《中国人的修养》等著作中系统阐述了道德伦理思想和学校道德教育，对今天中小学学校的道德教育仍然有很好的指导和借鉴作用。朱永新教授在《新教育之梦》中指出："在我们的德育工作中，我们一直热衷于搞道德教育课，把道德教育文学化、大纲化，其实，这样的道德教育效果是很脆弱，很苍白无力的。"这些研究成果，为我们开展儿童道德素养的提升方面的研究提供了可资借鉴的理论基础和研究方法方面的参考。

本次课题研究，要针对学生的实际，重点研究进行道德素养提升的内容、途径以及方法。开展一系列适应小学生年龄特点、具有实效性的教育活动，总结出可操作的并带有规律性、示范性的教育措施，从而使学生良好行为习惯的养成教育逐步科学化、系列化、规范化，使学生的修养更高、行为更规范，成为有良好教养的学生，为学生的成才奠定良好基础，达到促进学生思想道德素质有较大提高的目的。

### 五、课题研究的目标

1. 培养学生的道德素养，主要包括良好的生活习惯、礼仪、公共场所文明等。

2. 促进学生健康人格的发展，初步探讨道德对学生人格发展的影响及相应的教育对策。

3. 研究提升道德素养的有效途径，研究适合我国国情和文化发展需要的学生基本良好行为习惯以及健康人格培育的新途径。

4. 通过研究，找到道德素养提升的科学策略和基本方法。

### 六、课题研究的内容

小学道德与法治课是一门以培养学生良好道德素养为主的学科，是启迪学生思想智慧的德育科学，为学生的终身发展奠定正确的思想基础，也为构建和谐社会打下良好的个体公民基础。学生良好品德的养成不能单靠课本知识，要让学生在生活交往中获取生存、生活、学习、工作的基本思想素质。因此，课题研究的主要内容有以下几个方面：

1. 研究小学生日常行为习惯养成教育的现状及原因；

2. 研究小学生日常行为习惯养成的教育内容、途径以及形式；

3. 小学德育教育模式及保障机制；

4. 研究小学生日常行为习惯养成教育的科学系统；

5. 研究德育活动对良好品质的形成及能力迁移；

6. 研究班主任对学生习惯性养成教育的影响。

## 七、研究对象

一至六年级学生、《道德与法治》和《品德与社会》教材、学校开展的德育活动。

## 八、课题研究的方法

本课题研究主要使用文献法、问卷调查法、经验总结法、案例研究法和教育叙事法等方法。

### （一）文献法

文献法是搜集和分析研究各种现存的有关文献资料，从中选取信息，以达到某种调查研究目的的方法。首先，本课题的研究教师要认真学习有关道德养成方面的书籍文献，从中筛选有用信息，并作好整理和记录，以提高参研教师的理论水平。

### （二）问卷调查法

为了有针对性地加强小学生的道德素养的培养，采取分层抽样方式，对学生进行不同方面的调查问卷，并对问卷中的问题进行分析，找准症结，制订实施计划。

### （三）经验总结法

在教育研究中，该方法是依据教育实践所提供的事实，分析概括教育现象，使之上升到教育理论高度的一种普遍采用的有效方法。在课题研究的阶段性总结和实验完成的验证总结中，将根据实验研究过程中积累的资料和实验情况进行分析和总结，从而获取有价值的信息。

### （四）案例研究法

案例研究法是以典型案例为素材，通过对案例的分析研究，从现象中揭示出具有普遍性规律的方法。其研究过程一般为选择案例、搜集数据、分析资料、撰写报告几个环节。

### （五）教育叙事法

教育叙事研究是将叙事研究法用来研究教育问题，即研究者通过对有意义的校园生活、教育教学事件、教育教学实践经验的描述与分析，从而发掘或揭示内隐于这些生活、事件、经验和行为背后的教育思想、教育理论和教育信念，从而发现教育的本质、规律和价值意义。教育叙事研究是教师参与科研、提高批判反思能力、增进教师合作，从而促进教师专业发展的有效途径。教育叙事研究切入教师实际、贴近生活，关注日常教育实践与经验的意义，使教育科研回归生活本身。

**九、课题研究的主要过程**

**（一）立足现状，有的放矢地开展课题研究**

课题研究之初，我们对学校各个学段的学生进行了调查，低年级段学生刚从幼儿园升到小学，入学教育的道德素养培养重点在于基本行为习惯的培养，比如生活习惯、学习习惯、规范生活作息、学会团结同学、学会尊重老师、科学安排时间等；中年级段则要强化基本习惯，如集体荣誉感、团结同学、正确处理和各科教师的关系等；高年级段侧重爱国主义教育的强化，厚植爱国情怀，在由少年向青少年的转变过渡期形成健康的世界观、价值观和人生观。

**（二）研究课程内容和学生案例，总结归纳道德素养的内涵层次和行为表现**

道德是一种社会意识形态，是人们共同生活及其行为的准则与规范，它代表着社会的正面价值取向，它和法治是维系社会的两大支柱，起着判断行为正当与否的作用。它也是一种社会现象，既是人们行为的规范，又是人们分析善恶的标准。素养即修养，就是素质与教养。它是个人在道德上的自我锻炼以及由此达到的较高的道德水平和道德境界。思想道德素养的培养是发展先进文化的重要内容，是提高全民素质的基础性工程，对弘扬民族精神和时代精神，形成良好的社会道德风尚，促进物质文明和精神文明协调发展，全面推进建设有中国特色的社会主义伟大事业，具有十分重要的意义。

小学教育阶段是学生思想道德素养培养的最佳时期。要培养小学生的道德素养，也要使他们能区分善恶、光荣与耻辱、诚实与虚伪等。如果错过这个最佳的教育培养的重要阶段，很可能会影响他们的一生，甚至对他人和社会造成不良的影响。

鲜活的学生案例是研究的不断源泉，每一个学生的身上都带着整个家庭

的影子，学生的道德素养原生态深受原生家庭的影响，在小学阶段的教育中如何借力原生家庭的积极影响，填补家庭教育中的空白，是我们研究的重要内容。

（三）扎根课堂，初探提升道德素养的学科课程资源

课堂教学是提升小学生道德素养的一个重要途径。因此，深度挖掘学科课程的育人内容，多角度开发课程资源，有效观察学生的成长变化，探索科学合理的教学方法和形式，是完成课堂教育教学、有效培养学生思想品德和道德素养的重要手段。在教学具体实施中，可以因地制宜、因材施教、因人施法，让学生重视课前预习和准备。教学中，多采用小故事、小演讲和对话、交流的形式，引导学生自主地学习知识、掌握知识。这样，教学任务就会顺利地完成，教学的目的就会如期达到，学生的思想意识和品德素养就会逐渐地被培养和发展起来。小学道德与法治课是向学生有效地进行思想品德教育的一门重要课程，是小学对学生进行思想教育和心灵塑造的必需教材。教师在思想品德课的教育教学中，运用现有的教材密切联系学生和学校的实际，着重培养学生的道德情感和思想品质，提高学生对道德和思想的认识及判别力。《小学思想品德课新课程标准》提倡素质教育是教学的核心。优化课堂教学结构、合理安排教学过程就成为小学思想品德课中提高小学生的道德素养的一项重要任务。

（四）丰富渠道，抓住主题教育活动契机，多维度扎实道德素养

在研究过程中，我们主要开发了以下途径开展小学生道德素养的培养和提升：

（1）通过各科教学来渗透思想道德教育，渗透中华民族的优秀文化和传统，教育学生自觉地继承和发扬中华民族的优秀文化遗产和传统美德。如在小学语文教材中渗透了"五爱"教育，革命英雄主义教育，革命乐观主义教育，优良传统教育，日常行为规范教育，正确的人生观、价值观教育，高尚的道德情操教育；在美术教材中渗透了美育教育；在道德与法治课中渗透了不怕牺牲、严守纪律的崇高品德教育。

（2）通过各种主题活动来促使学生道德素养的形成。比如参观、访问、红歌比赛、课本剧表演、社会实践、捐款、学雷锋做好事、体育活动等，在

活动中培养学生的道德情感和意志，使学生处在积极良好的道德情感状态，情绪饱满、心情愉快，能挖掘身体潜力，承受较大运动负荷，推迟疲劳出现，有助于发挥道德情感的增力作用。良好的道德情感对行为可以起到强化作用，通过积极的道德情感体验，能强化正确的运动技能和良好的道德行为，以及它本身所具有的良好感染效应，此外还具有影响他人道德情感的效能。

（3）通过兴趣爱好来进行学生道德素养的培养，如书法、绘画、摄影、雕刻、演唱等。因为兴趣对少年儿童的成才有着重大影响，它是进行活动、实现理想目标的内在动力，是一种看不见的内在动力，可以极大地提高我们的学习效率，能增强克服困难的自觉性和力量，还能使人们的工作学习感到轻松愉快。

（4）创建丰富多彩的校园文化生活，利用校园环境育人。校园文化作为一种环境教育力量，对学生的健康成长有着巨大的影响。校园文化建设的终极目标就在于创设一种氛围，以陶冶学生情操，构建学生的健康人格，全面提高学生素质，让学生受到潜移默化的影响。于是，学校在这方面注意营造良好的氛围，达到面面墙壁会说话、处处文化皆育人的效果。

（5）通过读书活动来培养学生道德素养的形成。读书能够陶冶学生情操，熏陶学生情感，培养学生兴趣，有助于学生道德素养的形成。

（6）通过劳动来培养学生道德素养的形成。劳动，是人的一切美德的源泉。在学校教育中，劳动课是培养学生生活自理能力的重要课程。在这一课程中，我们不仅要教给学生劳动的技能，更要对学生进行热爱劳动的情感教育，还要对学生进行爱他人、助人为乐等的品德教育，以此来达到培养学生道德素养的目的。

（7）通过家庭教育来培养学生的道德素养。家庭里的道德教育特别需要以社会为背景，要把变迁中的社会环境作为孩子学习的课堂。当代孩子生活在多元化的意识形态背景下，在价值观念、信仰追求、行为模式、情感表达等方面，学校、家庭、社会的主流影响越来越有限，孩子的教育活动要坚持围绕社会现实和孩子的发展需求寻找教育主题。要改变家庭中道德教育计划千篇一律、简单死板的状态，认真研究孩子成长的焦点和他们关注、议论的热点，以及他们在成长过程中与社会、与成人、与同龄伙伴的矛盾点等。关

心孩子的学习压力问题、日常生活中怎样处理和其他伙伴之间的矛盾冲突问题、怎样面对物质利益的诱惑、怎样以友爱之心面对社会问题等，真正把孩子成长的需求、孩子在现实社会生活中的困惑放到家庭思想道德教育之中去，帮助孩子学会思考和选择。同时还要勇于面对社会道德领域中的新挑战，所以，家长也很有必要与孩子共同学习，敢于引导孩子们去讨论、去认识这些问题。这样，一方面可以帮助孩子澄清很多问题，另一方面也培养了他们实际的道德素养。

总之，在课题组成员的教育实践中，都注意不断挖掘教学中的道德素养因素，努力做到"以情动人"，不断引导、激励学生去体验、去追求、去感悟，从小养成求真务实、勇于探索、勇于实践、勇于创新的精神和淡泊名利、执着追求、献身事业的品质。

良好的文明行为习惯是道德素养的重要体现，而良好的文明行为习惯的形成是一个艰难的过程。由于小学生正处于世界观的形成阶段，良好的文明行为习惯在形成过程中不稳固，特别是一些平时自控能力差的学生，一旦遇到适宜的土壤和气候，不良行为就会重新萌发。为此，教师要加强检查督导，强化学生的知情意识，尤其是强化学生在平时诚信完成作业和待人接物时的言行一致。另外可以在班级常规活动中设监督员，开展"诚信"行为训练活动，通过检查督促，使之自我完善，定期评选出"诚信"小标兵为同学的榜样；印发《好习惯手册》等。

**十、课题研究成果**

经过全体成员的不懈努力，我们组"提升小学生道德素养有效策略的研究"的课题结合校情解决学校的问题对学生的发展产生了深远影响，取得了显著成效，具体如下：

（一）理论成果

加强小学生认知教育是道德行为养成的重要途径之一。一方面要形成科学的、系统的现代化德育课程体系，开展德育知识学习活动，做好德育教材建设。当前我们正面临新课程改革和全面推进素质教育，此时我们更应该把学生的德育教育任务摆在首位，从小学到中学把德育内容注入各学科教学的始终，并遵循循序渐进的原则构成完整体系，使各学科在教学过程中对学生有的放矢地进行道德行为教育。另一方面，加强师资队伍建设，使德育认知与小学生心理承受能力和道德发展水平相适应，并注重开发和调动学生心理潜能，从而去实现德育的内化。目前，有的教师自身道德素养和业务素质不高，超前、过高、或不按教育规律进行德育教育，导致学生无法接受、无法承受；有的教师脱离学生生活的环境，脱离现实生活，脱离学生实际，想当然地进行道德行为教育，只求形式、不讲内涵，致使学生无法接受，达不到内化的效果，也就达不到培养学生良好道德行为的目的。

良好的道德行为的养成是强化与内化的统一，强化包括认知强化、文明行为训练和良好品德强化。例如：如何使学生学会待人接物、富有公德心、热爱集体、热爱祖国、报效祖国等，都需要教师在平时的教学过程中或日常生活中有意识地强化训练。尤其要对学生进行行为方式示范、组织示范或模仿性道德实践，让小学生在直观形象的强化过程中，领悟和掌握正确的道德行为方式示范，达到内化的目的，从而自觉养成良好的道德行为习惯。

（二）实践成果

两年来，我们注重对学生道德素质的培养，结合学生的实际，充分让每一个学生在受教育的过程中得到同等的发展机遇和共同发展的可能，培养他们良好的道德素养，教学生学会做人。

1.学生成果

（1）低年级段突出培养个人品德，弘扬中华传统美德

使小学生养成了讲文明、讲礼貌的好习惯，培养了诚实、守信的好品质。文明、礼貌、诚实、守信是社会主义精神文明的重要内容，而这些行为习惯的养成是从小开始经长期实践而形成的。因此，要求小学生从小不骂人、不讲脏话，待人和气、热情、有礼貌，别人讲话少插话，不打断别人说话；要尊老爱幼、诚实、守信，等等。

培养小学生勤劳、艰苦朴素的品质。小学生勤劳俭朴的品质是通过劳动来培养的，通过劳动，增强他们的参与意识和劳动观念，培养他们爱惜劳动成果、热爱劳动和节省、俭朴的好品质。做到不浪费水、电、食物，不与别人攀比衣着，不同别人比玩具，女孩子不化妆、不戴首饰等。

培养小学生大方、好客、不自私、与人友好相处的品格。目前，随着独生子女的增多，孩子独居独食多。独生子女易受到家人的溺爱而自私、偏执，因此，培养小学生大方不自私、与人友好相处十分重要。要求他们事事处处不能只顾自己，通过多种活动让小学生友好相处。培养他们生活的节律性，按时起床、就寝、进餐、学习。

培养小学生勇敢、坚强、活泼、开朗的性格。勇敢是指人不怕危险和困难，有胆量的一种心理品质。这种品质要与人的自信心和自觉克服恐惧心理的能力结合在一起，必须从小开始培养。要鼓励小学生敢于在集体面前说话、表演，培养他们的自信心；教育小学生勇于承认自己的过失和错误。

（2）中年级段突出社会公德的培养，奠定法治教育的基石

正所谓有因才有果。孩子的品德是否端正，与家庭教育和学校教育密不可分。中年级段是学生形成良好品德的关键阶段，社会公德对学生价值观形成具有重要作用。因此，在社会生活中我们应该大力宣传核心价值观，践行核心价值观，为孩子树立榜样；在学校教育中，首先应该加强教师队伍的思想政治教育，品德端正的教师才能带出品德端正的学生。

树正风。以社会主义核心价值观为指导，树立风清气正的校风。坚持不懈地开展品德教育，树立正确的价值观，培育四有新人，对于校园中的好人好事及时表扬，树立道德标兵。

抓关键。学校思想道德教育开展主要通过班主任来实现，因此要以班主任工作为关键。班主任必须以身作则、率先垂范、身先士卒，为学生树立榜样，才能起到被模仿、影响学生的目的。

配合。学生的思想道德教育不单单是学校的事情，更是家庭、社会的事情。因此，就必须做好家长思想工作，让家长提高认识，理解并支持学校工作，必要时可以集体培训，搞好家校配合，统一意见，提高德育教育的实效性。

心怀集体。当今时代，多数家庭孩子比较少，孩子都是在较为优越的环境中长大的，容易形成以自我为中心、凡事靠父母的观念。因此，要从小给孩子树立正确的世界观、价值观、人生观、道德观，培养孩子独立生存、不怕困难、热爱集体、热爱祖国的伟大情怀。

突显制度的重要性。国不可一日无法，学生的管理也应该有制度可依，

用规章制度来规范学生的言行，特别是用《中小学生守则》和《小学生日常行为规范》来进行规范。要求学生以此为标准开展日常的学生生活，争当优秀。另外还可以通过日常开展的各种活动积极开展德育教育，为小学生树立正确的道德观。

（3）高年级段突出爱国主义情怀的培养，内化"人类命运共同体"的内涵

高年级段的孩子逐步向青春期过渡，正是形成正确的世界观、人生观、价值观的关键时期，爱国主义教育在这个阶段尤为重要。我们培养的是国家未来的接班人，要让他们对国家的历史、文化等有全方位的了解，增强民族自信和文化自信，才能在长大之后深入理解理论自信和道路自信，从而有建立"人类命运共同体"的使命意识和责任担当。

2. 教师成果

（1）立足课堂，探索出育人新模式

课堂教学是思想道德教育的主阵地，是提高学生思想道德素质的关键所在，经过实验形成了几种新的教学模式，促进学生在自觉地掌握知识的同时全面提高自己的思想道德素质。

（2）坚持"活动育人"，促进校本课程开发

学校为了加强学生的思想道德素质建设，坚持以活动为载体，形成"理想、信念"专题、"爱国主义"专题、"社会道德"专题、"社会与法制"专题，先后开发了一系列校本课题："阳光下鲜花盛开""心灵契约"等校本课程，有力地促进了学生思想道德建设。

（3）坚持"面向全体"，提升学生素质

学生成才先成人，而小学教育阶段是学生思想道德素养培养的最佳时期。要培养小学生的道德素养，也要使他们能区分善恶、光荣与耻辱、诚实与虚伪等。通过多渠道多层次的教育，使学生的思想道德素质得到较大提升。

（4）强化教师"四个意识"，提高教师育人能力

通过学习，教师不断更新育人观念，不断深化育人内容，不断改进育人方法；通过实验，不断增强德育工作的前瞻性，始终保持德育创新。在具体工作中，通过实验，主要强化以下四个意识：

①强化地方意识。在强调学校德育时代性的同时，注重德育的地域性。

教师德育注重从身边出发，要把德育牢牢植根于本地土壤中，充分利用本地的德育资源优势，开展德育活动，发展育人文化。充分体现本地文化内涵，体现本地德育特点，打造本地德育品牌，造就一方社会人才。

②强化创新意识。创新是学生德育的生命，是由德育的社会性中的时代性所决定的。为稳定推进德育的改革与创新，我们要着重做两件事：一方面要深入系统地了解本地小学德育现状，开展德育调研活动；另一方面要大胆地探索新时期德育改革创新的路径。两者是相辅相成、辩证统一的。即只有全面深入地了解学生的思想德育现状，才能更有针对性地进行小学生德育创新，而只有以改革创新的理念重新反观和审视本地小学生德育现状，才可能深入发现学生思想中存在的问题及其产生的原因，进而克服现存的思想素质教育弊端，走向真正富有实效的创新。

③强化特色意识。认真谋划学校的学生思想教育工作，在思想教育内容和活动上体现自己的特色，逐步形成和发展具有本校特点的德育品牌。

④强化主动争取领导的意识。加强和改进小学生思想道德教育，是全社会的共同任务，我们无疑是完成这次任务的主力部队。但光靠我们还不够，还必须靠全社会共同协助完成。因此，主动争取领导支持是我们开展工作的前提条件，练就取得领导支持工作和协调相关部门开展工作的本事。

# "海港区柳江盆地研学资源开发研究"
# 研究报告

主持人：孙英

## 一、课题研究的背景及意义

### （一）研究背景

为认真贯彻执行教育部等 11 部门《关于推进中小学生研学旅行的意见》精神，让广大中小学生在研学旅行中感受祖国大好河山，感受中华传统美德，感受革命光荣历史，感受改革开放伟大成就，激发学生对党、对国家、对人民的热爱之情，增强对坚定"四个自信"的理解与认同，《中共中央国务院关于深化教育改革全面推进素质教育的决定》明确指出："实施素质教育，就是全面贯彻党的教育方针，以提高国民素质为根本宗旨，以培养学生的创新精神和实践能力为重点。"这要求广大教育工作者从观念到行为将素质教育推进到一个以培养学生创新精神和实践能力为核心的教育改革新阶段，必然要寻求一条适合其教学发展的开放之路。

柳江盆地地层发育完整，时代较为齐全，出露良好。沉积岩、岩浆岩和变质岩三大岩类均有发育，是一个种类齐全的"岩石博物馆"，对研究古地理、古气候、古环境有特殊的意义，特别是竹叶灰岩、藻灰岩极具观赏价值。本地区沉积地层中古生物化石丰富，尤以寒武纪的三叶虫、奥陶纪的头足动物、石岩二叠纪和侏罗纪的古植物以及新生代的古脊椎动物化石最为著名，加之该地区蕴藏着丰富的矿产资源，柳江盆地被广大地质工作者誉为"地质百科全书"，同时又被称为"现代地质学发祥地"和"哺育地学人才的

摇篮"。

为进一步推动研学旅行工作扎实有效地开展，结合秦皇岛市中小学研学旅行的有关要求及本区域的实际情况，我们集中优秀师资力量，展开对柳江盆地研学资源开发的实证研究。

（二）研究意义

**1. 理论意义**

"研学旅行"是学校教育和校外教育衔接的新形式，是教育教学的重要内容，是综合实践育人的有效途径，对于全面贯彻党的教育方针，落实立德树人根本任务，全面提升中小学生综合素质，培养德智体美劳全面发展的社会主义建设者和接班人具有重要意义。

研学旅行，也叫游学。游学的代表人物有春秋时期的孔子、明代的顾炎武、清朝的梁绍壬、现代的陶行知等，可以说，游学思想是我国教育思想的珍贵部分。而今天研学旅行再次焕发荣光，彰显着其不可替代的现实教育意义。著名作家余秋雨先生甚至曾提出"路就是书"的观点。研学旅行，就是路和书的融合。在旅行中学习，会实现历史、地理、人文各大学科的融合，实现多方面科学文化知识的了解和掌握。本课题吸纳国内外先进理论与实践经验，以海港区柳江盆地国家级自然保护区本土实践为切入点，从现有研究中梳理指导原则，并运用于区域实践中，有助于让广大中小学生在研学旅行中感受祖国大好河山，感受中华传统美德，感受光荣革命历史，感受改革开放的伟大成就，感受地域特色文化；有助于推动素质教育全面实施，创新人才培养模式，引导学生主动适应社会，促进书本知识和生活经验的深度融合；有助于促进学生身心健康，学会动手动脑、生存生活、做人做事，培养学生的社会责任感、创新精神和实践能力。

**2. 实践意义**

（1）让学生通过研学活动，增强爱国情怀。了解柳江盆地文化历史，弘扬民族传统，传承优秀的民族精神，增强学生爱家乡、爱祖国的情感，激发对科学的热爱以及对大自然的敬畏之情。

（2）研学旅行能拓展学生视野，夯实知识的基础。在学校，学生所学的大多是书本知识，即使是通过实验来获得的知识、技能，也是在以学校为背景的实验室条件下，以间接经验和理性知识为主，但是接地气的感性知识始终欠缺，在进入信息化时代依然如此。

（3）提升学生综合素质，培养青少年核心素养。在新时代，人们对学习的需求比以往任何时候都更强烈、持久、全面。研学旅行的终极要义在于"学"与"行"的有效融合，相比一般的日常学习，研学旅行更加注重自主性、创新性、融合性，有利于培养学生的自学习惯，提高学习能力。在研学旅行的前期和后期，学校会对学生进行语言或者与文化相关的课程培训以及身体素质等方面的调查，结束后会要求学生完成相应的任务并进行集中展示，让学生有所选择地发展爱好，培养观察能力，最终利于提高青少年的核心素养。

## 二、研究现状

中国的研学旅行正处于发展初期，2009 年，研学旅行在中小学中被提倡和实行，这是由于研学旅行方面的课程在中小学生课程体系中开设。2013 年，教育部发文《关于开展中小学生研学旅行试点工作的函》，首先在二线城市中试行，其次一线城市如上海、北京等地也开始实行。因为有国家相关政策的支持，研学旅行快速发展。2016 年至今，研学旅行研究的内容拓展到研学旅行的理论基础、中小学校开展研学的困难类型、需求动机分析、课程化建构、研学旅行与学生核心素养之间的关系、研学旅行示范基地建设等方面。

柳江盆地区域是中国华北地台地质演化的"窗口"，是一个"袖珍版"的华北板块，在 25 亿年以来的时空变幻、海陆变迁中，历经多次地质构造运动，清晰地保留着由吕梁运动、蓟县运动、加里东运动、海西运动、印支运动和燕山运动所形成的六大不整合面；清晰地保留着太古代、元古代、古生代、中生代、新生代的地质演化历史的遗迹。其中，柳江地学博览园由柳江地学实习基地、秦皇岛柳江地学博物馆、地质灾害（科普）体验馆和科普广场四部分组成。这为我们提供了丰富的生态教育资源，但这些资源不能直接作用于研学实践，尚需作出深度的教育解读与开发设计。

在此情形下，我们申报"海港区柳江盆地研学资源开发研究"这个课题进行研究，本课题研究结合综合实践活动开展，得出具体的开发策略和实施建议，丰富课程内容，在客观上强化学生对于现实知识的感知，培养学生的

核心素养。

### 三、理论依据

1. 自然主义教育理论

中西自然主义教育虽然有所不同，但毫无疑问的是，自然主义应该是教育发展始终坚持的一个原则。这种教育观点所倡导的是受教育者走向大自然、顺其自然本性而教育的理念，都是现今研学旅行活动所要重新加以思考并遵循的。河北柳江盆地国家级自然保护区蕴藏着极其丰富的地质遗迹，集典型性、自然性、稀有性、多样性、系统性和完整性于一身，享有"天然实验室"和"自然博物馆"的美誉，是世所罕见的地质瑰宝，为研学旅行提供了优质的自然条件。

2. 生活教育理论

研学旅行是一种生活教育。如果说自然主义教育是研学旅行教育的原则的话，生活教育理论则指明了研学旅行的教育内容以及教育手段。就教育的内容而言，所谓的生活教育就是生活中的一切都可以作为教育的内容，教育是为了生活，怎么样生活就怎么样教育。

就教育的手段而言，生活教育反对把学生关在学校里，犹如把鸟儿关在鸟笼里，主张应该办开放的教育，让学生到广阔的生活中体验。生活教育理论对我们开展研学旅行活动的启发是重要的。可以说，我们现在之所以要在中小学生中推行研学旅行课程，把研学旅行纳入教学计划中，就是为了强调教育理应回归生活世界，教育理应面向生活、服务生活，让学生从生活中获得新知。

3. 休闲教育理论

研学旅行是一种休闲教育。休闲是生活中很重要的一项内容，甚至是生活的大部分内容。它关系到人的生活质量以及个体的生活满意度与幸福感。无论是课内还是课外，这种休闲教育的理念应该得到普及，而走出校门进行研学旅行的教学活动，无疑是更富有成效的一种教育方式。研学旅行通过精心设计课程，引导学生走出校园、走向社会，以一种旅行的方式感知周围的世界。这种教育形式就是一种休闲教育，它能让学生学习旅行的经验，并在充满体验感知的过程中获得成长的快乐。不同的理论基础反映了研学旅行的丰富内涵，同时也为研学旅行实践的开展提供了不同角度的启发。

### 4.体验教育理论

建构主义指出，学习的实质是学习者积极主动地进行意义建构的过程，即学习不是由教师把知识简单地传递给学生，而是由学生自己建构知识的过程。学习不是被动接受信息刺激，而是主动建构意义。在研学旅行过程中，教师要成为学生建构意义的帮助者，激发学生的学习兴趣，帮助学生形成学习动机，通过创设符合教学内容要求的情境，帮助学生建构当前所学知识的意义。理论逐渐与广大教师的教学实践普遍地结合起来，从而成为教学改革的指导思想，也成为教师教学课题研究的理论依据。

### 5.人本主义理论

人本主义心理学是20世纪60年代兴起的一个心理学流派。主要代表人物有马斯洛、罗杰斯等。人本主义心理学强调学习过程中人的因素，把学习者视为学习活动的主体，重视学习者的意愿、情感、需要和价值观。这一理论遵循了"以人为本"的教学原则，迎合了当前新课改的要求，研学旅行对于发挥学生的主体作用，发展学生的自学和探究能力有着积极的作用，也是教师教学课题研究的重要理论依据。

### 四、核心概念的界定

（1）柳江盆地。河北柳江盆地位于秦皇岛市以北的燕山山脉东段与华北平原接壤的区域。柳江盆地蕴藏着极其丰富的地质遗迹，享有"天然实验室"和"自然博物馆"的美誉，是世所罕见的地质瑰宝，是集遗迹保护、科学研究、实践教学、科普宣传等为一体的地质遗迹类保护区。

（2）研学又称"研学旅行"，"学"是"游"的核心。针对不同地区、不同年段、不同知识基础的学生，做到以旅行的方式求知治学。对研学旅行线路进行课程化开发，在研学旅行课程校本化的基础上，进行游学课程的设计，力图做到范围本土化、课程序列化、主题整合化、过程体验化。不同年龄段孩子的心理特点与智力、能力发展水平存在差异，研学旅行的内容应该因人制宜。结合游学课程的要求和学校的总目标，在实施过程中不断补充完善。

## 五、研究内容

（1）柳江盆地资源的开发调查研究；

（2）柳江盆地资源在培养学生核心素养方面的开发与利用研究；

（3）一至六年级体验式研学实践活动方式研究。

## 六、研究目标

（1）通过调查研究，了解柳江盆地资源的开发现状，针对实际问题制定相关调查研究策略。

（2）通过研究，探索柳江盆地的教育资源在培养学生热爱祖国、敬畏大自然、热爱科学等方面核心素养的开发与利用。

（3）通过研究，形成依托柳江盆地资源，在小学开展体验式研学活动的教育方式，开发课程方案。

## 七、研究对象

本课题研究对象为秦皇岛市海港区铁新里小学一至六年级学生。

## 八、研究方法

1. 分析研究

通过严谨的数据采集与分析，对研学资源在促进小学生核心素养提升的机理和效果、研学旅行活动模式、学生的教育认知方式等方面进行分析。边研究，边反思，边总结，在反思中总结成果。

2. 调查研究

通过对师生进行问卷调查和座谈，了解校内教育存在的问题和学生的实际需求，以便有针对性地制订研学方案，开展研究。

3. 实践研究

通过师生实地参观考察，亲身感受柳江盆地独具特色的地质风貌，体验地震灾害来临时的紧急避险常识，激发学生热爱、敬畏大自然的情感，帮助本课题研究。

### 4.文献研究

通过各种手段，查阅多种资料，全面了解课题研究现状，并进行分析。学习借鉴他人的研究经验和成果，帮助本课题进行研究。

## 九、研究过程

**（一）第一阶段：研究准备阶段（2019 年 6 月—2019 年 8 月）**

### 1.组建课题组

在学校的小课题组研究成果的基础上，采取自愿报名的方式组成一个课题研究小组，其中加入了朱红校长、李静副校长、孙英主任、张哲副主任等教育科研经验丰富的成员，又有张瑶、马晓雪等年轻有活力的新生力量的加入，课题组的研究力量雄厚，研究经验丰富。

### 2.填写申报表

填写市教育科研"十三五"规划课题"区域研学资源开发的实证研究"申报表，课题组成员共同商议，申报"海港区柳江盆地研学资源开发研究"课题，由课题负责人签写申报表。

### 3.召开讨论交流会

对与课题有关的实际问题进行梳理，使课题组成员对课题的提出与研究达成一致意见。

### 4.培训

孙英主任对课题组成员和与课题研究有关的人员进行理论与实践的培训，学习了柳江盆地地学博览园的相关资料。通过这次培训活动，使我们对课题的研究有了清醒的认识，懂得了如何撰写课题研究方案及今后课题研究的方向，为最后的结题作好了充分的准备。

### 5.确定人员分工

略。

**（二）第二阶段：课题研究阶段（2019 年 9 月—2020 年 10 月）**

### 1.研讨会交流会

在孙英主任的主持下，召开讨论交流会，确立课题研究思路，制订研究计划，按时间序列进行了详细的过程设计，并对实施阶段进行了详细的论述划分。

2. 开题及开题报告的撰写

略。

3. 问卷调查

课题组成员制作调查问卷，开展问卷调查研究，探究学生研学动机，并结合学生的家庭情况和自身爱好，激发学生研学的兴趣，比如学习知识、放松身心和与好友一起出行等。通过对调查的问卷的整理测评，制订下一步的研学计划。

4. 实地走访

课题组成员参观柳江盆地地学博览园，并走访了周边的常住居民，了解柳江盆地特殊的地质条件给生产生活带来的影响。

5. 开发研学产品

课题组召开讨论交流会，着眼于柳江盆地丰富的自然风光景区和研学旅行基地的开发，致力于开发出书签、画册、树叶标本等学生喜闻乐见、富有学习兴趣的多种类型的研学产品，满足不同学段学生的需求。

6. 挖掘研学主题

挖掘柳江盆地研学和社会实践活动的主题，包括环保、安全、科技、感恩、磨炼意志等方面，与学校课程相结合，进行课程方案的设计；探索研学旅行的形式，进行学校研学工作的分工。

7. 问卷调查

为了探索研学课程中家校配合的方式，课题组成员制作了线上的调查问卷，通过问卷调查获取家长、学生的反馈意见，鼓励家长、学生参与课程线路设计，以征集的形式，使学生充分参与，使得研学旅行课程进一步完善。

8. 开展主题教育活动

结合"4·22 世界地球日""世界环境日""全国科普日"等宣传日，组织开展主题教育活动，获取自然科学知识，提高知识素养，帮助学生学习地球科学知识，了解我国资源、环境的基本国情，从小树立节约资源、保护环境的意识。结合柳江盆地地质特点开展现场演示、讲故事、观看地质科普影片、知识答题等丰富多彩的科普宣传活动。全校教师积极制作美篇，通过微信公众号、班级群等，围绕主题，宣传知识。

9. 开展体验式研学活动教育

课题组开展体验式研学活动教育，促进研学活动改进，引导学生将研学与自己的体验和生活相结合，更加贴近学生年龄和心理特点。

（1）组织学生将绘画、彩泥等与地球的圈层结构知识结合，以手抄报、儿童画、彩泥手工作品的形式直观演示出来，通俗易懂地区分地壳、地幔、地核、莫霍界面和古登堡界面等基础知识，使小学生群体更乐于接受。

（2）开展培养小小讲解员活动，通过对博物馆的实地参观，对保护区知识的了解，指导学生介绍地质知识；通过天文地理知识互动问答，将手中的岩矿化石标本卡片对照辨认实物标本等，改变传统说教的僵化模式，让学生带着问题去学习，带着疑问去探究，极大地激发了学生学习的热情和兴趣。

10. 召开研讨会

课题组定期召开课题研讨会，把课题研究和学生工作结合起来，使课题研究预期成果多样化；搜集整理活动资料和记录，撰写课题阶段性总结，课题组成员不断对研究方法进行修改和补充。

11. 召开论证会

召开课题中期论证会，课题组成员搜集整理中期论证材料，听取主持人中期研究报告，专家老师给出修改意见，完善研究成果，上交教研室中期论证材料。

（三）第三阶段：课题总结阶段（2020 年 11 月—2020 年 12 月）

（1）总结研究情况，课题组召开总结会，收集整理课题研究材料，归纳、提炼、总结研究成果，撰写子课题研究报告。

（2）将汇集成册的研究资料、研究报告连同电子稿，以及研究论文和课程方案上交总课题组。

（3）进行学生研学旅行教育模式的推广。

## 十、研究成果

（一）研究论文：《如何开发小学研学课程——以柳江盆地研学资源开发为例》

研学资源开发依托柳江盆地特殊的地理地貌和自然变迁历史、柳江地学

实习基地、秦皇岛柳江地学博物馆、地质灾害体验馆和科普广场等研学地点，让学生在研学旅行中了解家乡，热爱家乡，感受大自然的伟大，激发学生对党、对国家、对人民的热爱之情，是加强中小学德育教育的重要载体。围绕自身的育人特色和柳江盆地保护区特点，对柳江盆地研学资源开发进行实证研究，带领学生感受祖国的大好河山与地大物博，激发学生科学兴趣，培养其科学探究能力和实践动手能力，引导学生认识人与自然的关系，进而激发学生的爱国情感。

为了给学生创造研学条件，学校充分挖掘课程资源，大胆整合，将研学教育活动融入生活，实现"点点滴滴育人，时时处处育人"的教育目标，于无形中培养学生有形的素养。

一是巧用自然资源，开发"走进地质百科全书——柳江盆地"的地学科普课。为了让学生认识自然、走进自然、热爱自然，学校开发"走进地质百科全书——柳江盆地"的地学科普课。同学们通过搜集资料，认识地球的发展，感受地球的变化，了解柳江盆地的地质演化，增强小学生对大自然和人类社会的热爱，激发孩子们热爱地球、保护地质遗迹和生态环境的意识；通过组成小组进行观察、讨论、互动和体验，到科普广场观察矿石，培养学生爱观察、爱学习的习惯。学生每到一处，教师提前设计对应的课程目标、课程内容与活动形式，让研学实践教育最大化地实现研究性学习与旅行体验相结合的教育目的。

二是利用人文场馆，开发分年级课题研究课程。一、二年级采用主题教学进行课堂知识讲授，完成探究任务，如绘制地球模型、展示基本地质知识等，这样不仅可以激发学生对地质知识的兴趣，引导学生初步学习更多的地质知识，而且可以引发学生的科技探究兴趣，进行对大自然神奇造化的探索。完成课程后，将研究成果以图画、儿歌、小报、小视频、彩泥泥塑等形式进行展示。三至六年级的学生开展项目式研究，开展多种体验性活动、研学旅行成果汇报展示等。通过研学旅行，学生了解自然知识，增强坏保意识，增加对集体生活方式和社会公共道德的体验，学会团队合作；同时，孩子们也收获新知识，学会新技能，研究性思维、学科素养和动手实践能力也得到提高。学生在真实、有趣、生动的学习情境中，调动了自身的多种感官，激发了多角度思维，在参与、体验中得到自我发展。

三是结合节日节点定期开展主题教育活动。利用"4·22世界地球日""世界环境日""全国科普日"等宣传日，围绕主题，布置宣传条幅，配备各种教学宣传工具和互动参与设备，印制主题海报、宣传折页等资料，结合柳江盆地地质特点开展科普宣传活动。学生在实践研究过程中得出结论，形成自己独到的观点，培养学生的创新精神，激发想象力和创造潜能，发展思维能力，学习科学的思维方法，逐步养成实事求是、崇尚真知的科学态度。

在课题实施方面，还要注重家校携手，保障安全。在原有家委会的建设中，又组建"家长义工""爱心互助"等团队。在每次研学之前，召开家委会会议，对研学实践教育进行总体介绍，说明研学意义，定位家长角色。学校设定研学时间、方向与主题，家校携手设计研学路线，聘请家长志愿参与行程。家校携手的方式给研学实践安全问题的解决奠定了基础。同时，要求参加研学活动的教师要以高度的责任心对每个学生的安全负责，研学活动之前要对学生的身体情况进行调查，身体不适者经书面请假后可以不参加活动；德育处须认真组织班主任对学生加强安全、文明、纪律教育，做到预防在先，教育在先，确保外出活动万无一失；各班级可自行备用一些简单的预防意外的药品（如：红药水、创可贴、藿香正气水等）；不允许任何教师请假，禁止学生走捷径或擅自离队、未经请假提前独自到达活动场地。

要精心准备，构建研学体系。研学实践教育是一种研究性、体验性的课程，渗透在旅行教育活动的方方面面，如德育、安全教育、环保教育、规则教育、生活自理能力培养等。研学教育不只是带学生去游山玩水，而是要在旅行过程中使学生学到真东西。在活动的过程中，教师不是导游，但是在旅行的前、中、后阶段要加强对学生各方面教育的引导。在举行研学活动之前，教师必须先对研学基地、场馆进行充分了解，并且要尽力做到将学校已有课程与研学实践教育进行深度融合，使研学实践教育的质量有保障。

我们对柳江盆地资源进行了深入的挖掘，寻找与课本知识、学生生活的衔接点，把衔接点作为知识点，然后再围绕知识点，引导学生用多种方式查找资料，储备知识，形成学习任务单，从而确保研学旅行活动既有"研"又

有"学"。通过开展系统的备课，引导学生在活动前对每个基地场馆进行问题设置，让学生带着问题进场馆，激发学生的问题意识。设计一系列活动激发学生参与的主动性，培养其自主发现问题和解决问题的能力，发扬主人翁精神，形成自主探究意识和合作精神。

总之，研学课程为学生提供了真实的场景、真正的生活，研学课程中的学生总是在观察、整理、讨论、研究。研学让学校变得更加有吸引力，使学生的学习、探究兴趣更加浓厚，有效地落实了立德树人的教育目标，让学校成为学生的领路人，为实现他们的梦想砥砺前行。

### （二）"海港区柳江盆地研学资源开发研究"课程方案

河北柳江盆地地质遗迹是国家级自然保护区，它是集教学实习、科学研究、科普展示于一体的综合性地学博览园。该博览园位于河北秦皇岛海港区石门寨镇（原秦皇岛煤炭管理干部学校旧址内），占地面积350多亩，距市区20千米，交通便利。由秦皇岛柳江地学博物馆、地质灾害体验馆、科普广场和柳江地学实习基地四部分组成，对提高民众科学文化素质、服务低碳经济、实现人与自然的和谐相处具有重要的意义。

我们把学校一至六年级分成三个年级段：一、二年级为低年级段，三、四年级为中年级段，五、六年级为高年级段。低年级段采取自愿原则，要求家长利用节假日时间带孩子去研学基地参观学习，留下过程性资料，和家长一起说说收获，初步了解地质知识；中年级段由学校课题组教师按照课题需要设计调查内容，由学校组织学生一起前往研学基地，以参观学习、调查问卷等形式完成课题组教师交给的学习任务；高年级段可以融社会调查、参观访问、亲身体验、资料搜集、集体活动、同伴互助、文字总结等多种形式为一体。坚持本土化游学，让孩子的视野先从身边打开，可以从亲近自然、主题探究、团队实践、人文熏陶等方面设计课程。

课程主题有四个方面：（1）认识地球的发展，感受地球的变化，了解柳江盆地的地质演化，增强中小学生对大自然和人类社会的热爱，通过观察、讨论、互动和体验激发孩子们热爱地球、保护地质遗迹和生态环境的意识。（2）通过课程学习了解影响地球变化的几大力量，了解地球圈层结构、板块运动、内外力地质作用等知识点，具备辨识三大岩类（沉积岩、岩浆岩、变质岩）、常见矿物及在日常生活中应用的能力，具备野外灾害避险和应急自救的能力。（3）在地质灾害科普体验馆中，4D 动感科普影片模拟了地震、火山、海啸、泥石流等地质灾害现象，使中小学生切身体验地质灾害的发生过程和严重的破坏程度，从而得到敬畏自然、保护自然的启示和感悟。（4）引导学生走出校园，亲近自然，关注身边的环境并接触社会。通过户外观察、互动体验、引导探究、动手实践，全方位浸入自然之中，在研学过程中拓展知识、丰富经验，逐渐形成对自然、社会和自我的内在联系与整体认知，提升学生的综合素质与能力。

课程目标设定：（1）通过在柳江盆地的实地研学，学生能够学到很多的地质知识，引发学生的科技探究兴趣和对大自然神奇造化的探索，激发对科学的热爱之情。（2）通过了解亿万年前的地质变迁，感受丰富的自然资源及其价值，培养学生养成保护环境、保护地质遗迹的文明行为。（3）在研学活动中，学生们走出课堂，融入神奇的大自然，与山水岩石相伴，能够放松身心，促进心理健康，激发对大自然的热爱与敬畏之情。（4）通过了解柳江盆地文化历史，增强学生爱家乡、爱祖国的情感，弘扬民族传统，传承优秀的民族精神。（5）提升学生综合素质，培养青少年核心素养。

初步研发"走进地质百科全书——柳江盆地"的地学科普课。

1. 自然观察系列

（1）认识地球

地球既是宇宙的一个天体，也是人类唯一的家园。对人类来说，地球既熟悉又陌生，人类一直在探求地球的过去、现在和未来。本课程知识点：太阳系八大行星及各自特点、月相变化、地球的圈层结构、板块运动、内外力地质作用、生物演化、二十四节气、地球日的由来等内容。

（2）塑造地球的四大力量

地球是个充满自然奇观的天体，我们要探索四股强大的力量，这些力量在塑造地球的同时也保护着地球，这些力量能毁天灭地也能促成新生，通过观看科普影片了解了地球的发展变化历史，以及塑造地球地貌的四大神奇力量。同学们先观看再自由讨论然后归纳作答，最后老师总结补充。本课程知识点：火山、冰川、海洋、大气对地球演化的影响。

（3）解密石头密码，辨识三大岩类

各种各样的石头是解读地球演化历史的文字，了解地球演化、海陆变迁，首先要从认识岩石开始。科普广场摆放着百余块大型的岩矿标本，通过观察学习让同学们知道三大岩类形成的过程以及各自的特点，了解三大岩类的特征，并能简单识别常见的岩石，将学到的知识应用到生活当中，学为所用。

（4）走进地质遗迹保护区，寻找远古沧桑的记忆

柳江盆地地层发育完整，分布相对集中且出露良好，本地区的亮甲山、黑山窑是我国北方早奥陶纪亮甲山组和晚三叠纪黑山窑的建组标准地点。从岩石类型看，自然出露多种类型的沉积岩、岩浆岩和变质岩，就是一个大"岩石博物馆"，对研究古地理、古气候、古环境具有特殊的意义。让学生们亲临大自然，走进保护区，在保障安全的情况下跋山涉水，寻遗迹找化石，让中小学生切身体验地质工作者工作艰辛的同时也感受实践收获的喜悦。

2. 科学探究系列

引导学生发现问题，提出假设，开展一系列活动来进行实验探究。通过动手与实践，培养学生的科学思维、探究能力、思辨力和协作力。包括科学实验、主题探究体验营等。

3. 户外拓展系列

在户外的自然环境中运用丰富多样的运动形式，学习实用技能，在运动的同时与自然融为一体，锻炼学生的身体协调力、意志力、团队协作能力。

主题一：野外研学，争做小小地质学家。

课程对象和目标：针对小学低年级学生，了解柳江盆地，探寻地球奥秘。柳江盆地区域是中国华北地台25亿年以来地质演化的"窗口"，是一个"袖珍版"的华北板块。读懂了柳江盆地，就了解了东起朝鲜半岛、西至嘉峪关，全长2700千米的华北板块25亿年来是如何演化的；读懂了柳江盆地，就读懂了地质科学的精华，就读懂了我们身边山山水水的来龙去脉。利用柳江盆地保护区得天独厚的便利条件，让学生们置身亿万年形成的自然地质遗迹中，寻找地球演化变迁过程中留下来的证据，真实体验当一名小小地质学家。

课程内容：了解柳江盆地的四次海陆变迁，初步了解地层概念、构造运动、地形地貌、岩床、岩墙、海洋类化石、古火山口、哺乳类化石等内容。

课程流程：

（1）观看柳江盆地的四次海陆变迁的影片；

（2）参观柳江地学博物馆；

（3）绘制地球圈层构造。

主题二：探秘地震，争做安全小达人。

课程对象和目标：针对亲子家庭或小学高年级群体，围绕地震安全和生命意识，设计闯关游戏、安全体验、动手实操等环节，让孩子们培养对地震知识、地震工作的兴趣。

课程内容：通过闯关游戏和参观体验、制作地震仪等环节，让孩子们在竞技中学习科普知识，在实践中锻炼探索能力，在动手动脑中领悟防灾文化。如果是亲子家庭参加时，陪同的家长也能了解地震知识和地震工作，从而树立正确的灾害观，掌握科学的避险技能。教育一个孩子，带动一个家庭，影响整个社会，使参与者成为地震安全的传播使者。

课程流程：

（1）参观地震灾害体验馆；

（2）分组进行科普闯关定向赛；

（3）学习逃生绳结、创伤包扎等应急自救互救逃生技能。

主题三：探秘地球，争做小小天文学家。

课程对象和目标：适合小学中年级的学生。地球既是宇宙的一个天体，也是人类唯一的家园，对人类来说，地球既熟悉又陌生。引导学生去了解地球的过去、现在和未来，了解地球在太阳系中的位置和作用，感受地球的环境变化，培养学生们热爱地球、保护地质遗迹和生态环境的意识。

课程内容：太阳系八大行星及各自特点、月相变化、地球的圈层结构、板块运动、内外力地质作用、生物演化、二十四节气、地球日的由来、地球生态环境变化等内容。

课程流程：

（1）观看太阳系八大行星的视频；

（2）讲解月亮和地球的关系，一个月中的月相变化；

（3）熟记二十四节气，播放二十四节气歌；

（4）了解地球生态环境近些年的变化和生态环境保护的紧迫性。

4. 自然教育系列

定期开展主题教育活动，获取自然科学知识，提高知识素养，帮助学生学习地球科学知识，了解我国资源、环境的基本国情，从小树立节约资源、保护环境的意识。

学生通过主题牵动，在实践研究过程中得出研究结论，形成自己独到的观点，培养学生的创新精神。学生进行主动探究性学习，激发想象力和创造潜能，发展思维能力，学习科学的思维方法，逐步养成实事求是、崇尚真知的科学态度。在研学旅行课程研究与实践的路上，教师们将和孩子们同行，将书本知识与鲜活文化融会贯通，将研学收获内化为自己的优秀品质。

5. 自然艺术系列

以大自然的元素为材料和灵感，创作独具特色和美感的自然艺术作品，培养学生的动手能力、艺术创造力、想象力。课程包括制作岩石标本、岩石 DIY 等。

主题一：制作岩石标本。

课程对象和目标：小学高年级学生。本课程旨在指导学生学会制作岩石标本。

课程内容：学习岩石标本制作的方法。

准备材料：盐酸、铁钉、滴管、锤子、铜钥匙、放大镜、岩石标本盒等。

采集岩石标本：

（1）选取安全地点进行采集。察看一下采集点之上有无危石，是否会因敲打震动而下坠，以免造成事故。采集晶形完美或脆弱易碎的矿物标本时，应格外小心。最好能用带尖的钢凿沿周边慢慢凿取，以免损坏。

（2）用于陈列的标本要求大小比较整齐，常用的规格是 2 厘米 ×4 厘米 ×6 厘米或 4 厘米 ×6 厘米 ×9 厘米。采集时通常打得较大，然后把标本拿在手中，用地质锤的扁头修去棱角和多余的部分。

（3）标本采下以后，应立刻刻给它编号。可用一小块胶布，写上号码，贴在标本上。同时，在记录本上记下采集点的位置，它的分布特点、周围岩石的特征等，最好能画一张有关采集点的素描。为了防止记录本被雨水淋湿，应该用铅笔而不用钢笔。为了防止标本被挤碎，应把修整好的标本用软纸包好，脆弱易碎的晶体最好用棉花包裹，或多包几层软纸。

制作过程：第一步，把岩石洗干净；第二步，把岩石砸成小块；第三步，把岩石贴上标明岩石名称的标签；第四步，把岩石装进盒子里。

注意事项：

（1）特别是在使用稀盐酸时，盐酸有腐蚀性，不要弄到手上或衣服上。

（2）贴标签时要及时，以防贴错、贴乱。

（3）将岩石装进盒子前要看看岩石上的水是否已经干了，如没有干要待水干之后再入盒。

（4）标本盒应选择高度 4.5 厘米左右的塑料盒或纸盒，用硬卡纸把内部分隔成 5 厘米 ×5 厘米左右的方格。

主题二：岩石 DIY。

课程对象和目标：小学各年级学生。课程目标旨在引导学生发现岩石的美，学会观察生活，发现生活中的美。

课程内容：学生根据岩石的形状，绘画出各种各样的小动物，自己喜欢的人物或者物品，并涂上喜欢的颜色。

准备材料：岩石、丙烯颜料。

制作过程：

第一步，清洗岩石，清除岩石上的灰尘沙砾；第二步，仔细观察岩石的形状，发挥自己的想象力，用笔勾画形状；第三步，欣赏优秀的岩石 DIY 作品，启发学生的思路；第四步，开始制作岩石作品；第五步，教师巡视指导，修改完善；第六步，展示岩石作品。

在课程实施方面，做好各项保障工作，尤其是学生的安全教育与组织管理为首要。

# "小学道德与法治课程与学校德育活动有效整合的研究"研究报告

主持人：张立

## 一、课题研究的背景及意义

道德与法治课程向生活世界的回归，给学校德育带来了新的活力，也给学校德育的发展创造了机遇。因此，学校德育工作必须抓住这一契机，建立与道德与法治课程新的联系，构建道德与法治课程向课外延伸的平台，将道德与法治课程与学校德育工作形成一个整体。

如果把学生比作一棵小树的话，道德与法治课程与学校德育活动就是为小树成长输送养分的两条根茎，虽然路径不一样，但目标却是一致的。在学生成长过程中，它们各有所长，也各有不足。作为学科课程，道德与法治教学让学生基于自己的生活，发现问题和提出问题，在亲身参与丰富多样的社会性活动中，实现自我发展、自我完善，最终不仅实现社会性发展，还形成探究意识和创新精神等。但作为一门每周仅有两课时的"副科"，大量的课前考察、课后实践作业，学生都没有时间完成，受困于教室，有"纸上谈兵"之遗憾；作为活动课程，德育活动内容丰富，实践性强，深受学生喜欢，但它系统性较弱，常被讽为"活动来时一阵风，活动走时无影踪"。因此，将教材中需要学生在生活中实践、考察的项目与学校的德育活动结合起来，以生动有趣、切实可行的活动为载体，将两者有机整合，既为品德课程找到了实践的平台，又为德育活动找到了理论的支撑，真可谓是一举两得。

## 二、文献综述

新时期《小学德育纲要》对小学德育提出了具体的要求并指出小学德育的方向是：爱国主义、集体主义以及社会主义。小学德育的培养目标是为我国培养"四有"新人，同时，通过对小学生的思想品德教育，不断加强小学生对中国少先队以及中国共产党的感情，使学生从小就养成"五爱"的高尚道德情操。

《品德与生活课程标准（2011年版）》指出：良好品德是健全人格的根基，是公民素质的核心。在当今世界，民族素质和创新能力越来越成为综合国力的重要标志。国际竞争的加剧推动着基础教育课程向着更加重视公民道德教育，更加重视创新意识培养的方向发展。在我国构建社会主义和谐社会，加快建设创新型国家的历史重任，要求基础教育必须加强社会主义核心价值体系教育，培养学生良好的公民道德素质和勇于探究的创新精神与实践能力。

随着课程改革的不断深入，国内外的研究者们发现德育与儿童生活有着密不可分的关系。综合性，是品德课程的重要特点。鲁洁教授也多次在课程实验中指出，品德课程是学生全部的生活经验，课内、课外是一个整体，不能相互脱离。品德课堂教学应从儿童生活中来，再回到儿童生活中去。

从河北省内外的研究状况来看，目前许多学校进行了在新课程实施背景下提高品德教学与学校德育有效整合的研究。他们根据自身的特色和优势进行课程设计探索，如在教学组织形式上，采用诸如参加社会实践活动、多媒体教学手段、课堂讨论等方式，充分调动学生学习的主动性和积极性；从教学资源上，利用网络资源丰富教学内容；在教学方式上，品德学科教学渗透德育的实践也被很多学校证明是提高教学质量的有效措施。但这样的课程设计只是突出了特色，强调从教学方法、教学手段、教学内容等方面进行课程改革，并没有产生整合的课程设计体系。

## 三、概念的界定

道德与法治学科是一门以学生良好品德的形成为核心，促进学生社会性发展的综合性课程。该课程旨在帮助学生在体验、探究和问题解决过程中形成良好的道德品质，实现社会性发展。品德教学让学生基于自己的生活实际，

发现问题和提出问题，在亲身参与丰富多样的社会性活动中，实现自我发展、自我完善，最终不仅实现社会性发展，还形成探究意识和创新精神等。

### 四、课题研究的理论依据

"德"是做人的根本，德育是学校教育的灵魂。将道德教育与儿童生活有机融合，并使之成为能够改变、改善儿童生活的"因子"，是学校德育与品德课程共同关注的话题。"德""育"本来是一个整体，但现今的学校德育却被肢解了。正如涂尔干描述的那样："当一个人按照规定把整个道德压缩成几节道德课"，或者几个道德活动，并"用比较短的间隔不断更新"，"他很难满怀激情地完成这项工作，因为这种间歇性的课程特点几乎不足以给儿童留下任何深刻或持久的印记，而没有这些印记，儿童就不能从道德文化中获得任何东西"。

"德育应该是最有魅力的"，最有魅力的德育应该面向人的发展，把人的生活作为永恒关注的主题。鲁洁先生对以往德育无人、无生活的现象进行了批判，倡导德育向生活的回归，并以生活为根基建立起了独具魅力的生活论德育体系。

品德课程的教学与研究由教导处负责，而学校少先队工作、班集体建设、德育主题活动、校园文化建设、社会实践活动、学生心理辅导等又分归德育处、少先队、校务处等不同部门管理。在学校的日常管理中，你开展你的活动，我进行我的教学，品德教师为找不到让学生践行道德观念的平台而犯愁，班主任、德育处为寻不到系统化的德育抓手而着急，学校德育处于一种分裂的状态，德育资源得不到有效整合，学校德育工作形成不了合力，德育出现了低效、甚至无效的状况。

基于对前人德育理论的思考，品德课程研究的追求以及小学德育现状的分析，我们迫切需要走出学校德育的困境，寻找道德教育通向儿童生活的桥梁。

### 五、课题研究的目标

（1）通过对道德与法治教学和学校德育活动整合的目标、内容、方法、途径的研究，形成一至六年级道德与法治学科德育活动的系列以及操作方法，从而提高德育的实效性。

（2）在品德教学与德育活动的有效整合中，激发学生爱国、爱校、爱家及关爱他人等情感；引导学生养成良好的行为习惯及学习习惯；树立学生的环境保护意识；培养具有良好品格的少年儿童。

（3）激发教师开展教科研的积极性，提高教师对现有课程资源的开发、整合、运用能力。

## 六、课题研究的内容

（一）道德与法治教学与德育活动目标整合的研究

德育实践活动，不是单纯从知识着眼，而是从人的发展着眼，着力点是促进学生主动地发展各项基本素质，旨在使学生建立新的学习方式，联络社会生活实际，通过亲自体验，积累和丰富直接经验，培养创新精神、实践能力和适应学习化社会需要的终身学习能力。在本课题的研究中，我们将探索如何把学科教学目标与德育实践活动目标整合起来，以形成有利于学生学习、有利于学生发展的目标体系。

（二）道德与法治教学与德育活动内容整合的研究

将道德与法治课程与德育活动综合起来进行教学，做到道德常识与道德实践相结合，从儿童的生活需要与社会需要出发，把学科教学内容与综合实践活动内容恰当地整合和互补，在学科、儿童、社会三者之间寻求一种动态的平衡。

（三）道德与法治教学与德育活动方式途径整合的研究

（1）活动要有针对性；

（2）活动要体现生活性；

（3）活动形式要多样化；

（4）活动过程要注重情感体验。

## 七、研究对象

一至六年级学生、《道德与法治》和《品德与社会》教材，学校开展的德育活动。

### 八、课题研究的方法

1. 文献研究法：搜集、鉴别、整理文献，从中获取相关信息，并通过对文献的研究，形成对事实的科学认识的方法。

2. 行动研究法：通过实际工作者行动，以及反馈的信息等，不断修正和完善研究方案，与此同时，研究的成果应为实际工作者理解、掌握和实施，从而确保研究的现实性、操作性。

3. 调查研究法：通过问卷抽样、实地谈话等方式，全面了解教师和学生的情况和要求、建议、存在问题等。然后分析其原因，寻找合理的教学策略，指导实践，确保课题研究顺利开展，且取得良好的实效。

4. 教学实验法：通过教师的课堂教学实践，反思课题研究的成败，在反思中改进，在反思中成长。

5. 统计法：对研究中搜集到的数据资料，在确保其原始性、真实性的基础上，进行科学统计处理，以寻求其内在联系。

6. 经验总结法：对个人在实际操作中出现的问题、疑点，大家集体讨论解决办法，借鉴参考有价值的、有效果的经验，从而保证课题研究效果。

### 九、课题研究过程

本课题研究周期为一年（2017 年 5 月—2018 年 6 月），分为三个阶段：前期准备阶段、主体实施阶段、总结阶段。

（一）第一阶段：研究准备阶段（2017 年 5 月—2017 年 7 月）

1. 课题的确立

通过教学实践和阅读文献资料了解，随着课程改革的不断深入，国内外的研究者们发现德育与儿童生活有着密不可分的关系。综合性，是品德课程的重要特点。鲁洁教授也多次在课程实验中指出，品德课程是学生全部的生活经验，课内、课外是一个整体，不能相互脱离。品德课堂教学应从儿童生活中来，再回到儿童生活中去。

2. 研究方案的制订

通过前测问卷调查我们发现，道德与法治课程活动开展少，学生完成不够积极；学校经常开展德育活动，但与道德与法治课程活动联系得少，道德与法治教师缺乏将道德与法治课程活动与学校德育活动整合的意识，学校德育处于一种分裂的状态，德育资源得不到有效整合，学校德育工作形成不了合力。针对这些问题，我们搜集、查阅、整理相关文献资料，设计课题研究方案。

3. 开题准备

课题组成员及时召开了小组会议，在申报书的基础上，进一步细化了分工、研究方式、阶段划分等细节问题，然后按照分工分头准备开题所需要的各项数据、资料。

学校主抓教科研的领导对课题研究给予了高度的重视和大力的支持，并对我们课题组的全体成员从课题档案整理、课题如何开展等方面进行了系统的培训。

有了学校领导的支持，课题组成员信心倍增，在不到一个月的时间内，准备齐全了各项资料，撰写了开题报告，召开了开题会，课题主持人详细汇报了开题的准备情况，及开题后计划实施的各项工作，就课题研究方法、步骤等问题征求了学校领导的意见，并于会后对开题报告进行了修改。

4. 相关制度的制定

课题组结合本校实际，制定了《课题研究工作制度》，保证课题顺利开展。

5. 统一思想

在思想上和教师们进行沟通，使品德教师在思想上重视起来，将学校的德育活动有效地与道德与法治学科的教学相整合，形成共同的教育教学价值观。

（二）第二阶段：研究实施阶段（2017 年 9 月—2018 年 5 月）

1. 认真研读教材，学习课题研究方案及相关理论知识，进行交流研讨

我们一起研读了一至六年级的品德教材，并学习了《品德与生活》《品德与社会》课程标准及《德育在小学品德课教学中的创新运用》《提高小学品德教学实效性的思考》《育人为先——小学品德教育浅谈》等相关学习材料，提高了教师课题研究的能力，为课题研究打下坚实的理论基础。积极研读教材，立足于课堂教学研究。

2. 搜集信息，共同策划

在认真研读教材的基础上，课题研究成员从各个方面搜集信息，共同策

划，将教材中需要学生在生活中实践、考察的项目与学校的德育活动结合起来，确定学科和德育活动的结合点。各年级列出课程中与习惯养成、校节庆教育、礼仪教育等相关的教学要点，将学科教学目标与德育实践活动目标整合起来，促进学生由课内向课外拓展，实现其明理向导行的上升。

3. 整合教学内容与德育内容

以课本资源为主渠道，将学科教学内容与德育活动内容恰当地整合和互补，并结合我校的德育教育活动，进行一系列实践活动的开发和设计，然后在实践活动的基础上，进行反思、整理、修改、完善活动的实施方案。

4. 组织课题组教师及学科教师进行课例研讨活动

（1）认真观看优秀教学录像、学习案例，实地听课、参与课例研讨等。通过学习进行比对，与自己的课比对、与别人的课比对、案例间相互比对，从中丰富自己的教法和经验，完善自己在教学方面的知识结构，逐步改进自己的教学，更好地利用品德课堂激发学生的积极情感，促进其良好道德认知和道德行为的形成。

（2）积极实践。课题组成员之间互相听课评课，在自己的教学实践中检验、修正自己的教学理念，找准课堂教学与德育活动的结合点。

5. 建立保障机制，作好德育备课

德育活动也需要认真备课，教师事先的准备、活动前的教育，可以使学生能融入教育活动氛围中，更好地体验考察活动。

具体做法：

（1）教师参与踏点，事先作好备课；

（2）设计活动方案，有针对性地指导；

（3）课上落实重点，课后准备资料；

（4）提出考察任务，有目的地活动。

6. 反思、总结

不断反思、总结自己的实验过程，及时形成有关本课题的论文。

7. 强化整理、积累工作

强化成果的整理、积累工作，在研究过程中不断进行总结，形成阶段成果。

（三）第三阶段：研究成果总结阶段（2018年6月）

1.对研究工作进行分析总结，完成资料的整理。

2.对收集的各类资料进行定性定量分析，作出全面总结，形成研究成果，完成研究报告。

## 十、课题研究成果

（一）对接主题，形成品德课程与德育活动目标上的一致性

课题组根据学生的年龄特点及教材内容，将品德课程目标和学校德育活动目标有效整合，形成活动系列，为学校构建专题教育体系打下了基础。

"庆祝国庆"系列活动（手抄报评比、黑板报评比、诗歌朗诵比赛、绘画比赛）、社会主义核心价值观进课堂、纪念抗日战争胜利主题活动（国旗下讲话、队会、手抄报评比）与品德与社会课程内容"我们的国家"板块相结合，形成了"爱祖国、爱家乡"活动系列。

"感恩父母"书信评比、主题班会（自己的事，自己做）、家长会（妈妈，我想对您说……）、雏鹰假日小队活动（今天我当家）、孝心活动（我为家人做件事）与品德课程内容"我的家庭生活"板块有异曲同工之妙，形成了"爱家庭、爱家人"活动系列。

"小状元评比"、必背古诗词、消防安全疏散演练、主题班会（诚信在心中、学会感谢、学会求救、环境保护、我的好习惯）、国旗下讲话、小军号电视台（辅导员专题电视讲座）与品德课程内容"我的健康成长"板块内容契合，进行有效整合，形成了"好品质、好习惯"活动系列。

教师节诗歌朗诵比赛、"老师，您辛苦了"手抄报评比、班级常规检查与评比、"最美教室"评比、主题班会（我们的约定、竞选班干部）、"文明班级"评比、小军号电视台（竞选大队委）与品德课程内容"我们的学校生活"板块目标一致，形成了"爱校园、爱班级、爱老师"活动系列。

（二）重组教材，形成品德课程与德育活动内容上的一致性

将一年级《道德与法治（下册）》教材重组为以下活动：

（1）主题活动"我的家人和伙伴"，讲述或表演或绘画展示我和家人、我和小伙伴的故事。

（2）小组活动：找一找——春天的美丽；说一说——春天的发现，激发学生爱大自然的热情。

（3）主题班会"我和春天有个约会"。

（4）小组活动"你换牙了吗？"

（5）主题活动"健康生活每一天"。

将四年级下册教材重组为以下活动：

（1）主题活动"我的家在秦皇岛"；展示台——"我会写，还会背"（赞美家乡的儿歌）；家乡特产展览会；七嘴八舌话小岛——我们小岛新事多。

（2）小组活动——比一比"谁是最牛服装设计师"。

（3）小组活动——讨论"如何解决汽车污染"。

（4）亲情活动"我给远方的亲人发条短信"。

（5）主题活动"我们的生活多么幸福"。

将五年级下册的教材重组为以下活动：

（1）小组活动——讲述"我的快乐和烦恼"。

（2）小记者在行动——采访身边的人，有没有遇到过困苦和挫折，这对他们的成长有什么影响。

（3）小讲座"我来说说古今的吃穿住"。

（4）主题班会"我爱祖国灿烂的文化"。

（5）主题班会"爱护地球——我们共同的家"。

品德课程与德育活动内容整合后，重组的教学内容更贴近学生生活，更具地方色彩，更吸引学生。学生上品德课的积极性明显提高，参与意识增强，兴趣很浓。

**（三）有效整合，优化道德与法治的课堂教学**

品德课程承担着"立德树人"的重任，通过品德课程与学校德育活动的有效整合的研究，提高了教师处理教材和解决教学问题的能力，提高了学生学习的积极性，也切实提高了品德课堂的德育实效。

1.学校的德育活动成为品德课的切入点

美国教育家杜威认为"教育即生活"，从生活出发的德育，以人的生活经验为德育的起点。因此，我们以学校开展的相关的德育活动作为教学的切入点，学生是参与者，有真实的活动体验，激起学生的学习兴趣，引起学生的情感共鸣，从而取得良好的教学效果。

2.学校的德育活动串联品德课堂教学

课堂教学活动不仅可以让学生动起来，更主要的是通过教师精心的设计，在活动中触发学生的体验。我们用学校的德育活动串联品德课堂教学，把教材从平面变成立体、从零碎变成板块，在层层推进的教学活动中，让学生产生真实且深切的感受、体会和认识。

3.品德课的教学在学校的德育活动实践中得到升华

苏联教育学家马卡连柯曾说过："在学生的思想和行为中间，有一条小小的鸿沟，需要用实践把这条鸿沟填满。"学生品德与习惯的形成，不能只依靠知识的灌输和道德的说教来实现，教师再精辟的讲解，也不能转化为学生的行为，而必须通过学生自身的实践来建构。

如在教学"装扮我们的教室"一课时，课上让学生充分探讨怎样才能改变教室里不如意的地方，小组合作制订行动方案，课后结合学校开展的"最美教室"评比活动，让学生积极动手。学生全员参与，剪的剪，画的画，贴的贴。学生们看着自己装扮过的教室，感到自己是教室的小主人，心里的自豪感与成就感油然而生。在这次的课外实践活动中，学生的集体荣誉感增强了，也更关心班集体了。

（四）活用教材，向课外延伸，提高德育实效

《道德与法治》《品德与社会》教材编写本身就遵循儿童生活逻辑，但并不等于与现实中具体时间、特定情境下的需要完全一致。每一个单元、每一课的教育主题之间虽然存在一定内在的知识联系，但这并不是不可逾越的。我们立足学校和学生实际需要，大胆调整教材序列，由点到面拓展同类话题的相关事件，有利于学生情感态度价值观的构建。教师在教学中创设让学生感到亲切、产生兴趣的情境，让学生在属于自己的情境中提高道德认识，培养健康的道德情感，激励他们养成良好的行为习惯，再结合学校班会、主题教育活动等向课外活动拓展延伸，实现道德认知向道德行为的转化。如：三年级的"品德与社会"走进家乡和生活的社区内容，我们完全可以带着学生在实践中学习，真正地了解社区、了解自己的家乡。像这样的教学内容，我

们就采用"单元整体教学"的组织方式进行教学。在教学地点的安排上采用"校内校外相结合"的形式：校内定方案—校外做研究—校内谈收获。先在校内用 2～3 个课时了解教材中的关键知识点，指导学生做好实践活动的研究方案；再利用半天时间走进社区，完成自己的学习任务；回校后，再利用 1～2 节课时间总结汇报自己的收获。这样的安排为学生搭建了一座从"符号世界"走向"真实世界"的桥梁，帮助学生完整地参与了真实的世界，真正实现了"知行合一"的育人目标。

（五）激发情感，树立意识，促进良好品德形成

在品德教学与德育活动的有效整合中，激发了学生爱国、爱校、爱家及关爱他人等情感；树立了学生的环境保护意识等，促进了学生良好品德的形成。

（六）教师能力的提高

在研究过程中，激发了教师开展教科研的积极性，提高了教师对现有课程资源的开发、整合、运用能力。

（七）研究课例、教学设计、教学反思、论文、学生作品等成果

在课题研究的过程中，课题组所有成员按照要求每月按时上交教学设计、反思、论文，并积极进行课例研讨活动，共搜集优秀课例 14 篇，优秀教学设计 14 篇（课例设计除外），优秀论文 9 篇，其中，主持人张立所写论文《小学道德与法治课程中情境教学法的创新实践》发表在国家级刊物《散文百家》上。

在与品德课程整合后的系列德育活动中，还搜集优秀学生作品若干。

# "小学道德与法治开放性教学的研究"
# 研究报告

主持人：李静

## 一、研究背景

（一）国内小学道德与法治教学现状

多年以来，道德与法治学科在小学阶段以《品德与生活》《品德与社会》两类教材为实施载体，授课教师绝大多数为兼职教师。受应试教育影响，道德与法治课往往处于被应付和挤占的状态，这不仅使教师的教学变得极为困难，也使学生上课常抱着听故事的心态，对课程价值认识不到位，课堂探究效果不明显，学习效果不尽如人意。大多数教师对道德与法治教育教学缺乏相关经验，改革意识薄弱，教学手段单一，课堂教学往往是放羊式、灌输式，难以触动儿童心灵，外塑和内化间有条鸿沟。

（二）本市及本校微观实际

通过参与片区教研活动、制作调查问卷等方式，我们了解到本市、区范围，包括我校道德与法治教师在内，绝大部分道德与法治教师都对如何把握道德与法治教学的课堂生态从而提高时效性感到困惑，在课改被提出数年后仍过于依赖传统的教学方式。

就本校道德与法治教学实际情况而谈，现任课教师均为兼职教师，多由本班的数学教师及班主任兼任，因此，学科认识及学科专业性亟待提高。我校教师多采用说教式教学将课本知识简单灌输，而不知如何响应课改号召，改革道德与法治课堂教学，使教学具有开放性。为解决这些问题，同时将本校任课教师兼职的实际情况转化为道德与法治课堂改革的助力，我校开始筹

备"小学道德与法治开放性教学的研究"课题，组建一支具有专业素养的教师团队，倡导以学生为本、以生活为主的教学活动，构建开放性教学模式，实施体验式学习方法，切实提升学生的道德素养，增强法治意识、自我意识、集体意识，并拥有民族精神和爱国主义情怀。

## 二、文献综述

关于开放性教学的论述颇多，按内容大致可分为以下几类：理论探讨类、专项类。从网上阅读河北省内外各地关于道德与法治类课程教科研情况，多数学校处于探究的初期，且多存在于中学或高等教育学校中。清华大学的因材施教法，北京师范大学的分众教学法，中央财经的"问题链"教学法，东北师范大学的"思维并进"教学法，浙江大学的情景式教学法，西北大学的叙事教学法等，初步改变了思政课刻板的形象；小学为数不多的对道德与法治教学的探索又多数着眼于课堂教学范围内，如张家港实验小学薛秋勤的《小学道德与法治课堂教学中如何构建开放性课堂》，山西省晋中市寿阳教研室张俊梅的《让活动为小学道德与法治课堂注入生机和活力》等都主要致力于课堂范围内的道德与法治教学研究。

2016年起，我国将义务教育小学和初中阶段《品德与社会》《品德与生活》教材名称统一为《道德与法治》。道德与法治课程的开设体现了依法治国和以德治国相结合的理念，也符合青少年身心发展需求。同时，教材的编写也重视传统文化的教育，以社会主义核心价值观为引领，普及法律常识，在培养学生道德素养的同时，增强学生的法律意识，有助于学生健康成长。随着时代的发展，对道德与法治课程的教学研究逐步受到社会各界的关注。学校道德与法治课程的教学不是"一条线"的工作，也不是闭目塞听的讲授，而是各类学科、各界人士、各项活动与之互相配合、相辅相成。在实践中，这些都需要学校的引领，而作为学校教学的主导者和组织者，道德与法治任课教师也需不断增强政治理论修养、加强理想信念学习，更需具有高度的人文素养和创新能力。小学阶段是人生的"拔节孕穗期"，学生需要精心引导，学校能否为学生道德与法治的学习提供一个更为开放的教学模式、一批更为专业的教育人才，是落实立德树人根本任务、发展道德与法治教学的关键，而对小学道德与法治开放性教学的研究，尚无人进行系统研究。因此，研究小学道德与法治教学开放性教学模式，提升小学道德与法治学科教师教育科研水平，培养学生良好的道德行为习惯，树立学生对道德与法治课程学习的新认识具有非常重要的现实意义和鲜明的时代特点。

### 三、核心概念界定

#### （一）道德与法治

从 2016 年起，义务教育小学和初中起始年级《品德与生活》《思想品德》教材名称统一更改为《道德与法治》。同时也提醒课题组成员，要更加重视对中小学生的法治教育，从原来的偏重于德育调整为德法并育。

#### （二）开放性教学

"开放"与"封闭"相对应，开放性教学即打破传统的课堂教学模式。在课堂形式的选择上，通过情景创设、角色扮演、即兴表演等多种体验活动，打造情景体验式课堂；教学场地的选择上，打破原有的限制，除了在教室教学外，还可以根据教学内容，组织学生到教室外去进行教学活动，与学校德育活动相配合，甚至带领学生走进生活、走进社会，将教学活动置于鲜活的背景之中，从而激发学生作为学习主体参与学习活动的强烈愿望，教师抓住时机进行引导和教育，强化内涵；教学内容方面，充满时代气息，在课堂教学的同时关注身边发生的时事热点，加强学生与时事政治的联系，更好地激发他们的爱国热情与民族自豪感，提升学生的道德法治意识与思想品德素养。

### 四、研究目标

通过研究"扩展教学空间、拓展教学内容、延展教学时间"，从而构建出新型开放性教学模式；设计行之有效的教学手段和教学方法，提升小学道德与法治学科教师教育科研水平，得到新的课堂改革实效；研讨升华开放性学科评价，培养学生良好的道德行为习惯，树立学生对道德与法治课程学习的新认识。

### 五、研究内容

#### （一）开放学习空间，开放性资源，开放教学空间

结合学校德育处开展"学生进社区写春联""治理护城河""禁烟小使

者""参观状元博物馆"等活动，扩展了学生课外学习空间；充分利用社会资源，将符合课程标准要求的课程资源进行开发与利用，拓展了教学内容；我们还针对某些教学内容布置相关实践作业，如将做手抄报与班会课进行结合做成果汇报，灵活地延展了教学方式，从而改变传统的授课模式，构建出开放性教学模式。

（二）改变学习方式，打造体验式课堂

通过情景创设、角色扮演、即兴表演等多种体验活动打造情景体验式课堂，强化感知，促进知识由具体到抽象的转化；以生活原理为载体，组织学生到教室外进行教学活动，真正做到从生活中来回到生活中去。通过行之有效的教学手段和教学方法，获得新的课堂改革实效，提升小学道德与法治学科教师教育科研水平。

（三）改变评价方式，开放性多元评价

改变传统单一的学科评价方式，不再片面地以授课教师为主评价，而是形成学生互评、其他教师评价、家庭评价、社会机构评价的多维度评价体系，潜移默化地影响学生道德与法治意识，树立学生对道德与法治课程学习的新认识。

## 六、研究对象

（一）关于学生

研究的对象包括课题组成员和西港路小学低中高不同学段的 9 个教学班学生共 546 人，其男女比例为 3：2。我校学生多为个体户、务工人员子女，道德与法治思想较为薄弱，但他们天性淳朴、活泼、积极向上，有着极强的活动能力与实践能力。

（二）关于教师

课题组成员均匀分布在各个年级任教，均为兼职教师，有良好的课堂组织能力与极强的探索钻研精神，对道德与法治学科十分热爱。

## 七、理论依据

《道德与法治》的课标明确指出：所有的老师，都是道德老师；综合性、生活性、开放性、活动性是本学科的四个特性。因此在教学实践中，教师应以学生认知为基础，联系社会生活，设计开放性教学，让学生在开放的环境中获得直接体验。

## 八、研究方法

1.调查研究法：通过调查问卷、访谈等方法了解调查对象现状，加以分析，开展研究。

2.文献法：通过阅读、分析、整理有关道德与法治开放性教学的文献材料，全面、正确地开展课题研究。

3.行动研究法：按照开放性教学理论，运用开放性教学方法与手段，将课题初步总结的开放性教学模式投入实际教学中去，从而发现实际问题，继而解决问题。

4.经验研究法：利用实践经验与研究理论相结合，对课题研究成果进行二次打磨，从而更加理想地实现研究目标。

## 九、研究步骤

自2018年9月区级课题开题起，我课题组严格按照研究计划，不断探索，不断改进。提出"三步走战略"，将课题研究大致分为三个阶段：第一阶段（2018年9月—2019年9月），侧重教师成长培养，调查教师的教学现状、夯实教学理论基础；第二阶段（2019年9月—2020年1月），将理论研究转为教学实践，通过开展课题研讨课、课题推广课等活动进行实践性研究；第三阶段（2020年3月—2020年8月），总结反思，将前两个阶段发现的问题做二次论证，寻求解决方法并验证解决方法，获得更加成熟的课题成果。

（一）第一阶段（2018年9月—2019年9月）

1.编制调查问卷，进行调查研究

编制调查问卷，选择全校40余位道德与法治任课教师为样本进行调查，了解教师当前实际课堂教学真实水平及存在的问题，并根据调查结果分析制约教师课堂教学问题形成的主要因素。

2.勤学理论基础，更新教育观念

多采用集体学习和分散学习相结合的方法。集体学习方式包括：部编教

材网络培训、区《道德与法治》教材培训、学校教师业务培训、课题组内部培训学习等，并及时撰写记录与培训心得体会。分散学习：通过上网、学习专著、阅读教育教学类刊物，写好教育随笔，积累教育智慧，用以指导自己的教学行为。通过学习，努力从理论层面上引导教师对实验课题的产生背景、科学依据、教育思想、实践价值等进行全面把握，实现教育思想、教育观念的转变。

3."走出去，请进来"，构建课题交流平台

进一步完善共赢互惠的教学研究制度，拓展互惠的内涵，积极主动、坦诚无私地公开自己的教学与思想。在教导处的支持下，积极组织课题组教师参加各种教学观摩、学习、参观活动，也邀请其他学校教师参加我们课题组的观摩活动和研讨活动。迄今为止，课题组教师参加或组织的活动有：《道德与法治》三年级教材网络培训、第二次海港区"十三五"第二批课题论证、《课题研究我们在路上——十三五课题第三次论证会》、"平实舞台，别样精彩"经验介绍等。

（二）第二阶段（2019 年 9 月—2020 年 1 月）

1. 总结过渡阶段（2019 年 9 月）

总结前一阶段实践经验，加以改进，并通过集体研讨共同备课，保证每课至少三磨。

2. 教学实践阶段（2019 年 10 月—2019 年 12 月）

每周开展一次"小学道德与法治开放性教学的研究"课题研讨活动，活动安排如下：

（1）课题组成员共同甄别授课类型，集体交流并选择适当的开放性教学模式；

（2）听课评课、课后研讨，总结实践中出现的问题；

（3）独立开展二轮试课，做到边教学边改进。

（三）第三阶段（2020 年 3 月—2020 年 8 月）

1. 设计后测问卷，分别针对教师与学生，主要测试通过道德与法治开放性教学的研究使其分别获得了怎样的教学与学习感受，为本课题研究的可行性提供数据支持，同时更全面地了解学生的学习体验；

2.编辑整理现有的教学设计与理论材料，形成开放性教学资源库；

3.查找问题，总结反思，为后续研究提供意见和建议。

## 十、研究成果

### （一）理论成果

**1.汇编了部分小学道德与法治优秀教学设计集**

组织全校学科教师，汇聚集体的智慧，精心筛选编辑与教材配套的教学设计，每人都参与，在过程中深化了对学校教学的认识，无形中加深了对课程的理解。汇编后的教学设计由课题组人员分类分年级发给相关老师，便于在课堂教学中使用，经实践，发现此项活动有实际成效。

**2.初步形成道德与法治开放性教学模式**

结合本校实际，根据课题研究创建开放性教学模式，如："回望生活—案例辨析—小组探究—交流提升"，"课前调研—课堂交流—讨论思辨—课后实践"。在教学中我们力求有模式而不唯模式，根据教材内容不同、学情不同精巧修改。开放性教学方法：①通过情景创设、角色扮演、即兴表演等多种体验活动打造情景体验式课堂，强化感知，促进知识由具体到抽象的转化。②以生活原理为载体，组织学生到教室外进行教学活动。③探索道德与法治建模教学，加强学生道德与法治意识。

### （二）实践成果

**1.丰富多彩的学生实践活动探究**

我们认为制约学生学习能力形成的主要因素有学习兴趣、知识储备量、认知方式、表征方式等。因此我们结合学校德育处开展"学生进社区写春联""治理护城河""禁烟小使者""参观状元博物馆"等活动，拓展了学生课外学习空间，充分利用社会资源。这些课程资源的开发与利用都是符合课程标准的要求的。我们还针对某些教学内容布置相关实践作业，如做手抄报。各年级根据不同的课程内容分别做了很多图文并茂、内容丰富的手抄报，在班级经评选后择优，开展展览，让大家增长了见识。

**2.教师专业素养获得提升，课堂教学得到优化**

在研究实践中，教师努力将先进的教育思想内化为自己的教育教学理念，

转变为自己的教育行为，升华为自己的教育教学特色。课题研究实践过程中，李静同志被评为2019年度秦皇岛市学校思想政治理论课教学名师，在全市"新教材 新思路 新征程"小学道德与法治主题教研活动中作了题为"有效体验 让道德与法治课堂充满成长的激情"的论坛发言，取得良好效果，所报送的"学会合作"一课被评为市级优课，"我们小声点"一课被评为市级优课，教学课例《规则在哪里》获得河北省"教师教学方法应用创新方面课堂教学案例"；邢熠同志报送的《交通安全每一天》被评为市级"优秀教案"；毕雪娇同志所讲的"让我自己来整理"一课荣获区课题优质课评比一等奖，撰写的征文《不忘初心 做好思想领路人》荣获区级三等奖；杨亚军同志撰写的案例《慧眼看交通》荣获区级三等奖，所讲的"生命最宝贵"一课荣获市级一等奖，讲授的"慧眼看交通"一课在海港区信息技术与教学融合优质课评比活动中荣获二等奖、第二十三届全国教育教学信息创新教学信息化交流活动中荣获信息技术创新教学优质课二等奖。

经过课题组的研讨，初步得出将会结合后期课堂教学实践继续完善理论，以便更好地指导学校教学活动，提升本学科的教学有效性，促进课题研究。

研究

——新教材的所思所想

教材是知识点的重要载体，也是教师进行授课的重要依托。《道德与法治》教材以立德树人为主旨，以社会主义核心价值观为引领，注重中华传统文化以及美德的教育，在培养学生道德素养的同时，加强对法治观念和素养的培养，帮助学生针对时代要求，有更强的自主性和创造性。教师只有理解、把握教材，对学生的学习给予相应且及时的引导、支持，才能使他们获得多方面的发展。在教材使用时，教师只有加深对教材的理解，加强对学生的了解，加大对教学的研究，那才叫用好了统编教材。

### 一、整体把握，精准解读，让教材成为"学材"

小学《道德与法治》教材注重以学生的"学"为教材编写的主线，"教"隐含在学生的学习活动之中。教材中呈现的儿童是现实儿童的影映，以他们的生活实践作为建构教材的原材料，以学习活动为核心进行教材的整体建构；单元是学习活动指向的问题域，正文是学习活动的有机组成，栏目是不同类型的学习活动本身，学生则是学习活动的主体。这样的教材设计，打破了以往德育教材的灌输、说教结构，实现了教与学的互动互生，建构了基于生命经验的道德学习方法。所以，教师解读教材首先要做到"四看"：一是看同一个主题内容在全套教材纵向上的衔接和分工，把握其内容上的逻辑联系；二是看单元内的逻辑结构，了解单元中每一课所承担的具体教学内容和具体教学目标；三是看每个话题的核心内容及该课的课时划分之间的逻辑关系；四是看每一课中的图文表意、文中关键词所指向的教学目标和本课的核心。其次，教材涉及的生活事件要辩证地分析和对待，将道德与法治有效融合，在教学中应该将法律与道德两者融合起来，进行课程和教学的实施。最后，将编写意图与学生实际相结合，确定准确的教学目标。教材是课程标准的载体，教师要灵活地应用教材，在领悟编写意图的基础上，结合学生千差万别的实际生活进行有效的教学环节的设计，才能更好地帮助学生全面成长。

### 二、紧扣目标，拓展资源，用教材引领教学

教材可以提供教学内容、传递教学观念，也可以指引教学方法。即使面对同样的教材，每一位教师因所在的地域、学校、班级的不同，具体授课方

法也不尽相同。放在"我"的学校、"我"的班级、"我"的学生，教同样的主题，教学重点应放在哪里？新教材要引领教学从知识学习转向生活建构，这一转变的实质是从知识道德向生活道德的转变。教师可将教材作为讨论、探究、体验的平台，使用教材的过程就是对教学进行创造性处理的过程。第一，紧扣教学目标，设计教学环节。上好一门课，不仅需要知道教材的内容是什么，有着怎样的设计意图，还需要了解这门课程是基于一种什么样的教育理念，在完善学生的哪些素养。第二，依据教学目标，用好教材资源。教材是重要的教学资源，但不是唯一的课程资源。我们在备课前要认真观察和了解教材中不同栏目的作用，利用好各种小栏目、学生的对话、图片和文字等资源。不同类型的栏目体现了不同类型的学习活动："阅读角"是学生静心阅读并思考相关问题的部分；"知识窗、小贴士"是在具体的情景中向学生传递某些小知识的环节；"相关链接"方便师生迅速地将相关的知识迁移联系起来，丰富认知；"交流园"是学生语言交流、互动讨论的活动内容；"活动园"需要学生亲身实践、体验、动手动脑。第三，聚焦教学目标，拓展教材内容。尽管教材上的资源已经很全面和丰富了，但是教师还要关注教材以外的课程资源。教师需要进行大量的阅读、筛选、提炼，选择恰当的资源来充实教材内容，拓展教材内容，拓展教学内容，才能使教学达到一定的高度。比如，众多的媒体资源，如文字、图片、视频等以及学生和教师自身的生活体验和感受，还有整个环境资源形式多样，丰富多彩，教师们在选择的时候要注意有效整合，做到"大道至简"，抓住根本。

### 三、链接生活，注重体验，使教材促进学习

在新一轮的基础教育改革中，学生"学习"已经成为变革的核心视角。我们要将学习活动作为课堂教学重点，将学习活动设计作为备课的主要内容，将学习活动的组织实施作为教学的主要环节。教师要依据教材内容，加入自身的创新思考，注重联系学生生活，为学生布置探究性、体验性活动，增强学生的实践能力，使其在体验的过程中对知识内容获得更为真切的体悟和感受，充分发挥课程的育人作用。

首先，关注儿童的学习起点和学习思路。我们的教材，通常都会创设一

个生活情境，或让学生回忆过去发生的事件或现象，或是设计一个新情境，引导学生运用经验，对情境中的问题进行初步的认知和判断，然后引导学生进行探究与辨析，紧接着以正文的形式予以价值引导。在此基础上，以阅读小故事或其他的形式将探究分享引向深入，引发深度的讨论与思考。教材设计的思路，其实质就是培养学生研究问题、解决问题的思路。显然，教学中不应简单地把这些板块的内容"走一下程序"，而是要通过这些板块，让学生探究、讨论、交流、辨别、模拟、践行等，这些正是需要学生掌握的道德与法治学习的方法。

其次，挖掘多元视角的实践智慧。"道德""法治""社会"三者如何融合，如何清晰把握契合点，将学科课程目标、内容、方法三者统一，可以从三个层次进行落实。第一个层次：教材内容编排逻辑性较强，便于教学。一线教师可以认真学习教参，理解教材的编写意图与逻辑，按照编排的活动步骤教学。第二个层次：依据学生的实际情况或学校德育活动的需要，重组教材进行教学。这种重组可以是一篇课文内的活动顺序调整，也可以配合学校德育主题活动调整课的顺序。第三个层次：积极开发合适的教学素材充实课堂，使课堂教学活动更加丰富，更具时代感或地域特色。教师要善于利用教材中那些以学生学习为中心的活动，让他们在自主探究的基础上，自然地获得某种价值观，而不是先给学生预设一种价值观，然后再让他们对其进行验证。

名师工作室自成立以来，注重基于儿童立场的教材解读。首先，安排专题培训，聘请专家引领把脉，明晰教材解读的思路，解决教材解读中的困惑，掌握教材解读的方法。之后，开展专题活动，教师结合主题备课授课，中心组结合课例进行研讨交流，骨干教师针对问题作提升引领。教师们在培训中提高，在教研中成长。有了理论的积淀和扎实的锻炼，工作室成员参加市教科所举办的"基于儿童立场的教材研读"活动，以单元备课的形式，对一至六年级的教材进行梳理，明确了教学目标、授课思路、活动方案；参加"秦皇岛市新教材、新思路、新征程"主题教研活动，通过说播课展示、微论坛分享，明确了课堂教学如何有效进行社会主义核心价值观教育，让价值观教育满溢生活气息的方法；参加"海港区说课标，说教材，说专题"展示评比活动，以教材和课标为依托，紧紧围绕专题，从三个维度阐述了对教材的精准把握和对高效课堂的深入理解；参加河北省出版总社联合河北青年报社举办的"我与新教材"——统编教材使用心得征文活动，工作室成员以扎实的理论功底、独到的教材理解、有效的使用分享，得到了专家的认可和赞誉，取得了优异的成绩。

总之，作为小学道德与法治教师，我们应当在正确理解和把握新教材的基础之上，创造性地开展课堂教学。本章节内容对新教材从不同层面、不同角度进行了解析，并尝试给予了系列教学思考和教学建议，有理论，有思考，有实践，有提升。

# "说课标 说教材 说专题"之二年级上册"我爱我家"

张　立

## 说　教　材

### 一、编排体例

部编版《道德与法治》教材的框架中，针对学生面临的重要生活与要解决的发展性问题，设置了相对集中的教育主题。这些教育主题蕴含在不同生活领域的话题之中，今天我要与大家分享交流的"我爱我家"这一专题就是"我的家庭生活"这一教育主题的低段部分。

首先我们先总览一下"我的家庭生活"这一大主题的编排结构。在不同年级、不同学段，这些以"家庭生活"为主题的内容以主题单元的形式出现，在单元主题下，结合学生生活的具体问题和学生心理发展规律，设计相关课题。这些内容以生活为经，以学生的内在发展为纬，定位同一空间，螺旋上升。

接下来，我将从三个方面来解析"我爱我家"这　专题的教材编排特点。

（一）聚焦儿童生活的绘本表达

翻开课本，我们会发现低年级段的《道德与法治》教材采用了绘本式呈现方式。图文兼备的绘本形式不仅符合低年级儿童的学习特点，大大激发孩子们的学习兴趣，且教材中呈现的画面大多是儿童可感可思的生活事件，直观形象地引导孩子们回望生活，在回望中反思总结，从而建构更加积极、有道德的美好生活。

为了强调教材与学生成长的对话关系，教材中还采用了卡通主持人的设计。贯穿一至二年级教材的两位主持人：一个男孩儿和一个女孩儿。以儿童成长的"同龄人"身份，与儿童进行平等、民主的对话，从而引导儿童的道德发展。

（二）编排活动栏目指引教学

教材在编排上设计了多样化的活动栏目，就本专题来看，涉及的有活动栏、辨析栏、谜语、儿歌等，这些活动栏目内含教学方法的指引，为展开教学提供了话题，为教学活动的设计提供了方案。

如这里主持人的一句"这样做对吗？"，就向我们揭示出这是一个辨析栏目。教材为我们提供了辨析话题，教学中，我们根据教材的这一指引，引导学生在辨析中明理。

（三）明理—循情—导行的编排结构

教材展现出的道德教育过程，是一个有理、有情、有行的整体化过程，是一个多维度、多层次不断递进和拓展的过程。

以"家人的爱"一课为例，第一个栏目"家人的爱藏在哪里"，引导儿童发现家人对自己的爱和付出（理）；第二个栏目"相亲相爱一家人"，引导学生感受爱是家人间最基本的情感，是家庭和谐的稳定剂（情）；第三个栏目"让家人感受到我的爱"，引导学生在感受家人的爱的情感基础上，用力所能及的方式表达对家人的爱（行）。

教材一方面是加深儿童对生活经验的认知，另一方面促成儿童通过自主、理性的行动来表达其对生活的情感与认知，最终将儿童生活的知、情、行整合起来，形成儿童稳定的道德品质。

**二、纵向和横向梳理本专题的内容结构**

纵向分析：纵观教材，以家庭为主题的学习内容在《道德与法治》教材的几个学段都有所体现。今天说课的专题是低年级段的"我爱我家"，主要是对学生进行家庭关系的启蒙教育，初步认识和情感体会，它为中高年级段的学习奠定基础。在此基础上，三年级家庭主题进一步增进学生对家庭情感的理解，与四年级注重家庭责任的主题构成了中年级段关于家庭教育的完整内容。到了高年级段，继续延续和深化，引导学生从小家放眼大家，关注社会的和谐与国家的繁荣，鼓励学生收集优秀家风，体会其中蕴含的中华传统

美德。

横向分析：本专题教学内容由"我和我的家""家人的爱""让我自己来整理""干点家务活"组成，从认识自己和家人间的关系开始，经过体验家人的爱，发现家人间的相互关怀，学着自己的事情自己做，学习主动承担力所能及的家务，这些内容按照明理—循情—导行的编排结构逐步递进。

# 说　目　标

## 一、课程目标要求

1."负责任，有爱心地生活"中的第 2 条"爱父母长辈，体贴家人，主动分担力所能及的家务劳动"；

2."健康、安全地生活"中的第 4 条"爱护家庭和公共环境卫生"；

3."愉快、积极地生活"中的第 9 条"敢于尝试有一定难度的任务或活动"。

## 二、教学重点

1.懂得自己与父母血脉相依，感受家的温暖；

2.发现、感受、理解家人的爱；

3.学习整理自己的用品；

4.爱护家庭环境卫生，学着做家务。

## 三、教学难点

1.初步懂得家的构成；

2.理解家人的爱；

3.初步形成自主生活的意识和能力；

4.用自己做家务的行动表达对家人的爱。

# 说　教　学

课时：本专题共计 8 课时完成。

## 一、整体教学设计思路

1.回归生活，在学思中内化

在教学中，我们应着眼于儿童的现实生活，从儿童的生活经验出发，创设出贴近儿童生活的多样化情境，引导儿童在生活中发展，在发展中生活。我们应努力让道德与法治课堂教学变得对学生有意义，指导孩子们更好地去生活，帮助他们构建真正属于自己的思想和能力，形成内化的道德品质。

2.以情育人，在活动中体验

道德情感的产生绝不是外部强加的，而是要让儿童在活动中获得体验与感悟自发而成。在教学中，教师可以创设多样化的情境，让孩子们更多地通过实践参与、动手动脑深切体验，在活动中感悟"德性之知"，不断提升孩子们的道德素养。

3.拓展实践，在行动中升华

打破封闭式的教学状态，拓展学生的活动空间，在导行训练和实践中，有效地将学生在课堂上的道德认知转化为道德行为，达到"知行合一"的效果。

下面借由本专题的教学设计对以上思路进行说明。

## 二、目标达成策略

创设多种情境，激发学生情感；

设计多样活动，引导学生感悟；

激活生活经验，促进儿童成长。

（一）课例一"家人的爱"

1.播放故事——《来自天堂的短信》

根据学生喜爱听故事的特点，结合教材内容，选用了一个真实感人的故事《来自天堂的短信》，通过故事情境的创设，震撼学生的心灵，让学生初步感受到母爱的伟大，揭示出课题。

讲述家人关爱自己的故事，教师进行有针对性的评价提升，引导学生从家人的做法、心情、语言以及辛劳中体会到家人对自己深厚的爱。

学生通过回忆讲述亲历的故事，回归自己的生活，触动他们的心弦，发现并感受到家人对自己的关爱。

2."爱"的体验

（1）教师创设情境：用一个洋娃娃当作刚刚学走路的小宝宝，找一位同学扮演他的爸爸或妈妈，双手扶在宝宝的腋下，教宝宝学走路，因为洋娃娃比较小，所以扮演者只能弯腰弓背扶宝宝向前走。

①请一名学生体验家长教我们学走路的辛苦。采访扮演者感觉怎么样。

②通过体验父母教孩子学走路的情境，感同身受父母为了我们付出的艰辛，直接升华主题，让孩子再次感受体验到父母无私的爱与付出。

（2）观看生活视频《妈妈的一天》。视频《妈妈的一天》呈现的是班里王子轩同学妈妈一天的工作生活。从早晨准备早餐，送孩子上学，开始一天忙碌的工作，到晚上下班后做饭，辅导孩子做功课，孩子睡着后还要做些家务。再现生活情境，引发学生的思考以及情感共鸣。进一步感受家人付出的辛苦劳动，体会到爱存在于生活的方方面面。

通过观看视频《妈妈的一天》，明白家人的爱存在于生活的点点滴滴，也懂得家人的付出与辛苦，进一步激发情感，唤起孩子心底的感恩之心。

（二）课例二"我自己会整理"

1."虚拟空间整理魔法"

借助多媒体，呈现儿童的生活场景，包含客厅、卧室、卫生间、教室等不同场景，并呈现与之对应的各类生活物品。

游戏是低年级儿童学习的有效方法，本课以小组活动的形式，鼓励学生动手操作，以"空间整理魔法"的创意整理游戏展开，采用带有玩的色彩而又与学习内容紧密配合的活动方式引出本课重点——学习物归原位、有序整理，从而提升学生整理物品的能力。

2.趣味制作——家务分配器

邀请学生说一说自己的家务分配器，旨在引导学生说出自己在家庭中承担什么样的整理任务，打算怎么坚持下去。

（三）课例三"干点家务活"

课前调查：在班内开展"我的小本领——家务劳动小调查"。

交流分享：平时喜欢做哪些家务？使学生有机会与同伴交流、分享自己所做过的力所能及的家务以及感受。

动手操作：学生分组上台展示自己最擅长的家务，分享、交流做家务的小技巧、好办法，教师给予鼓励和肯定。

角色扮演：让学生明白，即使家长不支持自己做家务，自己也要主动学习做家务的方法和技能。学着做，坚持做，能为家人分担家务。

这一环节通过生动活泼的角色扮演，让学生懂得所有家庭成员都应该承担家务劳动。这样的设计较好地体现了从儿童的生活出发、提升儿童生活的课程宗旨。

### 三、专题教育评价

根据本专题的教学目标，我从两个方面进行教学评价——行为习惯的养成和道德素养的提升。其中行为习惯的养成有两个评价指标：一是是否做到自己的事情自己做，二是是否能够学做家务并且主动分担家务。道德素养的提升同样也有两个评价指标：一是是否尊亲孝亲懂得感恩，二是家庭责任感是否有所增强。行为习惯和道德素养的形成绝非一朝一夕，也不能用一纸试卷来进行评价，因此，我采用了贴心宝贝计划表和家务分配器两种评价方式，引导孩子们在家能够坚持用行动表达对家人的爱，能够主动去分担家务。并且采用了家庭监督、学校评比的方式，邀请家长对孩子平时的家庭表现进行爱心点赞。学校定期对孩子们的这些行为道德素养进行评比，促进他们不断地养成良好的行为习惯，提升道德素养。

课外拓展活动：

1. 开展"长辈我了解"的小记者活动。对父母及其他长辈进行采访并填写采访卡，采访内容可以是长辈的生日、喜欢吃什么、喜欢的颜色、最喜欢的事情、最想收到的礼物、担心和害怕的事情、最开心的时刻，等等。

2. 开展"父母的一天"小侦探活动。观察父母或照顾自己的长辈一天做的事情，完成记录表，并在与自己有关的事项后面打勾，还可以在记录表下方写一写自己有什么发现。

3. 开展"亲子情书"交流活动。学生给自己的父母写一封"给爸妈的情书"，将自己对父母的感激之情化成文字，写在感恩卡上，鼓励家长也把自己对孩子的心里话化成文字，写在爸妈的回信卡片中，形成亲子互动的书面对话与情感交流。

# "说课标 说教材 说专题"之
# 二年级上册"我们生活的地方"

孙 英

## 一、说教材

（一）专题编排体例及目的

1.编排体例特点

（1）本专题的内容设计，以儿童的生活为经、内在发展为纬。通过调查、访问、查阅等多种形式引导学生掌握收集、整理、分析社会信息的能力，初步学会自主解决问题的基本方法，激发学生热爱家乡的情感。

（2）教材编写主要有 6 个栏目：①活动栏。并不是简单的某项技能的展示或某种体验，而是指向一种综合的实践智慧的获得。活动类型可分为：展示活动、观察与调查活动、实践活动。（14 课"家乡物产博览会"、16 课"家乡的变化"剪贴画。）②讨论栏。低年级段的学生"说"比"写"要更容易，提升他们的表达能力，让他们学会在大家面前清楚地表达自己的想法，这是他们为自己言论负责的基础，也是学生要发展的一种交往能力。本专题更加重视分析与判断。（15 课"我很想向他们表达感谢，怎么做好呢？"）③儿歌童谣。简明易懂，朗朗上口，多数是总结、引领活动的要点。（13 课"我家门前小池塘""我爱家乡的山……"，14 课"家乡什么多""千人糕"。）④日记。本册增加了用日记的形式记录所思所想的文字内容，我们可以引导学生通过日记的形式记录、观察、反思生活，并使之成为一种生活习惯与方式。（16 课"做糖画"。）⑤绘本故事。分说明式叙事和讲述式叙事。本册中的绘本主要是作为辨析明理和对正文的补充、深化方式而出现，其教育功能与教材内容的深化及对儿童批判思维的培养相一致。（13课"傣家竹楼的故事"、14课"马头琴的传说"。）

（3）教材设计不完全语句，引导学生根据自己的实际情况完成。重在学生学习方法的指导。比如：13课（53页：我要讲的家乡故事是……我搜集故事的方法是……我最喜欢唱的家乡歌曲是……）、14课（55页：博览会上，我最喜欢的是……因为……）、15课（58页：我最熟悉的身边人是……。生活在他们身边，我觉得……。）

2.编排目的

爱家乡是爱家的延伸、爱国的前提。通过本专题课程，对学生进行热爱家乡的教育，激发他们心中的家国情怀，贯彻落实社会主义核心价值观教育。

（二）专题内容结构及分析

《我们生活的地方》专题包括第13课《我爱家乡山和水》、第14课《家乡物产养育我》、第15课《可亲可敬的家乡人》、第16课《家乡新变化》四课。本专题在学生了解了经常出入的公共场所的基础上，带领他们进一步扩大生活空间，进入"我们生活的地方"，即家乡这一社会空间。通过引导学生感受家乡的山水风景、家乡的物产与人们的生活，旨在促进学生对家乡生活的悦纳与责任。教材将"家乡"这一抽象的文化心理概念具象为"我们生活的地方"，主要考虑到以下两方面：一方面是这一年龄段儿童思维发展水平的需要，另一方面是建立与身边人亲密文化联系的需要。这在当前的流动性社会中是非常重要的，同时，也是与中年级段相关内容衔接和实现教育螺旋上升的需要。

第13课，首先引导学生从可观可感的家乡风貌认识自己生活的地方，发现自己生活地方的美好。需要注意的是，这里美的概念并非一种客观概念，而是融合了学生的生活及其对生活的热爱，体现出了一种文化与社会审美观。如在别人眼中并不漂亮的小河，却给生活在河边的学生带来很多乐趣，他们会感到家乡是美的；高耸入云的大厦，低年级的学生不会在建筑学意义上理解其美，但因为建筑物是自己生活的地标，融合了当地的文化与性格，因而它是美的。第14课，我们通过引导学生认识当地的物产，认识本地人与自然的相互滋养关系，形成"一方水土养一方人"的初步观念。要注意的是，此

课并不停留在对物产丰富性的了解上，而是要升华到当地物产与人的特点、文化特点的关系上，因为我们上的不是地理课，而是道德课。第 15 课是关于家乡人的主题，这里的家乡人，主要指身边的人，因而教育的目的是增进学习者与身边人的情感，引导他们认识到自己与身边人守望互助、共同生活的相依关系。同时，我们也要注意引导学生从日常生活的交流与细节中，抱着积极的学习心态，发现人与人之间的积极互动，发现身边人身上宝贵的品质，由此让学生一方面增强对家乡的深度热爱，另一方面建构自己的成长榜样。第 16 课是关于家乡变化的内容，对二年级的学生来说是有难度的，难在这是一个历时性的视角，而此时的学生还很难做到这样的回望与反思。因而，这一课的教学方法是引导学生向父母和身边人了解家乡历时性的变化，形成积极健康的发展观，并通过观察，发现家乡尚需改进的地方，从而产生让家乡更美好的责任意识。

本专题 4 课的逻辑关系是递进的，即从山水空间到家乡物产，再到人际交流，最后到整体的发展变化。

## 二、说目标

（一）课程目标要求

《道德与法治》新课程标准指出："负责任、有爱心地生活是儿童自身的道德需求，也是社会的要求。它旨在使儿童形成对集体和社会生活的正确态度，学会关心，学会爱，学会负责任，养成良好的品德和行为习惯，为其成为爱祖国、爱人民、爱劳动、爱科学、爱社会主义的公民打下基础。"本专题中，课程标准将"了解家乡的风景名胜、主要物产等有关知识，感受家乡的发展变化"列为重要目标内容之一。

（二）专题教育目标

1. 了解家乡的自然、人文环境，了解家乡的故事；感受家乡的美好，激发热爱家乡的情感；在生活中爱护家乡环境。

2. 了解家乡有哪些特产，感受家乡物产的丰富，培养热爱家乡的感情；感受家乡人的勤劳与智慧，激发对家乡物产的热爱与珍惜。

3. 了解家乡人的生活，体验家乡人与自己生活的联系；知道家乡的名人，学习他们的精神和优良品质，激发对家乡人的钦佩、感激与热爱之情。

4.了解家乡的变化，感受家乡的发展；知道家乡的传统特色，愿意主动接触、学习、传承；对家乡的未来有美好的憧憬，树立初步的公民意识和法治意识。

（三）重点

1.运用观察、访问、调查资料等方式，寻找家乡的美；了解家乡，欣赏家乡的美，激发学生热爱家乡的情感。

2.了解家乡丰富的物产，感受家乡人的勤劳与智慧，激发对家乡物产的热爱与珍惜。

3.了解家乡变化，感受家乡发展，知道家乡的传统特色，为家乡的进步感到骄傲，深化热爱家乡的情感。

4.学习提高收集资料、整理信息的能力。

（四）难点

1.知道家乡的特产和自然环境、当地经济发展和人们生活有关。

2.树立初步的公民意识和法治意识。

三、说教学

（一）专题教育设计

本专题共有4课内容，每课设计2课时，共8课时完成。每一课时完成2页教材，包括1～2个话题的教学活动。整体设计思路：通过课前调查、小组探究、体验实践、创设情境等方法进行教学，在多种形式的活动中层层递进，激发深化学生热爱家乡的情感。

下面举例说明。

课例：13.我爱家乡山和水

教学目标：

1.知道自己的家乡在哪里，通过"我是小导游""讲家乡故事"活动，激发学生热爱家乡的情感。

2.通过寻访、调查、探究等方式，了解家乡的自然和人文环境，了解家乡的故事，感受家乡的美好。

3. 初步树立在生活中爱护家乡环境的意识。

达成策略：

本课主要设计三个活动：家乡知识我知道、我是家乡小导游、夸夸家乡。

课前教师布置调查任务，搜集有关家乡秦皇岛的知识。用知识竞赛的活动形式调动学生的学习积极性。了解家乡的地理位置、气候、风景名胜、风俗习惯、物产等相关知识，使学生们对家乡有大概的了解，知道家乡的独特之处。接下来是"我是家乡小导游"活动。我们的家乡秦皇岛是著名的旅游城市，有许多的风景名胜，请学生当一当小导游，介绍家乡的风景名胜。适时辅以视频、图片，从而发现家乡美，激发学生热爱家乡的情感。秦皇岛有许多美丽的传说故事，在这个活动中融入故事，深入感受家乡的文化，体会到做一名秦皇岛人的自豪。最后，在"夸夸家乡"活动中，通过画、写、诵等形式把学生们这种热爱家乡、为家乡骄傲自豪的美好情感抒发出来。

课例：14. 家乡物产养育我

教学目标：

1. 了解家乡丰富的物产，会分类并且能介绍家乡特产的优点。

2. 认识家乡特产的同时感受家乡的与众不同，激发强烈的热爱家乡的情感。

3. 感受家乡人的勤劳与智慧，激发对家乡物产的热爱与珍惜。

达成策略：

本课主要设计三个活动：家乡物产大搜索、家乡物产博览会、家乡物产养育我。

课前布置调查任务，分组搜集了解家乡秦皇岛有哪些物产，填好调查表。在"家乡物产大搜索"活动中，全班同学按照农产品、水果、海产品、食品等类别分组汇报调查结果，使学生深深感受到家乡物产的丰富。接着很自然地进行"家乡物产博览会"这一活动。学生们通过实物、图片、视频，自豪地介绍物产的名称、产地、相关故事及人物、制作工艺、营养或历史文化价值等，从而激发热爱家乡的感情。引导学生从丰富的物产中找到属于家乡秦皇岛的特产，比如山海关的大樱桃、卢龙的甘薯、青龙的板栗、昌黎的葡萄，等等，这些特产深受人们喜爱，远近闻名。学生在活动中感受到秦皇岛的与众不同，以家乡为荣，热爱家乡的情感更加强烈。最后的"家乡物产养育我"活动通过讲述自己和物产之间的故事，使学生感悟到一方水土养一方人，家乡的物产和自己是密不可分的，激发对家乡物产的热爱与珍惜，感受到家乡人的勤劳与智慧，为下一课"可亲可敬的家乡人"作好铺垫。

课例：15. 可亲可敬的家乡人

教学目标：

1. 了解为家乡服务的不同行业的家乡人的工作，明白他们的可亲可敬，从而产生理解、尊重与认同。

2. 培养理解、尊重家乡人和热爱家乡人的情感，学会用实际行动表达感谢。

达成策略：

本课设计三个活动：生活在我身边的人、默默奉献的家乡人、"可敬的家乡人"故事会。

"生活在我的身边人"从家人对自己的关爱开始谈起，拓展到寻找身边熟悉的人给自己带来的微笑和温暖。这样不断扩大的生活场域，贴近学生，拉近了学生与课堂的距离，激起了学生的情感体验。接下来"默默奉献的家乡人"活动，学生们回望生活，交流讲述自己身边各行各业的人带给自己的帮助，感受到他们的默默奉献，激发对家乡人的尊重和感恩之情。接下来由近及远，展开"可敬的家乡人"故事会。通过问长辈、查阅书籍、网络搜索等形式的课前调查，学生们搜集到家乡秦皇岛了不起的人，比如当代雷锋沈汝波、全国美德少年徐铭艺等人。学生们利用图片、视频，讲述这些家乡人的故事，感悟到他们的可敬之处，激发热爱和敬佩之情。

（二）专题教育评价

1. 从情感态度价值观评价。学生热爱家乡的山山水水、一草一木，并发自内心地以家乡为荣，为自己是秦皇岛人而自豪。

2. 从知识技能掌握来评价。学生了解家乡的人、物、景、文化，能够向别人介绍家乡。

3. 从学习方法的掌握来评价。学生学会调查走访、收集资料、整理信息等学习方法。

（三）课程资源开发

1. 与其他学科整合。借助《谁不说俺家乡好》等歌曲、诗歌、美术手工作品、秦皇岛宣传片等资源，为我们的课堂服务。

2. 与德育教育整合。结合学校"家乡文化大搜索"等德育主题教育，加强热爱家乡的教育，提升作为秦皇岛人的自豪感与自信心。

3. 与社会资源整合。号召学生走出课堂，到海滨湿地、森林公园、秦皇求仙入海处、天下第一关等处，领略家乡美景；到博物馆、艺术馆、美术馆等场馆了解秦皇岛文化特点，树立起对家乡对国家的高度认同感和文化自信。

# 立德树人，铸魂育人

谷超颖

今年对于我们思政教师来说，是里程碑式的一年。习近平总书记在今年3月18日主持召开学校思想政治理论课教师座谈会上发表重要讲话。习近平强调，思想政治理论课是落实立德树人根本任务的关键课程。青少年阶段是人生的"拔节孕穗期"，最需要精心引导和栽培。我们办中国特色社会主义教育，就是要理直气壮开好思政课，用新时代中国特色社会主义思想铸魂育人。

一时间全国上下引发热烈反响，掀起巨大的思政课浪潮。随着经济全球化、信息化和后工业社会的到来，道德文明素养已成为我国教育战线面临的紧迫任务。包括我们学科的更名、教材的改版，体现的是国家的一种战略调整，我们道德与法治学科上升到了一定政治高度。习近平总书记指出，办好思想政治理论课关键在教师，所以每位教师都应该与时俱进，担当立德树人的使命。其实早在党的十八大报告中就首次提出把"立德树人"作为教育的根本任务这一理论。

## 一、立什么德，树什么人

何谓"立德"？意思为树立德业。《左传》载："太上有立德，其次有立功，其次有立言，虽久不废，此之谓不朽。"人生最高的境界是立德有德、实现道德理想，其次是事业追求、建功立业，再次是有知识有思想、著书立说。这三者是人生不朽的表现。"立德"居于人生三不朽之首。

何谓"树人"？意思是培养人才。《管子·权修》："一年之计，莫如树谷；十年之计，莫如树木；终身之计，莫如树人。"其实十年树木，百年树人就是这个意思。

习近平总书记的讲话体现出立德树人是指致力于党的千秋伟业，培养一代又一代拥护中国共产党领导和我国社会主义制度、立志为中国特色社会主义事业奋斗终身的有用人才。

立德是树人的前提和基础。青少年学生时代，是逐步形成人生观、世界观、价值观的关键时期，"扣好人生的第一粒扣子"非常重要。

## 二、立足统编教材，潜心铸魂育人（贯彻立德树人）

道德与法治课程是落实立德树人的关键课程，是立德树人的主阵地。然而，统编教材却是落实立德树人根本任务的重要凭借，是提升学生核心素养的最可信任抓手。小学统编《道德与法治》教材在追求"学本"的同时，力求使教材具有"教本"的特性，从教材开始为教学打下基础。

### （一）教材的结构，预设了引导生活建构的教学目的

教材要关注学生的生活，但也要有一定的结构性要求。因为教材的结构不仅可以让教材具有一定的体系化特征，也可以有效地引领教学。在统编小学《道德与法治》教材中，教材的结构就预设了引导儿童生活建构的教学目的，而它又是通过关注生活、反思生活和超越生活这三个紧密相连的板块来实现的。

比如，四年级下册第5课"我想要 我能要"的第一课时是这样设计的：首先，教材呈现了"我的心愿卡"的留白设计，让学生想想自己有什么样的心愿和理由。此环节的目的是要让学生关注自己的真实生活。其次，教材呈现了一个小朋友想买名牌书包的故事，并请学生探究父母不同意买的理由，接着呈现了学生在现实中可能遭遇的其他几个情境，并请学生进行角色扮演。在此之后，教材又设计了一个非常重要的环节，即让学生再看看之前的"我的心愿卡"，并请他们思考自己的理由是否充足，有无想改变的心愿。这个环节之所以重要是因为，它是在引导学生反思自己的真实生活。最后，教材设计了一个开放性的讨论环节，引导学生思考如何应对"知道要求不合理，却又忍不住想要"这种情况。此环节的意图是给予学生适当的方法，引导他们超越原有的生活。总体而言，教材的结构就是要引导教师在教学中时刻关注学生的真实的生活，引导学生在关注生活、反思生活和超越生活的过程中逐

渐形成某种德性。

（二）教材的栏目指示了以学生为中心的教学活动

教材有一定的内在结构，这也意味着教材将由不同的栏目所组成。在统编小学《道德与法治》教材中，常见的栏目有："活动园""交流园""知识窗""阅读角"等。对于教师而言，一个栏目往往就是一个教学环节，从这个意义上说，栏目也可以引领教学。教材的栏目多是针对学生的，需要他们去观察、操作和探究，这也使得教师在教学中无法自己唱独脚戏。换言之，教材的栏目向教师指明了，在教学中要以学生为中心。事实上，如果没有学生积极主动地参与，引导儿童生活建构的教学目的是无法实现的。

比如，三年级上册第5课"走近我们的老师"中，为了让学生体会老师工作的辛苦，教材中设计了"涂一涂"的活动：首先，让学生收集某位老师每天所做的事情，并把这些事情用不同的颜色涂在相应的表格中；然后，结合表格引导学生体会老师一天工作的辛苦。这个活动让学生在自主探究的基础上，直观地感受到老师一天工作的辛苦。如果没有这个探究活动，学生就较难直观地看到老师每天做了这么多的事情，从而体会到原来他们这么辛苦。

为了保证教学可以做到以学生为中心，统编小学《道德与法治》教材还努力使教材的栏目富有童心和童趣。因为只有当栏目的设计符合学生的心理特点，具有趣味性，才能吸引学生积极主动地参与。

比如，在一年级上册第11课"别伤着自己"中有一个探究家中的危险的环节，编写者把这个活动设计成了"迷宫棋"的形式。原来探究家中的危险是一个很普通的教学环节，但是当这个环节变成"迷宫棋"的游戏活动后，就增加了趣味性，也调动了学生参与的积极性。

（三）教材的范例点明了源于学生生活的教学重点

统编小学《道德与法治》教材的栏目中还呈现了不少典型的范例，它们都源于学生真实的生活，并以"生活事件"的形式呈现出来。

比如，在讲学习的途径时，教材中不仅呈现了"我从课外书籍、报纸和儿童杂志上学到了许多知识"，"在与同学的交往中，我懂得了人与人之间应友好相待"，还呈现了"在野外玩耍时，我认识了许多植物和昆虫"。这些范例不仅能让学生体验一种不同的生活，也能为教师点明相应的教学重点（比

如，玩耍也是一种重要的学习途径）。

教材中的这些范例又是如何选择的呢？选择的一个重要依据就是学生生活中真实的道德需求和道德困惑。因为教学要引导学生生活的建构，就离不开对学生真实道德需求和道德困惑的诊断。不仅加深了教师对于学生的了解，也为每一课点明了相应的教学重点。

比如，在三年级下册第3课"我很诚实"中，教材把三年级学生的诚实教育从品质问题转向了心理问题：学生因为恐惧心理谎称自己的作业没有带；学生因为虚荣心理谎称家中有，事实上却没有的东西。这个环节的设计超越了传统诚实教育的思路，为教师了解学生不诚实的真实原因指明了方向，即撒谎心理的视角。相应地，这个环节的教学重点就是要帮助学生克服这些阻碍他们诚实的心理原因。

再如，在一年级上册第11课"别伤着自己"中，教材为教师指明了在日常生活中学生可能出现危险的两个原因：无知心理和贪玩心理。相应地，本课的教学重点就是帮助学生克服这两个可能引发危险的不良心理。

（四）教材的呈现，展示了经过课堂检验的教学蓝本

为了给教师提供一个有效引导学生生活建构的教学案例，在统编小学《道德与法治》教材中，编写者还尝试将经过课堂检验的教学"蓝本"直接融入教材中。虽然教材以文字和图片呈现，表面上看是平面和静止的，但由于融入了教学的"蓝本"，使得教材更加立体和动态。

比如，在三年级上册第2课"我学习，我快乐"的"学习的快乐"的板块中，编写者就将经过课堂检验的教学"蓝本"直接放入教材中：第一个活动是"词语接龙"，以游戏的形式让学生直接感受学习中的快乐；第二个活动是"家务小能手"，让学生在展示家务本领的过程中，从学习结果的角度体会学习的快乐；第三个活动是"交流园"，让学生分享学习的快乐经历；第四个活动是"阅读中的快乐"，引导学生体会阅读的快乐；第五个活动是"制作书签"，让学生把学习的快乐体验写在书签上。

在生活德育的视域下，教学的根本目的不是道德知识的学习，而是引导儿童去选择和建构有道德的生活及生活方式。如果说新型的品德教学是引导儿童生活的建构，那么德育教材就要向教师传递与之相应的教学理念和教学

方法。希望我们每位教师都能会用教材，用好教材。认真上好我们的道德与法治课，用我们的真心给学生心灵埋下真善美的种子。

最近我收看了赵玉平教授的《向历史人物学智慧》视频，里面有些内容还是对我有很大启发。立德树人，以德为先。立德树人，铸魂育人，我们每位道德与法治的教师，都在扮演"唐僧"这一角色。我们要做到有信仰、有情怀、思维新、视野广、严自律、人格正，希望每位教师都能带领学生早日取得"真经"。

# 吃透统编教材　把握生活逻辑

# 提升活动效率

孙守清

2019年秋季开学，四至六年级统编教材第一次进入学校，任务非常繁重。面对现实情况，我们严格按照省、市、县教育行政部门文件要求，研究制定了科学合理的推进策略。第一步狠抓各级教材培训。教研员参加6月省级培训回来，8月开展县级培训，9月份组织全县教师参加人教社网络培训。第二步狠抓课堂落地。9月开展县级引路课，11月开展区域送课，采用"2+1"模式（即2节现场展示课＋1个课后研讨）。第三步是指导教师们充分发挥配套优质课程资源作用，利用好教师用书后面的光盘课例，搞"同课同构"。

通过上述推进策略，全县小学四至六年级道德与法治课程开局良好，正在逐步走上科学健康轨道。然而，要想保持长久的生命力，笔者认为做好以下的工作才不失为万全之策。

## 一、吃透统编教材

近一个时期内，一个学期或两个学期，甚至更长的时间，我们的主要任务就是学习教材、研究教材。因为再好的教材也需要真正懂教材的人去教，再好的理论也需要脚踏实地去推行！

所谓吃透教材，就是要求各年级都要开展教材研读工作，具体就是了解各年级上册教材的编写结构、特点。以三年级上册教材为例，"统编小学《道德与法治》三年级上册教材与一、二年级的教材相比，在栏目设置上有了较大的变化。教师应该悉心研读教材，借助教材中的调查、采访、阅读等实践活动，链接学生生活，对教材内容进行有益补充，以培养学生道德的建构能力和良好的法治素养。这是本门课程深化课程改革，提升课堂效率，引导学生进行自主的道德学习，贯彻落实立德树人根本任务的基本要求"。[1]

我们一起看三年级上册教材第一单元"快乐学习"的内容，来分析教材编写结构特点。

（一）学习主题"综合交叉，螺旋上升"

全套教材关于学习的主题主要安排在低中年级。如一年级上册第8课"上课了"，作好课前准备，多提问，小组学习，认真作业。强调学习习惯的培养。又如二年级下册第14课"学习有方法"，强调学习方法的掌握。而三年级强调对学习意义的认识，树立新的学习观和学习自信心，学会时间管理，掌握学习方法。

（二）教材提供线索，课题和话题分析

第1课"学习伴我成长"："成长离不开学习"（P2），本课的编写意图是重点引导学生认识学习的意义，树立新的学习观（学习动力）。教材引导学生从婴儿期、幼儿期、儿童期三个阶段的成长经历中感悟到人的成长离不开学习。"处处可学习"（P6），本课引导学生从两个方面来认识和把握新的学习观。一是从人的自然属性上看，人是学习的动物，每个人的成长都离不开学习，学习不应该成为人的一种负担，学习应当是快乐的；二是从学习的本质特征来看，学习是综合的，包含了学习空间的多重，学习内容的多元，学习途径的多样，学习时间的终身。

第2课"我学习我快乐"："学习的快乐"（P8），本课的编写意图是引导学生体验学习本身所蕴含的快乐，激发学生对学习的巨大兴趣，学会克服学习中遇到的困难。如果让幼小的孩子对学习产生恐惧，那就是教育的失败。教材引导学生参与游戏活动、做家务活动、交流活动、阅读活动、制作活动等来体验学习的快乐，还引导学生从对自己学习生活的回忆中来体会学习快乐。"战胜困难更快乐"（P11），学习是快乐的，但不等于学习中没有困难、挫折和失败。每个人在学习上都会碰到不同的困难，关键是对待困难的态度，让学生体验战胜困难的快乐是本课的着力点。以"战胜困难更快乐"命名其中的小标题的意图是要让学生明白一个快乐的学习者，能以积极乐观的态度

对待困难、挫折和失败。教材提供的范例引导学生懂得遇到困难只要具备良好的心态和坚持不懈的毅力，就一定能战胜困难。教材呈现的几个小山头，是给学生的留白，让学生把自己在学习中遇到的困难写进小山头里。"实话实说"栏目里呈现了遇到困难时，人们表现出的6种心理状态，目的是运用心理的力量引导学生解决学习上的困难，以达到道德修养和心理健康的和谐发展。框里面呈现了解决困难的两种方法，省略号是引导学生思考和寻找还有哪些解决困难的办法。

第3课"做学习的主人"："人人都能学得好"（P14），本课的编写意图是针对三年级学生在学习上表现出的泄气和不自信，帮助学生发现自己学习上的优势和潜力，树立学习自信心，掌握适合自己的学习方法，从而达到好学和会学。教材第一个板块以5个孩子所具有的不同方面的智能范例，引导学生寻找自己的智能优势和闪光点，认识自己的学习潜力，树立学习的自信心。"多在心中画问号"（P16），学习上多提问和敢于质疑，既是一种学习品质，也是一种学习方法，具备这一品质和习惯非常重要。爱迪生说："一个时时能产生问号的头脑是一项极大的财富。"有效的学习是从问题出发的学习。儿童在幼年期，好问是一种天性，但随着儿童年龄的增长，这种主动发问的热情就会降低，为了让儿童强化和保持这种好问的天性，并能上升为敢于质疑的品质，特别设计了本部分的学习内容。"我和时间交朋友"（P20），本课时教学重在引导学生从小学会管理时间，养成合理安排和利用时间的好习惯。学会管理自己的时间，是人生一项重要的能力。时间管理的核心是提高效率。做事情要有截止时间和阶段目标。教材提供了几个孩子不会合理利用时间的事例，教学时要注意反面事例正面用，引导学生给教材中的孩子从正面提出建议。制订计划是管理时间的一种有效方法。教材中设计了一个合理安排星期天时间的活动，教学时可以拓展到放学后，还可以拓展到寒假或暑假。"好经验共分享"是引导学生懂得学习是要讲究方法的。学习方法是影响学习效果好坏的最重要的因素，然而调查表明70%的人都不会学习。掌握学习方法比努力更重要，良好的学习方法可以使自己的才能得到充分的发挥，让自己越学越感到轻松。

（三）活动栏目设置，更有利于学生自主的道德学习

教材中展现了丰富多彩的教学栏目，如需要学生亲身实践体验的"活动园"，便于学生观点交流和思想分享的"交流园"，由古今中外名人故事组成的"故事屋"，为学生提供适宜阅读的故事或文章的"阅读角"，给予学生知识性内容的"知识窗"，这些丰富多彩的栏目更能为小学生所接受，为学生营造一个温馨、舒适的学习氛围。

（四）倡导新的学习观（处处可学习，玩耍也是学习）

新的学习观是以终身教育思想为导向的。教材通过引导学生观察、访问身边的人都在不断地学习，帮助学生从小树立终身学习的观念。本课体现的不断学习和终身学习对教师也应该有启示。

本课要注意对学生调查采访能力的初步指导。引导学生懂得学习内容和学习途径的多样性和广泛性，明白生活处处皆学问。

懂得"玩耍"也是重要的学习，"玩耍"指向的是会玩，而不是贪玩，"会玩"是指在玩中能创造和增长知识。本课还注重指导学生在"做"中学。科学研究发现，学生单纯听讲授能记住的内容为5%，而自己动手学到的东西却能记住75%。[2]

当你真正弄懂教材内容时，设计活动就很容易了。

**二、把握生活逻辑**

每一本教材都有其内在的逻辑，也就是说，我们一定要清楚教材是依据什么编写的。统编教材编写的依据是：（1）《品德与社会课程标准（2011年版）》六大生活主题由近及远不断扩散；（2）《青少年法治教育大纲》义务教育阶段要实现的目标。

《义务教育品德与社会课程标准（2011年版）》指出，本课程的设计思路是：一条主线，点面结合，综合交叉，螺旋上升。"一条主线"即以学生的生活发展为主线；"点面结合"的"点"是社会生活的几个主要因素，"面"是学生逐步扩展的生活领域，在面上选点，组织教学内容；"综合交叉，螺旋上升"指的是每一个生活领域所包含的社会要素是综合的，在不同年段，层次不同，螺旋上升。

第三部分课程内容里明确了我们的道德与法治课的具体内容分六大主题，也就是学生由近及远不断扩大的生活领域，即我的健康成长、我的家庭生活、我们的学校生活、我们的社区生活、我们的国家和我们共同的世界。

《青少年法治教育大纲》中提出了义务教育阶段要实现的目标是："义务教育阶段使学生初步了解公民的基本权利义务、重要法治理念与原则，初步了解个人成长和参与社会生活必需的基本法律常识；初步树立法治意识，养成规则意识和尊法守法的行为习惯，初步具备依法维护自身权益、参与社会生活的意识和能力，为培育法治观念、树立法治信仰奠定基础。"[3]

### 三、提升活动效率

课堂是落实社会主义核心价值观的主阵地，所以加强课堂建设是解决统编教材落点的唯一途径。我们开展引路课指引课堂方向，即：（1）追求课堂的真实。课堂活动真实有效，学生保有自然纯真，童言童语。突出学生需求，链接学生生活，做到"接童气"。（2）把教材作为重要的课程资源，正文里的话在课件里有突出展示。熟练运用三大板块教学设计格式，彰显课改理念。（3）课堂活动设计重点突出，用时合理。（4）学生学习方式多样化。有读书、有思考、有表达。

道德与法治课堂从有效课堂到高效课堂，是我们一直不懈追求的目标！

首先，落实课标提出的教学建议：（1）整体把握课程目标和教学目标的关系；（2）通过创设多样化情境丰富和提升学生的生活经验；（3）引导学生自主学习和独立思考；（4）因地制宜地拓展教学内容；（5）有效组织适宜的教学活动。[4]

其次，备课方面我们一直在追求要做好"三个转化"：一是教材内容情景化，把教材里的孩子变成教室里的孩子；二是教学目标精细化，在研究单元目标的基础上，确定好课时目标；三是方式方法多样化，采取多种手段，运用多种方式，实现情感、态度、价值观目标，落实小学道德与法治"学做人，长智慧"核心素养。

再次，经过长期总结积累，我们得出一节德育课可以大致分为三个阶段：（1）明理 ——价值认同是学生品德自我建构的核心，包括情境导入——第一环节（活动一）；（2）共情——情感共鸣是学生品德自我建构的关键，包括第二环节（活动二）、第三环节（活动三）；（3）导行——行为自律与道德自觉是学生品德形成的重点，包括课堂总结、布置课后活动性作业。

最后，互听互评是学校常规教研的主要形式。为了帮助大家听好评好道德与法治课，介绍给大家四个课堂教学的观察点：（1）活动目标设定：单元目标——课时目标；（2）学情分析：课前访谈、问卷、调查表等；（3）课堂活动设计：是否有梯度、环环相扣、逐步提升，是否按照主持人提供的线索设计活动，是否对应活动目标设计活动达成目标。（4）课程资源开发：课内与课外，家庭、学校、社区资源整合运用。

**参考文献：**

[1] 雷劲 . 引导学生进行自主的道德学习 [J]. 中小学教材教学，2019（4）：10-14.

[2] 陶元红 . 新课程　新教材　新理念——统编教材《道德与法治》三年级教材的整体解读 [J]. 福建教育，2018（30）：44-47.

[3] 教育部，司法部，普法办 . 青少年法治教育大纲 [EB/OL].（2020-7-10）. htttp://baike.so.com/doc/24364362-25180062.html.

[4] 中华人民共和国教育部 . 义务教育品德与社会课程标准（2011 年版)[M]. 北京：北京师范大学出版社，2011.

# 有效体验，让道德与法治课堂充满成长的激情

李　静

苏霍姆林斯基提出："道德准则，只有当它们被学生自己追求、获得和亲身体验过的时候，只有当它们变成学生独立的个人信念的时候，才能真正成为学生的精神财富。"《义务教育品德与社会课程标准（2011 年版）》也强调指出："学生的品德与社会性发展源于他们对生活的认识、体验和感悟，学生的生活对本课程的构建具有重要价值。"我们细细研读也会发现，"体验"一词在《义务教育品德与社会课程标准（2011 年版）》中竟然出现了 25 次，这样高的频率引人深思。如何更好地发挥"体验"这支"催化剂"的作用，让道德与法治课堂充满成长的激情呢？我将从以下三方面和大家交流：体验活动的基本类型、体验活动的一般过程、体验活动的有效达成。

## 一、体验活动的基本类型

按照开展的时间可以分为课前、课中、课后三种体验，按照体验的方式有真实状态下的体验和模拟状态下的体验。

## 二、体验活动的一般过程

（1）制订计划，构想体验；

（2）创设情境，启动体验；

（3）设计问题，激活体验；

（4）交流感悟，升华体验；

（5）评价反思，践行体验。

### 三、体验活动的有效达成

**（一）抵达心灵：在充分的对话中有效体验**

1. 将静态的课本内容对接孩子们的真实生活

道德教育最重要的不是逻辑推理，而是要让学生体悟、理解和感动。为此，教师要善于将教科书中的静态内容转换为教室里学生自己的活动，将静态的教材"激活"，赋予其能够让学生接受、认同的实际意义，引导学生在亲历中得到体验，在熟知里发现新知。

金曼玉老师在上"大家排好队"这课时，将发作业本排不排队这个范例，根据本班实际情况改成让学生参观魔盒。上课伊始，教师就告诉学生，神奇的魔盒可以回答谁是最可爱的孩子，但是它只能打开15秒就会关闭。第一次体验活动时，学生没有排队，而是争先恐后地去看魔盒，谁也没有看到魔盒就关闭了。在学生遗憾抱怨的叹息声中，教师引发学生思考：我们应该怎样看魔盒呢？顺理成章地引出排队的话题。第二次体验活动，学生排队去参观了，基本上都看到了魔盒里镜子中的自己，知道排队的孩子才是最可爱的。情境对比体验，让孩子们体会到了排队的好处，进一步引发讨论"排队的好处和不排队的坏处"。

本课之所以设计这样的体验活动是因为，教师通过课前观察，发现本班学生都不会排队领作业本，范例一适合本班学情，而爱玩游戏是孩子们的天性，是儿童生活的一部分。学生会因为游戏时不排队、不遵守规则，影响游戏活动的开展。课堂上，教师基于学生这样的生活经验，结合本课教学内容，引导学生从已知走向未知，把孩子们从快乐游戏中自然地引入了矛盾的冲突中，引起学生反思——怎样才能让游戏玩得愉快？教师让孩子们在献计献策的过程中，明白排队的重要性。通过这样亲历体验的实践活动，教师把课程生活很好地与学生已有的生活经验对接起来，指导儿童在当下的游戏活动中，要自觉排队，才能玩得轻松、有序、安全。

2. 用模拟活动强化学生的情感体验

《品德与生活（社会）课程标准》强调："本课程的呈现形态主要是儿童直接参与的主题活动、游戏和其他实践活动。"因为小学生的道德体验主要来源于亲历亲为的实践活动，源于自身的生活体验。为此，课堂教学要努力有

创意地将课本中的生活模拟出来，尽可能地让每一个学生有以身"体"之、以心"验"之的情境。

杨亚军老师讲授"生命最宝贵"一课时，在"交流体验，生命的孕育"这个环节，课前安排体验活动——学生走进生活，调查妈妈怀孕时的状态。通过课前调查、课上交流，初步感知妈妈怀孕时的不便与辛苦。在此基础上，学生将书包挂于胸前5分钟，完成体验活动：弯腰捡东西、弯腰穿鞋系鞋带、趴在桌子上休息一会儿。活动结束，孩子们有的马上摘下书包，有的唉声叹气，教师马上追问：平时完成这些动作困难吗？当你变成怀着宝宝的妈妈时，做这些动作感觉怎样？如果让你扮演妈妈的时间变成50分钟、5个小时、5天，甚至更长的时间，你会怎样？此时的学生充分地体会了母亲怀孕时的辛苦与不容易。学生体验感悟、师生对话提升，强化了学生在模拟活动中的情感体验。让学生全员、全程、全身心、多感官参与活动。"全员参与"就是让全班每一个学生都动起来，不让一个学生被排斥或游离于活动之外；"全程参与"是指学生的参与不是一阵子，而是要在系列主题活动的衔接和滚动中自始至终地去参与；"全身心"是指学生不仅要用身体去经历，而且要用自己的心灵去感受；"多感官"就是要发挥多种感官的功能，让学生用耳朵去听、用眼睛去看、用脑子去想，以强化对外部世界的感受，从而丰富学生的体验感悟，并由感知生活经历上升到形成生活经验，生成生活智慧，在体验中内化、提升为道德品质。

（二）智慧转换：在道德的实践中有效体验

1. 让学生已有经验成为学习新知的桥梁

一切新经验的习得都需要以旧的经验为前提，都是在新旧经验相互作用的过程中形成，道德学习也不例外。学习者要在已有经验的基础上自我理解、吸纳，才能生长出新经验。所以，教师要努力让学生已有的生活经验成为学习新知的桥梁。

毕雪娇老师在上一年级下册"让我自己来整理"这课时，安排了三个体验活动：伙伴分享，通过整理书包了解定时整理。（学生试着去整理自己的书包，整理的方法各有不同。有的按照课程表整理，有的把不同的物品放在书包的不同的格子里。）小组合作，通过粘贴游戏知道分类整理。（每个小组都有一个百宝箱，里面装了需要整理的物品，学生根据已有的生活经验，将物品按照它们的功能，分类贴在粘贴纸上。）参与活动，通过朵拉游戏学会物归原位。（参与朵拉整理房间的活动，通过网络小游戏，将房间内的杂乱摆放的不同物品物归原位。）

在本节课教学中，如果仅是通过组织活动让儿童学会整理的方法，那是远远不够的。教师独具匠心地引导学生在原有生活经验的基础上，开展以上三个实践活动。在一次次地亲身体验、思维碰撞、互相学习的过程中，学会科学的整理方法，懂得自己的事要自己做，养成自己整理物品的好习惯。这样构建的道德课程生活才是"动脑筋、有创意的生活"。儿童在这样的课堂里不仅快乐着、生活着，而且发展着。有了这样开放的课堂，儿童生命中所蕴藏着的道德发展潜力就会凸现出来。

2. 以鲜活的案例提升学生的道德情感

小学生的抽象思维能力离不开情感与体验的支撑。德育课程的实施不能以简单的抽象概念形式进行，而要努力将教育引导融合在鲜活的生活案例中。只有具有感染力的，学生可以直接感知、体验、领会的东西，才有助于学生在共鸣中自己去体会、感悟，并得出自己的结论。

以四年级上册"我的家庭贡献"环节三"家人亲情纽带，我来系"为例。课上，学生以小组为单位，在"家庭任务袋"中抽取一个任务，也可以自己拟定新的任务。小组同学一起开动脑筋，提出解决问题的方案。

（PPT 展示任务：（1）外公外婆不和我们住在一起，我们如何关心他们？（2）如何让我家与叔叔、姨妈家联系得更为紧密？（3）父母因为家务事吵架，如何让父母和好？（4）学生自拟任务……）

孩子们用辩论、写信、表演等形式汇报自己的解决方案，充满了独特的智慧、诚挚的孝心和满满的幸福。这样的体验活动，教师将教材内容转换为学生能够接受、认同的内容，利用孩子们已有的知识储备在其与新知之间搭建阶梯，极大地激发了学生参与课程的热情。通过这样的道德实践活动，学生将被激发的情感与实际的行动联系起来，努力成为维系家庭成员亲情的好孩子。

体验是"心灵与心灵的对话，灵魂和灵魂的颤动"，正是通过引导学生亲

自经历伴随着丰富的情感活动的内心体验过程，学生才会去"换位思考"，才会有"将心比心，感同身受"。让我们带着这份信念，带着这份责任，引导学生共同体验圆满的人生历程，获得有意义的人生。

体验即生长：

让他做事，让他在做事中明白责任；

让他受苦，让他在受苦中懂得珍惜；

让他失败，让他在失败中获得对失败的免疫；

让他流泪，让他在流泪中体会泪水铸造的坚强；

甚至可以让他受伤，让他学会体悟舔舐着伤口匍匐前行的伟大与悲壮……

# 儿童成长的"同路人"

## 吴鑫云

"要想了解孩子，就要和他们一起；要想走进他们的心里，就要和他们一起经历。"新编《道德与法治》教材的编写正是按照儿童的生活路径，以儿童的成长与发展的生活逻辑为核心设计的。教材中的主人公是儿童，教材的内容是儿童的生活，教材关注的是儿童在学校、家庭、社会中的整体生活和成长。

### 一、"他"知道儿童需要什么

教材作为儿童成长的同路人，这位大伙伴最知道孩子们需要什么。例如对于一年级刚入学的孩子，就教他们开开心心去上学，引导孩子认识同学、老师，尽快融入校园生活，适应新生活；随着孩子良好习惯的养成，二年级开始着重培养每位学生成长都需要的日常文明教育和公共意识；中年级的学生有了主人公意识，教材就又把孩子带入更深入的班级生活、家庭生活和社区生活中；到了高年级，国家、社会的内容越来越多，逐步扩展孩子的生活领域。教材就是这样把儿童感兴趣、有话说的话题一个个呈现出来，让他们更能敞开心扉。

教材中的卡通儿童有的引起学生的共鸣，有的激发思考，有的表达共鸣，有的指导方法，"他们"和教室里坐着的每位同学都有相似之处，他们也会遇到各种各样的问题，甚至偶尔还会和我们犯同样的错误。理解是教育的基础，正是这位懂儿童的大伙伴的陪伴，才有道德与法治的教育。教材也只有契合了儿童的认知特点、成长规律，才能更好地为儿童发展服务。

### 二、"他"知道怎么传递需要

卢梭的《爱弥儿》中认为："儿童不仅是人，还是儿童。"《道德与法治》

教材正是这样尊重着儿童，在书中为儿童建构了一个充满童心童趣的世界。

（一）教材从儿童生活经验出发

教材以学生的生活经验为基础，关注孩子们的生活，同时引导孩子们反思过往的生活，进而引导未来的生活，获得情感上的提升。例如三年级上册第一课"学习伴我成长"就是源于孩子自己的生活，通过婴儿、幼儿、小学三个阶段的范例，唤起学生对自己生活经验的回忆，通过回忆和讨论交流，让学生认识到自己的成长离不开学习，引导儿童对生活有所感悟，并内化于心。

（二）教材以活动引导儿童学习

教材以学生的"学"为主线，让学生在活动中主动参与，不断探究，提升认知。例如，通过做书卡、推荐好书，让学生在活动中体验学习的快乐；通过做家务，让学生在劳动中体会父母的艰辛。在这种方式中，儿童接受的不是高高在上的大道理，而是生活中实实在在的品德培养。

教材是引领教师教学的一条重要路径，为我们提供了参考的教学蓝本。但在教学中，我们更应该利用好这份"学本"，从儿童实际出发，着手本校、本班学生生活实际设计教学，实现教材的"校本化""班本化"。例如我在教学四年级上册"我们班四岁了"一课时，让孩子结合班级特点制作属于我们的班徽，并且在班级 QQ 群中对参选的班徽进行投票选举，最后班徽成功聪颖而出时，他们是那样满足；接下来的"我们的班规我们定"一课，我和孩子们一起认识班级的优点和不足，集体讨论交流该在哪方面做什么样的规定，等最后成文的班规贴在班级公告栏中时，他们是那样自豪和认同。使用教材，更是要利用好教材，真实地满足教室里坐着的学生的情感需要，构建最有温度也最有效的德育课堂，和教材一起陪着孩子们幸福成长！

# 立德树人，上有灵魂的思政课

朱　红

　　学校是重要的育人场所，立德树人是我们的根本使命，如何为学生心灵"埋下真善美的种子"，引导学生"扣好人生的第一粒扣子"就要从上好每一堂课开始，从开展每一个育人活动开始，上有灵魂的思政课。

## 一、塑魂——厚植爱国主义教育，家国情怀是育人主旋律

　　距离 2019 年国庆节还有几天，二年级的学生们收到一项"特殊作业"："和家长共同观看国庆七十周年阅兵盛典，讲好一个关于新中国的故事，用自己喜欢的方式和国旗合个影，向祖国妈妈道一声：生日快乐！"在铁新里小学二年级的道德与法治课上，学生们聚精会神地盯着大屏幕回看国庆七十周年庆典盛况：党旗、国旗、军旗迎风招展，轰鸣的礼炮、威武的军队、世界一流的武器装备，令同学们欢呼雀跃，同时为祖国自豪。这节课的主题为"新中国的生日"，是《道德与法治》全国统编教材小学二年级上册第三讲。之后，教师又带学生观看开国大典中"第一次升旗"的故事，1949 年 10 月 1 日牢牢刻在了同学们的脑海里。新中国来之不易，学生们在分享故事活动中，认识了国旗、国徽，展示了自己和国旗的合影，一张张灿烂的笑脸映着鲜艳的国旗，幸福无比。最后，师生亲手制作了一面面鲜艳的小五星红旗，高唱《我和我的祖国》，从生活到学习，从课内到课外，学生民族自豪感及爱国主义情感被充分激发出来。

　　青少年阶段正处于人生的"拔节孕穗期"，需要精心的引导和栽培。新时代、新征程，爱国主义教育是一个永恒的主题，对于每一个学生来说，爱国是首修课、必修课，有家内心暖，有国格局大。由个人而家庭、由家庭而社

会、由社会而国家、由国家而天下，是应有的社会价值体系。

2021 年 9 月 24 日，中共中央政治局最新出台了《新时代爱国主义教育实施纲要》，引导全国人民弘扬伟大的爱国主义精神，为实现中华民族伟大复兴的中国梦不懈奋斗。部编版《道德与法治》中增加了大量爱国主义教育、中华优秀传统文化教育、革命传统教育、法治教育、国家主权意识教育、民族团结教育等主题内容，教师不再只是教材的忠实执行者，更是课程的创造者，学生也要由过去静态地听转变为动态地学。教学中要找到爱国主义教育的生长点，以家国情怀夯筑育人基点，使其内化于心，外化于行，是我们思政教师必须思考的问题。课本中关于爱国主题的内容很多：二年级上册"欢欢喜喜庆国庆"由四部分组成，循序渐进引导学生了解国家节日的历史与文化意义以及所取得的建设成就；三年级下册第二单元"我们生活的地方"引领学生树立家乡观，激发学生的家乡情；五年级上册第三单元"我们的国土"、第四单元"骄人祖先，灿烂文化"，以物及人，见物思人，让历史走进孩子生活，让富有文化意蕴的传统文化走进孩子心田，培养有根的中国人；六年级上册第二单元"我们是公民"等，都是培养学生的国家意识、爱国情感，为学生树立正确的世界观、人生观、价值观打下基础。同时，爱国主义教育必须融入社会生活，在细、小、实上下功夫，鼓励学生从自身做起，从身边的小事做起，爱家、爱班、爱校、爱党、爱国、爱社会主义，引导每个孩子做堂堂正正的中国人，热爱自己伟大的祖国。

### 二、立德——弘扬优秀传统文化，修身厚实人生底色

有的教师认为教道德与法治很简单，对着书本读读画画，结合生活说说谈谈就完成了教学目标。这是错误的，道德与法治学科是精神洗礼课，要学的是做人，做健全的人、健康的人、快乐的人、全面发展的人。"道德与法治"是德育课程，也可以说是课程德育。教材将中华传统美德中的"孝亲、勤俭、自强、厚仁、贵和、好学"等伦理观念和行为规范有机融入教材，以文化人，以文化德，使儿童的德性在优秀传统文化的浸润中得到滋养。

"孝"是我国传统文化中最为推崇的品德，贯穿于中华民族上下五千年的历史。小学道德与法治教育中，积极倡导"孝"的回归。教学中，我们要积

极开发教育资源，丰富德育内涵，采用"内隐"与"外显"相结合的融入方式，潜移默化地教育学生。我校的杨娜老师在上一年级上册第三单元"吃饭有讲究"一课时，首先引导学生说说吃饭前都有什么讲究，利用洗手歌使学生形象地记住洗手的步骤和方法。在吃饭礼仪中，教师抓住了一个"礼"字，引导学生培养良好的餐桌礼仪：一家人就餐时，自己主动做点力所能及的事；扶着爷爷走近餐桌，这是尊老爱幼；打喷嚏要转向别处，提示学生餐桌上的行为要有教养和礼仪；妈妈为我夹菜时，表达感谢，体现一家人的温暖和爱。从这一小主题我们就能挖掘出"礼、孝、仁、爱"四个方面的传统文化的内涵。一年级上册"大家一起过春节"，上课前要先让孩子了解春节的来源和传统习俗，可以把学生分成读春联、贴福字、包饺子、讲故事、大拜年等几个学习小组，让每个小组进行展示，让学生在体验中来感受中华传统佳节浓厚的文化气息；二年级"团团圆圆过中秋"除了让学生感受到中国的传统佳节外，还有帮奶奶做月饼等与家人共同完成的事情。

我们的课堂要讲孝敬，讲责任，讲奉献，讲民族精神，讲中华民族传统美德，讲社会主义核心价值观；我们的课堂要通过生动的活动和体验式教学，使他们学会感恩、诚信、自立、自强；我们的课堂要教给孩子在生活中做到与人和谐相处，在学习上做到共同成长。思政教师要成为学生精神的力量、人生价值和生活态度的传递者，让课堂不仅有意思，有情感，更要有意义。

### 三、育爱——整合多维资源，家校社会共筑美德

仅靠课堂上的 40 分钟是无法上出有血有肉、有滋有味的思政课的，一定要与其他学科打好组合拳，实现德育课程的主题化、序列化、常态化、生活化。任课教师要对教育内容作出明确定位，增强实践体验，设计学科活动的融合、统筹和推进。可以结合学校的德育主题教育，加强中国历史、中国特色社会主义、中国梦、传承红色基因等方面的教育；推进中华文化传承，中华优秀传统文化进校园活动；充分了解家乡的本土文化特点，组织同学们到海滨湿地、森林公园、秦皇求仙入海处、天下第一关等处，充分领略家乡美景；充分挖掘博物馆、艺术馆、美术馆等社会文化资源；引导孩子广泛涉猎文学经典、非遗故事、民族节日、民间工艺、传统建筑、人文古迹等丰富多

元的文化因子，通过开发多种资源构建多维空间，扩大学生视野，引导学生从小熟悉家国文化、了解家国社会、树立起对民族对国家的高度认同感和文化自信，从而增强责任感和使命感。

"蓬生麻中，不扶而直。"学生的成长品质来源于家庭生活、学校生活和社会生活的品质，又反作用于家庭、学校和社会的品质。学校要发挥学校教育、国家课程的主渠道作用，建设家校合作平台，宣传优良家风，用校内环境去影响外部环境，引领时代，影响家庭社会。我们的终极培养目标是培养学生由学校人成长为社会人。新时代的新人不仅要能自立，而且要能立人。学校教育就是让每一个学生走向社会之后传播正能量，形成良好的社会风尚，说到底，就是学校教育要办人民满意的教育。

一个个孩子犹如一粒粒种子，孕育着无限可能，生发着无尽梦想，道德与法治学科的各位同人，我们承担着育人的关键学科，铸魂育爱、立德树人，要牢记于心，上好有灵魂的思政课，一定会在每一个学生的生命成长中迸发出强大而持久的精神力量。

# 德法互融　浸润心灵　呵护成长

万冬霞

　　统编《道德与法治》新教材 2019 年秋季在全国中小学全面投入使用。新教材的使用，为提升当下小学生的法治素养明确了路径，但也给每一位思政教师带来了巨大的挑战。教材中涉及 30 多部法律知识，对于一线思政教师而言，要不断提升自己的法律专业素养，在教学实践中不断去思考探索，实现道德教育与法治教育的完美融合，才能最终有效达成道德与法治课程中培养学生法治意识、法治观念、法治信仰的课程目标。那么如何才能实现道德与法治相融，是每位教师认真思考的问题。

## 一、认真钻研教材，充分挖掘法治教育因素

　　小学《道德与法治》教材有意识地把法律、法规和相关的条例纳入各课教材的各个教学环节中，作为教师，我们要充分挖掘蕴含在教材中的法治教育因素，并有意识地化难为易地渗透到平时的教学中。以一年级下册"我想和你们一起玩"为例，本课第三个学习板块是"为什么玩不下去了"，讲述了部分孩子因不守游戏规则或者不懂得合作而与伙伴玩不下去了。这个板块就蕴含着一些法治教育内容，比如小伙伴一起玩时的游戏规则，游戏过程中的合作规则，人与人之间的交往规则，这些规则都是本课蕴含的法治教育因素，作为教师课前要认真钻研教材，了解掌握教材中的法治教育因素，并把相关的法治教育落实到位。

## 二、立足儿童视角，在儿童生活中感悟法治

　　以儿童的视角选择课堂教学素材和教学方法是素质教育理念的新要求，注重让学生在日常生活当中学到法治知识，必须将一些法治知识与学生的实

际生活紧密地联系起来，体现我国法治"源于生活，用于生活"的法治理念，从而让学生切实感受到法治的重要性。

例如学习四年级下册"绿色小卫士"一课时，教师就可以让学生通过讲发生在自己身边的关于环境卫生方面的生活小故事，来认识到环境卫生保护的重要性，然后再将《中华人民共和国环境保护法》的基本要求讲解给学生们，进而将法治教育与课堂内容进行有效的融合。一年级上册"我们的校园"一课，参观校园看到学校消防器材的时候，教师可以抓住契机说："消防是维护我们学校安全的重要保障之一，火灾是无情的，我们大家一定要在平常预防火灾，消灭一切火灾源头，保护我们大家的共同利益。"这样可以很好地向学生传输一些火灾方面的法律知识。教师还可以说如果当我们真正遇到火灾的时候一定不要惊慌，可以打119火灾报警电话进行求援，第一时间作出正确的判断，把我们的损失降到最小。通过这种方法可以让学生在自己的生活当中学到更多的道德和法治知识，同时还可以在教学活动当中将道德教育与法治教育融合在一起，有助于学生道德和法治观念的形成，有效提高学生的综合素养。

### 三、注重情境创设，努力提升德法融合效果

对于小学生来说，法治教育相对比较高深和枯燥。教材并不是重视法律知识的掌握，而是重视法治意识的培养，它是以基础性的行为规则和法律常识为主，侧重的是法治意识、遵法守法的行为习惯的养成教育。那么，作为教师，很显然不能呆板地出示相关法规条文，让孩子去读背，这是很不可取的教学方法。为了适应孩子的年龄特点，作为道德与法治教师，我们要努力创设充满童趣、情趣的趣味课堂，在愉悦的学习氛围中向学生渗透这些规则、法规，向学生渗透国家意识、公民意识、规则意识、安全意识、环保意识……

（一）创设故事情境，激发学习兴趣

以六年级上册"公民的基本权利和义务"一课为例，名师葛伟峰校长在上这一课时，巧妙地引用奶奶的故事，先出示奶奶1923年出生的相关信息，讲述奶奶人生各个阶段的故事，引出相关的公民基本权利，讲解国家不同阶

段时期相关法律条文以及隐私权、劳动权、受教育权、财产权、平等权，等等。生硬的宪法知识融进生动的故事，学生不再陌生，近在咫尺，课堂顿时变得有温度。

（二）创设游戏情境，提升参与热情

比如，一年级的"别伤着自己"一课，整堂课的教学可以设置三个闯关游戏。第一个闯关游戏是"安全密室闯闯闯"（媒体播放：密室里有四扇门，每扇门里都有小朋友在进行危险的活动，请学生找出他们做得不对的地方，说出有什么危险，即可过关）；第二个闯关游戏是"安全讲坛说说说"（在家里还存在什么危险，说得对的就算过关）；第三个闯关游戏是"安全剧场演演演"（请学生分小组演练几种情况，看谁最会保护自己，谁就过关）。一年级学生在兴奋的闯关游戏中初步掌握了远离危险的方法，懂得了一些行为准则，形成了自我保护的意识。

（三）创设演练情境，强化法治意识

道德与法治的教学，只有将学生带入真实的情景氛围中去，才可以让法治教育在学生的真正理解中生动地呈现出来。例如在教育孩子怎么使用零花钱的时候，教师可以将班级布置成一个小超市的模样，然后让学生分别担任顾客和售货员，进行消费，从而让小学生们深刻认识到，自己购买东西所花的钱都是父母辛苦劳动得来的，一定要学会节省、适量消费，同时教师还可以将《中华人民共和国消费者权益保护法》讲解给学生，让学生明白自己的消费行为是受到国家法律保护的，进而拓展学生的法律知识范围，并养成不乱花钱的好习惯。教师通过创设演练情境，做到了道德教育与法治教育的有机融合。

**四、结合日常管理，拓展法治教育阵地**

法治教育目标的达成，并不是靠几节道德与法治课就能完成的，需要每位教师开动脑筋，拓展法治教育的阵地。比如，在学校里利用班会课、晨会，让学生了解一些法律、法规知识；在班级管理中采用法治管理，制定一些班规，让学生体验法治，让学生感受到法治就在我们身边；还可以开展丰富多彩的课外活动，比如，在班级中开展"讲故事""演小品"等活动，教师可以

帮助学生选择有关法律法规的精彩小故事，让孩子练习讲演，孩子在演故事、听故事的过程中，潜移默化地就懂得了要遵纪守法；班队活动课上，教师也可以精选一些有关法治教育的小视频，播放给学生观看，学生在观看视频的同时懂得了遵纪守法的重要。

小学《道德与法治》教材承载着育人的独特价值和伟大使命，因此教师一定要正确理解、把握新教材，将道德教育与法治教育紧密融合，在思变中更新，在欣赏中从新，在探索中创新，引领孩子善良做人，智慧成长，温暖生活。新教材、新思路、新征程——让我们一起携手同行！

# 基于儿童立场　研读统编教材

## ——以小学《道德与法治》统编教材五年级下册为例

杨　颖

五年级是高段道德与法治学习的开始，随着学生年龄的增长，生活领域扩大，知识积累增加，本册教材从五年级学生的身心发展规律和发展需求出发，在不断扩展的生活场域中聚焦家庭生活、公共生活、我们的国家等内容，突出生活性、综合性、时代性和开放性，注重国家认同、社会责任和健全人格相结合，学生发展的共性需求与地区差异特点相结合，革命传统教育与改革创新的时代精神相结合，突出参与责任民主协商意识和行为的引导，对学生进行优秀传统文化教育、公民意识教育、国情历史教育、革命传统教育和爱国主义教育。我将从教材内容、课程标准、教学建议三个方面对教材进行研读。

## 一、教材内容

（一）教材内容与作用分析

第一单元引导学生从小家放眼大家，关注社会的和谐与国家的繁荣，鼓励学生收集优秀家风，学习优秀家风，体会其中蕴含的中华民族美德，认识、理解优秀家风对个人、家庭和社会的重要性，并在此基础上做优秀家风的践行者和宣传者。

第二单元共三课，遵循从认知到行为，从"共享共维护""共建"到"共参与"的编写思路，引导学生形成对公众生活的整体了解，懂得爱护公共设施，维护公共利益，做到自觉遵守公共秩序，积极参与社会生活。

在本册书学习之前，学生已经接触了"家庭生活"和"公共生活"领域的学习主题，而且这两个场域是距离儿童生活最近的，学生能够在家庭和社

会生活经验的基础上，建立基本的家庭生活和公共生活的意识和规则，探寻"负责任、有爱心的生活"方式。在此基础上，本册书的这两个主题主要是帮助学生深入了解家庭生活和社会生活的规则，进一步培养家庭和社会责任感，提升家庭生活和社会生活的参与度，愿意为更好地创建美好的家庭生活和社会生活贡献自己的力量。

第三单元则是第一次重笔墨地介绍中国近代发展史，以时间为脉络，以精神为核心，以重大历史事件、重要历史人物为主线，呈现了近代以来中国人民为实现民族复兴走过的历史进程，歌颂了仁人志士的革命精神与爱国精神，引导学生了解、认识和感悟先辈们走出苦难、复兴中华的艰难历程，树立奋发图强的爱国志向。中华民族伟大复兴的中国梦就是每一个中国人共同的梦，尤其在今年中国共产党建党100周年的特殊历史节点，本单元的教学内容有了更深刻的现实教育意义，也有了更广阔的教学架构空间。

（二）教材编写体例特点

1. 绘本式表达方式，激发学生学习兴趣，降低学生阅读理解学习材料的难度。激发学生学习兴趣，获得愉悦的道德成长体验。

2. 栏目内容丰富，表达方式多样化，启发儿童多样化地表达自己的所感所得。

高年级段的《道德与法治》教材内，每课都由课题、二级标题、正文、栏目、主持人、范例等要素构成。

3. 与儿童对话，陪伴儿童的道德成长。活动讨论的空间开放，角色切换有利于换位思考，能够反思自己的行为。教材是以儿童成长的"同龄人"身份，与儿童进行平等、民主的对话，从而引导儿童的道德发展。因此，教材将教育意图隐性化，隐藏在教学活动中。这些活动不仅是儿童感兴趣、有话可说的内容，也是引导儿童实践的内容。如果话题涉及负面的行为判断，这时候我们把目光聚焦在教材中的儿童身上，在讨论、辨析他们的行为过程中，启发教室里的儿童对自己行为的比照和反思。角色切换更有利于深度讨论。教材中还有两位主持人，一个男孩，一个女孩，两位主持人代表不同性别，主要是导入、拓展、总结本课或者本栏目的内容，而且随着年段升高，主持人的样子也一直在变化，更加体现了与学生对话的角色。

4. 多元的学习方式，遵循儿童认知发展的基本规律。启发儿童在活动中体验，在讨论中提升道德认知，在辨析中明理，形成正确的道德判断、道德观念。话题内容以具象（公共生活）引入，逐步上升为抽象的规则（公共秩序、公共文明），启发社会情感的萌芽（遵守秩序，参与奉献）。分类观察"交通场所、文化娱乐场所、体育场所、文化交流场所、购物场所、就诊场所……"省略号的表达方式给学生留出了讨论的空间，可以作内容扩展，也可以是多元的辨析。

**二、课标解读**

第一单元的编写依据是《义务教育品德与社会课程标准（2011年版）》中的主题二，"我的家庭生活"第5条，"知道家庭成员之间应该相互沟通和谅解，学习化解家庭成员这些矛盾的方法"。

第二单元的编写依据是《义务教育品德与社会课程标准（2011年版）》中的主题四，"我们的社区生活"第6条，"体验公共设施给人们生活带来的便利，形成爱护公共设施、人人有责的意识，能够自觉爱护公共设施"；第7条"自觉遵守公共秩序，注意公共安全，做讲文明、有教养的人"；第8条"体会社会对老年人和残疾人等弱势群体的关怀。对弱势人群有同情心和爱心，要有尊重和平等的观念，并愿意尽力帮助他们积极参加力所能及的社会公益活动"；第9条"了解在公共生活中存在不同的社会群体，各种群体享有同等的公民权利，应互相尊重，平等相待，不歧视，不抱有偏见"。同时，还参照了《青少年法治教育大纲》中的内容要求："了解规则制定要遵循一定的程序，进一步树立规则意识，遵守公共生活规则"和"初步理解权利行使规则，树立依法维权意识，树立有权利就有义务的观念"。

第三单元的编写依据是《义务教育品德与社会课程标准（2011年版）》中的主题五，"我们的国家"第10条，"知道近代我国遭受过列强的侵略以及中华民族的抗争史。敬仰民族英雄和革命先辈，树立奋发图强的爱国志向"；第11条"知道中国共产党的成立，知道新中国成立和改革开放以来取得的成就，加深对社会主义祖国和中国共产党的热爱之情"。

对标靠本的课堂教学目标设计不是孤立的，是贯穿在课标这条线上的颗

颗明珠，引导学生全面发展。

### 三、教学建议

（一）找准德育落点

1. 找准社会主义核心价值观在教材中的落点

在分析教学内容的基础上，找准社会主义核心价值观的内容在教材中的落点，并在教学活动中细化实施。

2. 把握地理、历史、心理领域在本学科的德育落点

在"读懂彼此的心"一课中，"主动交流常沟通"这一话题，讨论"当与家人产生矛盾的时候，你通常会采取什么样的态度和做法？"这一讨论话题首先要分析问题产生的原因，几位同学的话从不同角度展示了解决问题的方法，给学生的讨论提供了范例，教师要把讨论的方向引向积极解决问题的方面，而不能是单纯地判断对错，需要在讨论过程中逐步让学生认识到每种方法的利弊，最终形成结论的归向。

（二）纵向联系教材

围绕《义务教育品德与社会课程标准（2011年版）》的内容标准，根据儿童的成长规律和认知水平，教材本着以点散面、循序渐进、螺旋上升的原则，将公共生活分为3个阶段，每个阶段各有侧重。低年段二年级上册第三单元"我们在公共场所"，帮助学生养成公共场所所需的文明行为习惯，并在其中融入社会主义核心价值观教育。主要关注学生在教室、学校的生活区域，以此为学习活动的中心，奠基公共意识，知道保持在公共场所的公共卫生、公共秩序、公共文明（文明之声）。中年段三年级下册"我们的公共生活"：8课"大家的'朋友'"、9课"生活离不开规则"、10课"爱心的传递者"，培养学生的公共意识、规则意识，引导学生认识规则的意义，以及公共设施对人们生活的作用，并能把爱护公共设施的行为落实到自己的生活中。同时，帮助学生形成关爱、同情的社会性情感，知道以尊重他人人格、满足他人所需的关爱方式，才是对他人真正的关爱。

高年段五年级下册第二单元"公共生活靠大家"：4课"我们的公共生活"、5课"建立良好的公共秩序"、6课"我参与 我奉献"，引导学生形成对公共

生活的整体了解，懂得爱护公共设施，维护公共利益，做到自觉遵守公共秩序，积极参与社会生活。

遵循以儿童生活为中心，我们的教学要依据儿童生活的场域变化，把从"共享共维护""共建"到"共参与"的思路落实到教学活动中。法治是建立在规则的基础之上的，规则和规则意识的教育是法治教育在低年级段的具体化。同时在本次也融入了社会情感的内容：关爱、志愿服务等。通过具体的事例来辨析，通过活动体验来理解，是本册教材解决抽象问题的思路，教师的引导特别重要。

（三）用好典型资源

价值渗透选好时机。"不甘屈辱　奋勇抗争"一课，引入最近的最振奋人心的图片，同是辛丑年的图片对比，感受到祖国的站起来、富起来、强起来的历史进程。从中美高层战略对话中中国人的气势感受祖国的强大。整个第三单元的内容距离生活较远，我们在教学时可以选取生活中学生习以为常的事物，通过这一事物的发展轨迹观察祖国的发展历史，感悟国弱我悲、国强我荣的家国情怀。

榜样引领选好例子。好例子，应尽可能贴近学生。事件，如果是发生在学生身上的，或学生经常见到、听到的，学生更熟悉一些，情感共鸣也就会更强一些，共情效果更好。"推翻帝制　民族觉醒"一课，教师通过选取不同时代的英雄形象，让学生知道每个时代都有人们需要担当的责任和使命，爱国的表现形式就有不同。从投身革命斗争到笔杆救国，再到科技兴国，疫情期间的抗疫英雄，每个时代，每个人都在用自己的努力为祖国的发展贡献自己的智慧和力量。"弘扬优秀家风"这一课选取的家风事例要符合学生的心理需求，在不同侧面给孩子起到榜样引领作用。在教材中名人家风的基础上展示身边人的家风事迹，来自生活中的鲜活事例更具有共情的说服力。

情感激发选好切点。"圆明园的诉说"话题中，雨果的话从文学角度展示了圆明园的魅力，语言直击人心，补充影像资料，激发学生的情感，看到打砸烧的场面学生不自觉地流下眼泪。

在教学中，我们要依托课标和教师用书深度解读教材，智慧开发资源，扎实落实课程中立德树人的根本任务。

# 小学道德与法治课中优秀传统文化的渗透路径

## ——以传统节日教育为例

张莉莉

"育才造士，为国之本。"青少年阶段是人生的"拔节孕穗期"，最需要精心引导和栽培。小学属于人生正式教育的初始阶段，有质量的道德与法治课可以引导学生树立正确的世界观、人生观、价值观。作为思政教师，只有沿用好办法，改进老办法，探索新办法，着力推动思政课改革创新，不断增强针对性、时代感和吸引力，才能使思政课润物无声地给学生以人生启迪、智慧光芒与精神力量。

### 一、案例描述

在"我们这样过中秋"课堂上，我引领孩子们思考：你们都知道哪些传统节日？特别尴尬，二年级的孩子竟答非所问，在他们的记忆中，印象深刻的是儿童节、母亲节、父亲节、万圣节、感恩节、圣诞节等，而中国古老的节日如重阳节、端午节、中秋节、七夕节……越来越乏人问津，甚至连中华民族最古老的春节热闹度也呈下跌的趋势。这是令人非常诧异的现象，中国人民延续了几千年的传统节日，竟然不敌西方洋节。

在这一社会大环境下，我们如何发挥学科功能，利用课堂阵地，落实中共中央办公厅、国务院办公厅印发的《关于实施中华优秀传统文化传承发展工程的意见》，"实施中国传统节日振兴工程，丰富春节、元宵、清明、端午、七夕、中秋、重阳等传统节日文化内涵"，增强文化自觉和文化自信？

## 二、我们的思考

我们每一位思政教师，是时候研讨——我们的孩子缺什么？是时候反思——我们的教学缺什么？我们必须用我们的智慧、勤奋和行为跟进，去斩除前行路上的荆棘。

## 三、解决策略

### （一）变"填鸭"为互动，以学生为中心

随着素质教育的不断开展，我国中小学教育逐渐转向学生综合素质的发展，因此先进的教学理念不断渗入教学中去。与之相对的是，我国大多数学校依旧采取填鸭式教学模式，即教师讲什么，学生学什么，学生缺乏对所学习知识的思考，并且在课堂上成为教师教学过程中的附属品。因此，传统的填鸭式教学模式严重影响了学生对于思政课堂的积极性，同时填鸭式的教学模式导致了师生关系僵化，学生不愿意配合教师教学，教师也不愿意进行思政教学，因此一部分学生的思政课堂成了语文课或者数学课的课外补习课堂，思政课堂名存实亡，自然而然，思政教学的根本目的也就无法实现。

教师在教学过程中应该注意改变传统的填鸭式课堂教学，归还学生在思政学习中的主体地位，以优秀传统文化为出发点，开展对学生的思政教学。教师在实际开展过程中应该注意创造合适的课堂氛围，以合适的课堂氛围促进思政教学的开展。

【教学片段】

活动一：七嘴八舌话团圆

1.播放歌曲《八月十五月儿圆》，多好听的歌曲，你知道歌唱的是什么吗？

2.你们的中秋节过得高兴吗？中秋节是我国一个重要的传统节日，你们是怎么过的呢？

学生介绍自家是怎样过中秋的。

人们常说"八月十五月儿圆，中秋月饼香又甜"，中秋节吃月饼，和端午节吃粽子、元宵节吃汤圆一样，是我国民间的传统习俗。你们都知道哪些地方的风俗呢？（小组交流展示各地方过中秋的习俗。）

老师通过查看你们课前收集的资料，也对舞火龙特别感兴趣，你们看！

这就是舞火龙的图片。

3. 很多小朋友都讲到了中秋节要吃月饼，是呀，月饼是我们中秋节的传统食品。老师给大家带来了一些月饼，我们一起来看一看。（课件出示月饼图。）

刚才我们看了很多月饼，发现大多数的月饼都是圆的。小朋友想一想，人们为什么把月饼做成圆的呢？月饼为什么是甜的？

我们不光要送出月饼，还要送出我们的祝福，送出我们的亲情，在赠月饼时，要对对方说一句祝福的话。你对你的家人会说些什么？

教师在教学中变"填鸭"为互动，鼓励学生增强教学互动，从而促进学生对传统文化知识的理解和掌握。同时，良好的师生互动还可以有效改善僵硬的师生关系，并且进一步促进思政教学的开展，从而达到立德树人的教育目标。

（二）变"单一"为多元，丰富课程内容

如何选材、融入教材，使用什么样的方式呈现，设计什么样的活动，怎样使学生乐于接受，等等，是教师首先应该思考的问题。教师应从教材出发，又不完全依赖于教材，不断拓展整合教学内容。如在"快乐过新年"一课中，除了让学生了解公历的元旦是全世界人民的新年外，还重点了解了中国的农历新年"春节"，包括春节的风俗习惯、礼仪礼节、传统美食以及关于"年"的生动有趣的传说，等等。在此过程中，使学生充分感受到春节是举国欢庆、一家团圆的重大节日，是集中展现传统文化的重要节日，是最能体现中华民族大团结的节日。在"家人的爱"一课中，我适时加入了"二十四孝"故事中的"扇枕温衾"和《弟子规》中的部分内容。针对学生已经习惯了被爱，过惯了衣来伸手饭来张口的日子，我推出"扇枕温衾"中黄香的故事：黄香小小年纪就懂得力所能及地照顾自己的父亲，这种孝行是学生学习的榜样，使学生充分感受到应该从身边一点一滴的小事做起，孝敬父母，关心亲人。

（三）变"小课堂"为大课程，推崇学以致用

当前的小学思政问题之一就是教学与实践脱节，而造成这一问题的原因之一就是观念上的忽视。当前多数学生家长认为小学思政课纯粹是浪费时间，毫无作用。解决当前小学道德与法治课开展传统文化教育的瓶颈问题，其根

本在于必须打破当前由教师为主导、点对点、单打独斗式的课程实施模式，转为以学校为基地，以校长、教师、课程专家、学生以及家长和社区人士共同参与学校传统文化课程制定实施和评价的模式。让思政课上升为校本化的课程，既能体现学校的办学宗旨、学生需要和学校的资源优势，又与国家课程、地方课程紧密结合，具有多样性和可选择性。在课程校本化的基础上，力求根据小学生的认知特点，设计教育要点，使之形成一体。既要根据不同年龄学生身心发展特点，区分层次、突出重点，又要加强各年龄段的有机衔接，逐步推进，以家国情怀教育、社会关爱教育和人格修养教育为重点，着力完善小学生的道德品质，培育理想人格，提升思想道德素养。如"团团圆圆过中秋"一课，包含了两个传统节日"中秋""重阳"，我们以课堂为依托，拓展开发了中国传统节日课程，在师生中开展"我与传统节日"系列实践活动，如组织开展了"团圆迎中秋 巧手做月饼"的活动。根据学校田园五好少年的评价标准，9月份班级中积分最高的同学可以体验中秋节烘焙社团制作月饼活动。此次活动还得到了家长们的大力支持，不少会烘焙的家长都积极主动加入其中。活动当天，家长们还自发地带来了材料，有提供技术的，有提供食材的，同学们在家长的帮助下开始了体验活动。"佳节赏月实践活动"，在中秋节假期中，孩子们用自己喜欢的方式与家人共度中秋的美好时刻。在重阳节期间组织"九九重阳节，浓浓敬老情"主题升旗仪式。队员代表作了敬老爱老的美德宣讲，并向全体队员发出倡议，动员少先队员们为老年人办实事、做好事、献爱心，除了帮助爷爷奶奶做一件自己能够做的事情，还倡议捐出自己的零花钱为敬老院的爷爷奶奶买营养品等活动。努力在全校营造尊老敬老、爱老助老的浓厚氛围，增强大家的敬老意识，激发全体队员参与敬老助老活动的热情，唱响敬老爱老主旋律。

传统文化教育的内容必须具备可选择性和差异性。教师在中华优秀传统文化教学实践中，对自己所面对和设计的具体情景进行分析，对小学生的传统教育需求作出评估，确定目标，根据本校教学资源和本地优秀传统资源，结合社会热点事件，选择与组织内容，决定实施与评价的方式。除明确教学目标之外，对于具体的教学内容、如何呈现这些内容、教学效果如何评价等都需要教师自由开发，要为教师留下足够广阔的思维与想象的空间，充分激

发教师的主观能动性。

　　小学是人生学习过程的初始阶段，因此在小学阶段开展好思政教学显得意义重大，而我国数千年发展过程中积累的传统节日文化为思政课程的开展提供了丰富的教学资源，并且将传统文化渗入思政教学中可有效提高教学质量，在达到教学目标的同时也有效促进了优秀传统文化和民族精神的弘扬。

实践

——典型课例的普遍意义

青少年阶段是人生的"拔节孕穗期",最需要精心引导和栽培。习近平总书记强调,思想政治理论课是落实立德树人根本任务的关键课程。把下一代教育好、培养好,从学校抓起、从娃娃抓起,是教育的神圣使命。认真学习贯彻习近平总书记重要讲话精神,要把思政课办得越来越好,必须落实立德树人根本任务。不管什么时候,为党育人的初心不能忘,为国育才的立场不能改。我们党立志于中华民族千秋伟业,必须培养一代又一代拥护中国共产党领导和我国社会主义制度,立志为中国特色社会主义事业奋斗终身的有用人才。我们办中国特色社会主义教育,就是要理直气壮开好思政课,用习近平新时代中国特色社会主义思想铸魂育人,引导学生增强"四个自信",厚植爱国主义情怀,把爱国情、强国志、报国行自觉融入坚持和发展中国特色社会主义事业、建设社会主义现代化强国、实现中华民族伟大复兴的奋斗之中。培养好德智体美劳全面发展的社会主义建设者和接班人,课堂教学是培养学生良好品质的主要途径,要在课堂教学中夯实教育实效。

## 一、以德立德

文化内涵,具象体现,在课程中的渗透内容需要凝结教师的智慧思考和解读,我们在课堂上讲授学科知识的同时,还应追根溯源,追究传统来源,拓展阅读知识,开阔学生视野。"传统文化点亮心灯",应努力寻找传统文化在学科内容中的落脚点。一年级上册"吃饭有讲究"一课,就有一个专门的话题"我在餐桌上",引导学生追溯餐桌礼仪的形成期。教师在深入研究学情的基础上,再选择一两个方面进行重点突破,比如围绕"打喷嚏"这一幅图让学生情景体验,被喷到的同学表达出自己的不舒服,其他同学还补充有细菌啊、病毒的传染等,从科学层面夯实礼仪教育。这些都是让学生品味传统文化的重要载体,我们教师要把具象的课程知识提升到有高度、有深度的文化内涵方面。不仅如此,还要在课堂实践中研究用优秀的传统文化反哺学科教学,唤起学生内心"我愿意……"的道德成长需求。如此累积,传统文化的渗透有了扎实的落脚点,"立德"有了具体可见的抓手,教师的创造性实施就能如鱼得水,达到学科育人实效。

## 二、以爱育爱

爱的主题陪伴孩子终生成长，有一句话说："幸福的童年可以治愈一生，而不幸的童年需要用一生去治愈。"细节教育落实爱在生活中的延伸。我们的课程内容涉及了方方面面的爱的呈现：班级、同学、老师、学校、家人、社会、大自然……每一个方面都有具体的课程内容对接。在教学活动的设计上，我们要落实每一个细节教育来体现爱的形式，比如：爱学校，走好路、说好话、写好字、做好操、排好桌、扫好地……这些是学生最基本的学习生活习惯，那么我们把这些简单的养成教育上升到爱学校的层面，唤起学生的情感认同，在日积月累的行动坚持中，落实爱学校的生活延伸。在我们的班级生活、学校生活、家庭生活中有很多这样的细节教育可以引入课堂，实施爱的教育的展示。在每个细节教育的落实中，铺设学生爱的成长网：有爱的情感，有爱的行为，有爱的能力，有爱的智慧，让爱成为学生成长的力量源泉！给学生心灵埋下真善美的种子！人的成长需要爱，爱不仅是教育的手段，更是教育的目的，爱的结果对爱的行为又将产生新的激励。

立德修身，帮助学生扣好人生第一粒扣子，是我们的道德与法治教师的责任。在课堂教学中培养学生的规则意识，对接法治教育，做好社会的小公民，也是我们的课程目标。树立社会法治意识，首先要确立社会的规则意识，这是建立法治秩序的基础。为此，我们要在教学中大胆实践，开展丰富生动的规则意识教育。在活动的设计上尽量贴近学生的生活，让学生亲自去观察、记录的过程，实际上就是体验、发现的过程，是自主探究的过程。活动提升了他们的观察能力和收集信息的能力，使他们体验到了学科的乐趣，激发了他们的探究欲望。学生在活动中初步理解遵守规则的意义，初步建立规则意识，达到了《青少年法治教育大纲》小学低年级段的教学要求，为培养学生的社会法治意识奠定了良好基础。

在对传统文化的品味中，在爱的浸润中，我们扎实地实践，进一步开发适合自己的育人方式。教学实践中，我们提炼出小学生在道德素质提升方面的十个重要培养点，以教学课例的形式呈现出来，通过开展课例研讨，在学科内，以课堂为主阵地，以学校为辐射点，努力引领与推广，进一步促进区域内学科教师的专业素养提升，培养具有较高道德素养的学生，努力把我们的学生培养成为有根基的中国人，有道德的现代人，有风骨的世界人。

# 养成良好习惯

杨　颖

## 案 例 呈 现

五年级的时候，班里转来几名新生。观察一段时间之后我发现有一个男孩子，每天上学时穿的校服都是脏兮兮的，而且拉链坏了也不修理，书包扔在脚底下，书都是混乱地扔在里面，毫无顺序，桌斗里面总是塞有废纸，作业本没有一本干净整洁的。跟他聊天谈心，希望他自己能把书包好好整理一下，把书和作业本包上皮儿，衣服勤换勤洗。可两个星期过去了，丝毫没有改变的迹象。我安排同桌提醒他，他也只是做做样子，并没有用心整理。班里的同学都不愿意跟他同桌，他也毫不在意。我决定亲自帮他整理书包和桌子，他好像觉得是应该的，在学校里的表现是一点规则都不懂。跟家长沟通之后，我先教给家长一些基本习惯养成方法，并引导家长学习科学的教育方法，让孩子帮助家长收拾，家长要用欣赏的语言来肯定孩子的劳动，时间长了，孩子就会体会到劳动的快乐，自然也就会帮助家长干一些力所能及的事情了。同时，为了激发孩子的劳动热情，使孩子能够主动参与到学校的各项活动中来，我把班里的图书角交给他和另外一个孩子管理。在每次整理中，我都注意到他的动作，他由刚开始的笨拙到快速地整理好自己的区域，不过是几周的时间。他也积极地去学习，并且越做越好。

通过跟家长交流，分析出孩子的问题所在：孩子小时候由于生病住过一段时间医院，本来孩子生下来身体就不好，生病后家人对他更是小心翼翼，从来不让他干什么活，所有事情都是包揽完成。在住院期间，孩子情绪不稳定，父母只有百般依顺，只要孩子能稳定情绪，不再哭耍闹，配合医生的治疗，什么条件都答应。回到家中休养期间，家长给他买了许多图书和玩具帮助孩子打发时间，缓解烦闷的情绪。在家长的纵容之下，他更加没有规矩，为所欲为：垃圾随手乱扔，自己的物品更是随处乱丢。家里各个角落都是他的东西，父母也不去干涉，只是默默地帮他收拾整理，卫生习惯更是一塌糊涂，导致生活自理能力特别差，基本没有习惯的意识。再次跟家长深度交流，分析利弊，良好生活习惯对孩子一生起着非常重要的作用，并要求家长积极配合老师，教育孩子慢慢培养自己的好习惯，从小事做起，一点一点地养成自己的良好生活习惯。在我国古代也早就有了"少年若天性，习惯成自然"的说法，其实一切教育都可归结为养成学生的良好习惯。在小学阶段，重在培养学生的良好文明习惯，让学生掌握基本的礼貌、礼节规范。在学习、生活实践中初步养成讲文明、讲卫生、讲秩序、讲公德的良好习惯，既是儿童基本文明素养的具体表现形式，也是我国社会主义核心价值观的基本要求。

# 学 情 调 研

1. 小学阶段（6～11岁）是儿童品德发展的协调期，此时出现比较协调的外部和内部的动作，即儿童的心理认知和行为能够协调一致，在小学阶段进行习惯养成教育，能够把习惯养成的系统知识外化为良好习惯的行为落实。

2. 在小学阶段，儿童的自我意识正处于逐步形成期，也就是所谓的客观化时期，是逐步由自然人获得社会化时期，儿童的最终成长目标也是要成为"社会的人"，学校正是把儿童培养成为"社会的人"的重要场所。在小学这一阶段，儿童个体显著地受社会文化影响，是学习角色的最重要时期，也是培养良好习惯的重要时期。

3. 《关于改革和加强中小学德育工作的通知》指出："中小学教育阶段是青少年儿童长身体、长知识的时期，是对他们进行道德情操、心理品质和行为习惯养成教育的最佳时期。"所以，我们必须始终把培养小学生良好习惯当作一项重要内容。

4. 良好的生活习惯、学习习惯、品德习惯是小学生良好习惯培养的重要

内容。良好的生活习惯影响孩子的身心健康成长，是伴随孩子一生的宝藏。学习是学生的天职，学会学习是学生应具备的能力之一，而良好的学习习惯则是学生学会学习、获得学习成功的基本保障。1993 年，联合国在中国召开了主题为"21 世纪挑战及教育改革"的会议，来自全球 24 个国家的专家提出一个共同的看法：新世纪摆在我们面前的第一个挑战，既不是新技术革命，也不是经济发展，而是青少年一代的道德问题。一个道德情感贫乏、缺乏责任感的人是不会真正关心他人，无法与他人真诚合作，也无法适应未来社会的。因此，从小培养学生良好的品德习惯是当务之急。

# 目 标 预 设

1. 培养小学生良好的生活习惯。生活习惯主要包括个人卫生、热爱劳动、规划时间、按时作息、收拾整理、安全生活等。

2. 培养小学生良好的学习习惯。一是课前预习的习惯；二是上课专心听讲、积极思考问题、主动发言、勤做笔记的习惯；三是按时按质完成作业的习惯；四是及时复习、整理错题的习惯；五是考试中认真审题、仔细答题、用心检查的习惯；六是课外主动阅读和积累的习惯；七是制订计划、规划时间的习惯。

3. 培养小学生良好的品德习惯，提高文明素养。一是文明礼仪习惯。包括升旗、集会时不与他人讲话、不做小动作；见到老师、客人主动问好，会使用礼貌用语，遇到来宾不围观；不打架、不骂人，不在公共场合大声喧哗，不追逐打闹，不做危险的游戏；不给别人起绰号，不歧视身体有残疾或智力有缺陷的同学；到别人家时先敲门，经主人允许后方可推门进入，进办公室喊"报告"；接受别人的帮助，要真诚地向别人致谢等。二是诚实守信，关爱他人的习惯。做到不说谎话，不欺骗父母、老师、同学和他人；说话算数、信守承诺；心中有他人，能体谅父母的辛劳、关心父母、孝敬父母；能理解老师的辛苦，尊敬老师、热爱老师；能与同学和睦相处，关心同学、爱护同学等。

# 策 略 实 施

《关于改革和加强中小学德育工作的通知》指出："中小学教育阶段是青少年儿童长身体、长知识的时期，是对他们进行道德情操、心理品质和行为习惯养成教育的最佳时期。"所以，我们必须积极探索新路子、创新方法，始终把培养小学生形成良好行为习惯当作一项重要内容常抓不懈。

部编版《道德与法治》教材中精心安排了有关习惯养成教育的内容，真正地做到了贴近学生当下生活。小学是学生行为习惯养成的最佳时期，使学生养成良好的习惯是小学道德与法治课程的重要内容和最终目的。

## 一、发挥道德与法治课堂教学主渠道作用，培养儿童良好行为习惯

《品德与生活课程标准（2011 年）》阐述了"本课程是一门以小学低年级儿童的生活为基础，以培养具有良好品德与行为习惯、乐于探究、热爱生活的儿童为目标的活动型综合课程"的课程性质。

（一）围绕学生的认知和心理特点展开教学活动

结合小学生的年龄特点和心理，他们比较喜欢听故事、看视频、参加角色表演、做游戏等，与直接讲课的方式相比，借助多媒体设备和有效的教学方法，比如，通过动画片讲故事来引出教学内容，为学生提供感官上的刺激，他们将更愿意主动参与课堂互动，这样的教学效果会更好。例如，很多小学生在过马路时，存在不看车直接跑过去的不良行为习惯，在"上学路上"的教学中，为了让学生形成过马路遵守交通规则的意识，教师可以制作课件设计小朋友过马路的情境，再通过小组合作讨论，说一说上学路上看到的，或者亲身经历的不安全的行为或现象，自主发现上学路上的安全隐患。让学生思考，如果车辆和行人都不按照要求行驶会产生什么后果？之后还可以用抢答赛的方式，完成上学路上交通信号标志的认识，活跃课堂的氛围。通过学习与实践，使学生养成遵守交通规则的好习惯。

（二）以生活情境为基础开展教学活动

"道德与法治"与学生的生活息息相关，在教学中除了紧扣学生的认知和心理特征，还需要用一些生活化的素材，开展合作讨论式的学习，或者为学

生创设一定的生活情境，促使学生在课堂上积极展示自我、积极互动。例如，小学生普遍存在喜欢一边看手机动画片、一边吃饭的不良行为习惯。在教学"吃饭有讲究"一课时，基于学生爱看视频的心理，教师可以制作视频课件，由于本课主要关注的是学生在家中的饮食生活，因此在视频中可以呈现一位小朋友在家中吃饭前后的动态过程。教师引导学生一边观看视频，一边对小朋友的表现进行评价，并用启发性的语言引导学生思考关于吃饭的讲究。在学生了解了吃饭时的讲究及其原因后，还可以让学生们通过角色表演，使学习到的知识转化为实际行动，不仅能够说出吃饭时的正确做法，还能在生活中真正养成好习惯。又如，小学生在课间一般会做游戏，只有少数学生懂得要在课前作好充分准备，拿出下节课要用的书本，多数学生等上课铃响了，才翻找学习用品。在教学"课间十分钟"时，教师可以制作一个学生课间十分钟真实画面的剪影，让学生们讨论哪些是安全有益的课间游戏，讨论在玩游戏前应先做什么。通过讨论和辨析，学生既懂得了遵守秩序，也明白了课间为下一节课作好准备的好处，学生们自己探讨得出的结论，他们将更愿意在日常生活中遵守，就会达到指引其养成良好的行为习惯的目的。

（三）培养良好的学习习惯

培养小学生良好的学习习惯，要注重以下五方面：（1）有针对性地制订每天的学习计划，尤其要重视预习习惯的培养。"预习"作为一种有效性的教学策略，作用非常显著。通过预习，开拓了学生的思维，学生就会心中有数，知道老师要讲什么内容，带着目的起航，定会事半功倍，学生很容易跟上老师讲课的思路，甚至可以跑到老师思路的前面。这样听课效率也会提高，老师布置的作业就能顺利地完成，学习就会更加主动。所以，课前预习不仅养成了学生独立学习的习惯，还能提高学生的成绩，效果显著。（2）要养成敢于质疑、主动、有兴趣、快乐地学习的习惯。学生在课堂上勇于质疑，敢于发问，这是一个很好的学习习惯。如果一味地照读照搬，就会缺少学习的创新。经常性地质疑问难不仅能点燃学生的智慧火花，还能使学生变被动学习为主动学习，变被动接受为主动探求。并且质疑的过程就是思考的过程，同时也锻炼了学生逻辑思维的能力。所以，培养学生质疑的习惯就是培养孩子成功的一生。作为一名教师，我们有责任培养学生的质疑习惯。（3）要合理安排好学习时间，让孩子树立良好的时间观念。（4）要让孩子广泛阅读，拓展知识面。（5）要根据孩子的好奇心和求知欲，鼓励他们多独立思考，积极提高学习能力。

（四）教师要身体力行，行为示范

要培养小学生的良好习惯，教师首先要自己做表率。凡是要求学生去做的，教师自己一定要身体力行，做到言行一致，发挥表率作用。教师自身的良好行为，会对学生的道德行为产生潜移默化的作用。如要培养学生良好的卫生习惯，教师自己必须做一个讲究卫生的人，穿着整洁，板书干净有条理，学生逐渐就会养成讲卫生的好习惯，平时做作业也能认真书写，注意整洁。

习惯的养成需要坚持，习惯仿佛一根缆绳，我们每天给它缠上一股新索，持之以恒，它才会变得牢不可破。

## 二、发挥德育活动的实践意义，培养良好的品德习惯

培养学生良好的行为习惯是德育的一部分，教师应该组织开展丰富多彩的充满个性化的实践活动，实现课堂教学与日常德育活动的良性互动，使小学生在活动中逐渐形成良好的行为习惯。例如，有些学生经常把班级的课桌和椅子弄得"伤痕累累"，在教学了"这些是大家的"后，学生初步有了爱惜公共财产的意识。依托此课程的学习，教师可以以"保护公共物品"为主题开展班会活动，将学生分成几个小组，让学生探究校园内和校外生活中哪些公共物品，再针对公共物品让学生分享具体保护的做法，在探究与分享中，增强学生保护公物的意识，使学生形成正确的行为习惯。又如，在学习"生活不能没有他们"时，组织学生进行调查、阅读、探讨、体验、动手操作等各种活动，将学生分成几个小组，对生活中各行各业的劳动者进行观察，经过实践得来的知识和道理更能启发学生，使学生从小体验劳动者的辛苦，提高其思想品质，尊重劳动者的劳动成果，培养学生良好的道德行为习惯。

品德习惯内容丰富，其中有四点对小学生十分重要：（1）懂得关爱他人，要教会孩子们学会用简单的礼貌用语，引导他们懂得感恩；（2）学会与别人交往，尽量让孩子和别的小朋友多交流、多玩耍，保持活泼、开朗的性格；（3）学会自我管理，必须要有意识地培养孩子自我管理的能力，才能很好地

走向社会；（4）端正生活态度，树立正确的观念，避免不良恶习的侵蚀。

道德与法治课程涉及较多学生行为习惯的内容，教师应充分利用生活中的细节，让学生在感知、体验、领悟知识的同时，能够联系自己的日常生活，从而将知识内化为具体的规范行为。加强与家长的沟通与互动，引导学生实现自我约束，养成良好的行为习惯，从而能够更好地实现德育教育的传递。

### 三、有效整合家庭教育成果，培养良好的生活习惯

良好习惯是在学校教育和学生生活实践中不断反复训练形成的，小学生的一部分时间在学校度过，另一部分时间在家中度过。培养孩子的良好习惯，单纯依靠学校力量是不够的，由于他们自制力较差，要想提升养成良好行为习惯的效果，还需要家庭与社会诸方面的配合，才能收到良好的效果。小学生的活动地点多为学校和家中，依托道德与法治课程，教师不仅要教给学生具体的知识，还要经常与家长沟通，让家长做好家庭生活中的监督工作，促使学生在生活实际中将知识内化为具体行为。例如，二年级的同学多数都会整理自己的房间，但并没有坚持下来养成好习惯，在教学"我爱整洁"一课时，不仅要让学生知道爱清洁、讲卫生是文明行为，教师还应关注学生在家庭生活中的具体行为。可以向学生发放目标卡，引导学生每天自己制定一个小目标，每天按时起床，起床后自己叠被子，到学校之后擦桌椅，每天做到了哪几点就在目标卡上画对钩。让家长作好监督，对学生的行为习惯加以指导，并在学生的目标卡上按照项目类别给予评语。最后，教师组织学生进行自我评价，使学生提高独立意识。经过一段时间的坚持与训练，培养小学生讲卫生、爱整洁的良好习惯，提高自我约束力。

培养小学生良好的生活习惯，要注重以下五方面：（1）作息习惯，要让孩子们自觉养成按时睡觉、按时起床的习惯；（2）饮食习惯，要做到定时、定量饮食，不挑食，不吃对身体有害的食物；（3）卫生习惯，要自觉养成洗手、洗脸、勤洗澡以及勤换衣、勤刷牙漱口的习惯；（4）劳动习惯，经常参加一些力所能及的家务劳动，从小养成吃苦耐劳的精神；（5）锻炼习惯，让孩子们经常参加各种有益的运动，锻炼身体，增强抵抗力。

# 拓 展 延 伸

## 一、家庭资源和学校资源的整合

需要家长、教师的联手指引与监督，才能有效促进孩子的好习惯养成，从而提高道德与法治学科的实施效果。

## 二、有效利用德育主题活动

充分利用学校的德育课程和其他学科间的课程资源，让学生在学校大环境下养成良好的习惯。学校是学生文明习惯养成的重要场所，师生、生生学习，榜样学习，同伴互助等都为学生文明习惯的养成开辟了广阔的天地。道德与法治学科教师能结合学校开展的德育主题活动、晨会、少先队活动等，把课内播种与课外培育结合起来，将会极大推进习惯养成教育工作。如学习二年级上册"我们不乱扔"一课，教师要引导学生养成保持公共环境干净整洁的良好习惯，可以结合学校的"环保周"开展"爱学校环保主题队会"；学习一年级下册"我们有精神"这一课时，在学生完成课后的"天天有精神"星级评价表时，教师完全可以把评价结果作为学校选拔"小小志愿者"的入围条件，这样既结合了学校的德育工作，又能落实道德与法治课堂的目标，还能让学生的习惯养成真正地落地生根。

## 三、整合各学科的课程资源，形成学科间的育人合力

低年级的《道德与法治》教材引入绘本资源，激发学生的学习兴趣。在教学时，我们还可以引入语文学科的童话故事，让学生在角色扮演中逐渐学会辩证的思维方式。故事可以架起学生与教材之间的桥梁，可以让课堂的氛围更加轻松愉快，可以让课堂中学生思维的跳动得更加迅速。在一年级的习惯养成单元"我们爱整洁"第二课"培养学生爱整洁的好习惯"环节中，设计两次做陶泥的活动。教师第二次奖励学生做陶泥的时候，设计了一个童话故事，故事里的花花和别人的想法都不一样："老师，我可不想做陶泥了，做陶泥会弄脏我的手和衣服，让我变得不整洁，到时候你们又要说我是邋遢小猪了，我不想做不受欢迎、不健康的小猪花花了。以后像这样会让自己不整

洁的事情我都不会去做了！"故事中的做法也是能得到部分学生肯定的，这样就自然地引出了值得辨析的话题：小猪花花这样做是不是真正的爱整洁呢？学生从质疑入手，在讨论的过程中逐渐清晰这样一个概念：某些时候的不整洁并不会影响我们"爱"整洁的习惯，只要学会一些好方法就能既让我们快乐地学习、生活，又能保持整洁。学生通过激烈的讨论不断探寻"光是整洁的样子"和"保持整洁"的习惯之间有何不同，教师引导他们在真实的思辨过程中学会辩证、全面地看问题。

# 典 型 课 例

课例一：部编版小学一年级下册《道德与法治》第三课"我不拖拉"教学设计

## 一、活动目标

1. 通过《拖拉鸟》的故事，初步感知什么是拖拉；

2. 通过对自己的时间记录，进一步发现自己的拖拉行为；

3. 通过体验，认识到不拖拉的重要，探寻做事不拖拉的方法，并尝试在生活中运用。

## 二、活动重难点

活动重点：发现自己的拖拉行为，探寻做事不拖拉的方法。

活动难点：认识到不拖拉的重要。

（一）环节一：微课引入，感知拖拉

师：同学们，今天老师给大家带来一个故事，一起来听听！（播放自制微课《拖拉鸟》。）

师：听了这个故事，你知道它为什么叫拖拉鸟了吗？

生1：因为它不及时完成要做的事，总想着玩儿。

生1：因为它总是说"不急，不急，明天再说"。

生2：因为它不认真打窝，东一枝、西一枝乱搭。

师：是啊，像这样总是"不急，等一下，明天再说"，重要的事情不赶快做，就是拖拉。（板书：拖拉）

设计意图：以教材中的绘本故事为素材，制作成学生喜闻乐见的动画微课形式导入话题，形式活泼生动，意在拉近与学生实际生活的距离，引导学生自我反省，为话题开展铺垫轻松的氛围。

（二）环节二：发现拖拉，体会影响

师：其实，在生活中拖拉是普遍存在的，我们每一个人包括老师，都会有拖拉的时候。（举例：晚睡，赖床。）

师：课前，大家记录了自己一天做的事情，在小组内和同学说说，看看你在什么时候拖拉了呢？（PPT出示记录表：早晨，放学后回到家，值日。）

师：相信通过刚才的交流，同学们都有了自己的新发现，一起来说说吧！如果在他说的时候，你有了新的发现，可以补充。

根据学生的日常表现和调查结果，重点讨论三种情况：早晨上学前的磨蹭，放学回家后没有按计划做事，做值日时边玩边做影响效率。

师：刚才我们交流了这么多，你觉得拖拉好吗？能说说拖拉带来的烦恼吗？

生1：我觉得拖拉不好，会浪费很多时间。

生2：我觉得拖拉不好。有一天晚上，我一直在玩玩具，都没有时间整理书包了，然后第二天上课发现忘带数学书了，影响我上课。

生3：起床穿衣服磨蹭，上学迟到了，妈妈上班也迟到了。

设计意图：课堂活动的开展紧密围绕学生的生活实际，以学生日常的家庭生活和学校生活为中心，展开话题讨论。学生课前的调查是讨论的重要资源，选取三个有代表性的讨论场景：上学前的忙碌，放学后的无序，值日时的随意，让课堂交流有的放矢，同时每个小组的调查结果采用不同的汇报形式，既整合了家校资源，又能时刻吸引学生的注意力，让整个讨论环节热烈而又有序。

（三）环节三：探寻方法，告别拖拉

师：拖拉会浪费时间，还让我们挨批评，又会影响别人，这个习惯可要不得，我们得想办法甩掉它，赶紧在小组内研究研究，看谁想的办法多。

生1：我们写作业的时候不能边写边玩。

生2：听讲的时候不能手里拿着尺子玩。（板书：专心）

生3：扫地的时候按顺序扫。（板书：做事有方法）

生4：请小闹钟帮我计时。

师：刚才同学们都说到专心做事，我觉得这个办法特别好，让我们来体验一分钟专心做事，看你能有多少收获。

生1：我写了25个字，原来我一分钟只能写12个。

生2：我做了30道计算题，我觉得不可思议。

生3：我折了5只飞机，可真快！

师：你们可真棒！同学们，专心地去做每一件事，找到做事情的好方法，坚持下去，你就能甩掉拖拉，超越自己。

设计意图：蒙台梭利有这样一句教育名言："我听过了，我就忘了；我看见了，我就记得了；我做过了，我就理解了。"课前调查发现问题，课中讨论解决问题。方法习得铺路习惯养成，让学生在不断发现问题的过程中寻找解决问题的方法，享受自主学习的快乐、小组合作的成果，使行为习惯的培养在课堂活动中有效落实。

**课例二：统编教材《道德与法治》二年级上册第三单元"我们在公共场所"的第三课"大家排好队"教学设计**

**一、教学目标**

1.认识公共秩序和人们生活的密切关系，从而懂得遵守公共秩序是维持正常社会的基本条件，是社会文明的具体体现。

2.结合社会生活实际，了解排队的基本行为规则。

3.在活动中体验集体排队的快乐，懂得遵守排队的基本行为规则。

4.感受集体活动中秩序的重要性，懂得在公共场所要自觉排队，做一个讲文明、有教养的人。

**二、教学重点与难点**

重点：认识到排队的重要性，掌握排队的规则，学会如何排队。

难点：学习掌握排队的规则，懂得礼让是文明的更高表现。

（一）发奶对对照

播放班级平时发奶的视频。

师：你们有什么感受？（乱，没有秩序，没有排队。）

怎样做更好呢？我们再来试一试。

师：你喜欢哪一种方式领奶呢？

是呀！生活中总有些地方需要排队，这是为什么？（有秩序。）

其实在我们生活中有秩序是非常重要的！大家还是需要排好队。

设计意图：选取学生熟悉的场景引入课堂，让学生在不知不觉中进入学习情境，在发现问题的同时想办法解决问题，自主学习的过程从此开始。

（二）不排队，受伤害

PPT 出示生活中的不排队现象。

师：在我们的生活中你遇到过有人不排队的现象吗？

师：我们学校里有很多地方需要排队，老师让同学们课下观察了，和你的同桌说一说你的发现吧！

出示校园排队图片。

师：看着排成队的同学们真让老师高兴，这样的你们真文明！可是有一所学校就因为不排队发生了严重的事故。

我们看这样一组数据。（都是血的教训。）

师：我们来观看安全教育视频——思考：当我们遇到拥挤，不排队时，我们应该怎样做呢？

师：因为拥挤、没有秩序，发生了踩踏事故，花一样的生命永远地离开了，这样的事件也时刻警醒着我们所有人：自觉排好队。

师：同学们，你们知道吗，自觉有序地排队不仅能体现我们的文明和道德，有时候还能拯救我们的生命呢！

播放学校地震演练的视频。

设计意图：在真实的案例中，让学生感悟排队的重要性，更能增强学生规则意识的增强。

（三）公共场所需要排队

师：那我们在哪些地方需要排队呢？

1.出示同学们平时排队的照片，找同学说。

2.教师出示照片、图片——一米线。

（四）怎样排队好

师：我们排好队不仅安全、公平、有秩序，更文明还更美观呢！

情景剧——做游戏：一网不捉鱼。

采访：被插队有什么感受？应该怎么排队？

设计意图：根据学生的生活环境，本环节引入"一米线"的常识，了解"一米线"在生活中的重要作用，让同学们知道公共秩序和人们生活的密切相关，是社会文明的具体体现，并了解排队的基本行为规则。

（五）绘本故事

师：请同学们仔细观察绘本中的图片，想想你是怎么理解的？

师：和你的同桌说一说，看看你们之间的理解是否一样。

师：所以，我们不能僵化地执行规则，在他人遇到紧急情况时，要懂得礼让。我们在守规则的同时，还要懂礼貌。是呀，虽然只是排好队这么一件简单的小事，但是如果我们能养成文明的良好习惯，人人都能先来后到，社会就会彰显公平；留有距离，人人就有了安全的保障；看清标识，我们办事就会更加高效；懂得礼让他人，人与人之间就会更加文明友善，那我们的社会、我们的国家就会是一个和谐的大家庭。创文明秦皇岛，做文明的秦皇岛人，让我们共同努力吧！

设计意图：在故事中明辨排队的正确方式，增强学生的辨析意识、灵活处理问题的能力。

# 安全护我成长

佟 芳

## 案 例 呈 现

《家中起火 这三名孩子上演"教科书级"自救逃生》(来源央视网):7月7日上午10点多,浙江省余姚市消防大队指挥中心接到一起令人揪心的警情,凤山街道一处居民楼的三楼燃起熊熊大火,三名不到十岁的儿童独自待在家中。不过,当消防人员和民警到达现场时,这三名小孩已经成功逃离火场,到达安全地带。他们是怎么做到的?

眼看浓烟越来越大,9岁的成思亿想起老师曾教过的逃生办法,果断带着弟弟妹妹跑进厕所拿湿毛巾捂住口鼻,迅速弯腰逃离火场。成思亿说:"小时候幼儿园教过我们,火灾的时候必须拿湿毛巾捂住嘴口,弯下腰跑去宽阔的地方。"消防员到场后,迅速将火扑灭,但一个卧室已经被烧得面目全非。刚好出门买菜的母亲听到自家着火吓得不轻,发现孩子已经毫发无伤地逃离火场,才放下心来。母亲告诉记者,这次孩子能顺利逃离火场,和平时的防火教育密不可分。学校里不仅常常普及安全知识,她自己也曾经带着孩子去消防队参观。现在看来,这些经历都是孩子们的宝贵财富。

遇到火情不慌张,用湿毛巾捂住口鼻弯腰沿墙逃离火场,这三位小孩"教科书式"的自救得到了现场救援人员的一致表扬。

近年来儿童安全事故不断发生,意外伤害已成为威胁儿童生命和健康成长的第一杀手。相关网络统计数据显示,意外伤害占我国儿童死亡原因总数的26.1%,而且这个数字还在以每年7%～10%的速度增长。儿童意

外事故 52% 发生在家庭，19% 发生在街道，12% 发生在学校。由此可见，加强儿童安全教育是非常必要的。

加强儿童安全教育可以提高他们的自我保护能力。通过安全教育，他们能识别各种不安全因素，进而增强安全意识，学会报警方法，预防危险、自护自救方法，懂得各种危险危害形成原理，注意了解各种安全事项的细节。加强儿童安全教育有利于增强学校的责任意识。成长中的儿童还不具备足够的安全意识和安全技能，需要学校的精心爱护。确保学生生命安全是学校的首要任务，是提高学生素质、办好教育的基础和前提。加强儿童安全教育有助于各个家庭的幸福平安和社会的稳定。每个儿童背后都有一个关心、爱护着他们的家庭，每个家庭又是构成社会的基本单元，因此，面向儿童的安全教育从校园拓展到家庭和全社会，从而推动全社会安全意识的增强，提高防范能力。

# 学 情 调 研

1. 小学阶段的儿童认知水平、接受和学习能力都有所提高，思维能力有所发展。6 ～ 12 周岁的儿童开始接受正规教育，他们的自我感觉的感受性不断提高，有意识的注意力迅速发展。小学低年级儿童以直接理解为主，中高年级的儿童随着思维能力的发展和经验的增长，间接理解逐步占主导地位，并能理解一定的抽象内容。

2. 小学阶段的儿童情感需求胜过过度的严格要求。他们需要更多的情感关注，在趣味中求学。儿童平稳、良好的情绪能激励感知的积极性，提高认识的效果和保持的牢固性，加强想象与思维的生动性和创造性。

3. 小学阶段的儿童感性学习高于理性要求。心理学研究表明：小学生的思维在很大程度上还主要依靠直观的、具体的内容。小学生的记忆强度不大，尤其是低年级阶段。这个阶段的孩子虽然有一定的自主能力，但是，自觉学习的主动性以及分析问题时注意力的稳定性远远不够。

4. 小学阶段的儿童安全意识欠缺，存在安全知识空白区。一方面从身心发展和认知水平可以看出，他们对危险情境的认识不足，安全意识不强。另一方面的原因是家庭教育存在一种弊端：父母的安全意识不强，缺乏必要的安全知识，对孩子的安全教育内容和教育方式缺乏科学性。

5. 小学阶段的儿童辨别能力不强，缺乏安全技能。儿童由于年龄的限制，知识能力有限，导致在认识问题的过程中往往不全面，判断是非的能力不强，容易走一些弯路。对他们来说，其心智发展还未完备，社会经验缺乏，更需要通过学习来培养掌握安全防范的能力。

# 目 标 预 设

1. 引导学生体会生命来之不易，有爱护健康、珍爱生命的意识，树立生命观。体会生命来之不易，认识到生命不可重来，学会爱惜自己的身体；热爱生命，珍惜生命，学会保护宝贵的生命，这既是对学生进行安全教育的情感基础，也是安全教育的最终目的所在。

2. 帮助学生树立正确的安全观。引导学生初步认识社会的复杂性，在乐于助人、参与社会生活的同时保持警惕性；初步建立人际安全防范意识，学会保护生命的基本技能，提升自护自救能力，从而减少危险事件的发生，为儿童健康安全的生活提供保障。

3. 从正面引导低年级学生反思家庭生活，发现生活中的安全隐患，促进学生具备初步的自我管理、自我保护的意识和能力，提升学生家庭生活的品质。低年级主要挖掘学生上学路上、家庭生活和各种游戏中存在的安全隐患，帮助他们由自然的家庭生活状态进入文明健康、安全愉快、与学校生活相协调的家庭生活状态，学会健康生活。

4. 中高年级安全教育从家庭、学校、社会生活中的安全入手，教会学生一些日常生活中必要的安全常识以及处理突发事件的自我保护、求救和避难逃生的方法，培养学生的自护自救能力及良好的应急心态，减少危险事件发生。

# 策 略 实 施

**一、学校充分发挥专题教育、学科教学和综合实践等载体作用，开展有效的教育教学活动，落脚学生生活，落实安全主题**

（一）专题教育

通过心理健康教育、疫情防控等专题教育，让学生多方位了解、掌握各种安全知识，提高自我保护、自我救助的能力。专题教育通过对安全主题进行开发实践，利用专业性的知识，结合学校具体情况，整合各种宣传阵地和资源，营造校园安全文化氛围，以增强师生安全意识、提高安全技能为重点，促使学生始终保持警惕心理。

（二）学科教学

充分发挥道德与法治、科学、体育和健康等学科作用，有目的地渗透安全教育的各项内容，有层次、有类别地对学生进行安全教育，完成安全教育的目标，落实安全教育的任务。

1. 将理论知识生活化，贴近儿童的生活，加强学生对安全问题的认识

在教学中针对安全教育主题，要不断融入生活实例，并对其进行适当的改编，形成学生所喜欢并能接受的内容。例如，在进行一年级上册《道德与法治》第三单元家中的"安全与健康"第11课"别伤着自己"的教学时，可以先出示讨论问题"你或者你的家人是否曾经因为不小心而受伤"，"当时有什么感觉"等，让孩子们回想自己的生活经历。接着让孩子们观察分析，看一看同学们的课间活动，说一说在学校里哪些行为容易对他人造成伤害，想一想居家生活中容易发生的伤害。还可以进行情景表演，鼓励孩子们创设多种居家生活情景，尝试总结导致意外伤害的原因。最后通过课件，教师展示生活中常见的容易受到伤害的情境，让孩子们进行判断分析。通过小组讨论交流及实践操作，引导学生正确合理处理，从而强化其自我保护意识，提高安全技能。

2. 创新教育方法，注重教育形式多样化，提高安全教育的有效性

通过活动让学生意识到安全的重要性，通过情感体验提升对生命的认识，

把教学重点放在一些安全常识和处理突发事件的方法上，注重培养学生的自护自救能力和良好的应急心态。师生、生生互动，讨论和交流活动让学生从感性认识上升到理性认识，以此指导自己的行为，应对所遇到的情况。在情境创设的同时，还可以结合多媒体资源，利用图画、游戏等对安全知识进行讲解，锻炼安全技能，强化学生的自我保护意识。对一些安全常识，可以通过儿歌、视频等方式开展教学，还可以适当放一些轻松的背景音乐，让儿童在学习中感受到乐趣，从而完成安全教育的目标。

（三）主题活动

利用班会、队会、综合实践等主题活动，把安全教育渗透到活动过程中，增强学生的自我防护意识，提高他们的自我管理技能。利用主题活动进行儿童安全教育，建立健全和完善从校到班的学生自我管理组织，鼓励儿童积极参与学校的安全管理工作是提高他们安全防范意识的有效途径。学校要十分重视激发学生的参与意识，提高他们的自我教育、自我管理、自我服务能力，引导他们积极主动参与校园安全管理工作。如争当小小安全员，让他们在校园、家里查找不安全的因素，适时向家长、老师提出解决方案，提高学生的安全防范意识和自我管理能力；建立激励机制，通过经常开展创文明班级、创三好等活动，充分发挥学生在校园安全管理工作中的模范榜样作用。

（四）通过网络学生安全教育平台开展以安全教育为主题的学习活动，让学生和家长既获得安全知识，又对安全教育工作进行宣传

进入新媒体时代，我们要充分利用网络安全教育模式，全方位地开展安全教育。网络安全教育模式不仅将有关安全相关的理论知识传授给学生，而且能够使他们直观地感受到生活中存在的安全隐患，大大增强了学生和家长的学习兴趣，激发了学生对安全教育的重视度，塑造了学生良好的道德和行为规范。同时，学生和家长一起学习，起到了安全教育的宣传作用。

（五）在社会有关部门的指导下，学校进行系统的、常规的逃生演练和安全教育活动，锻炼学生的自护能力

学校积极争取社区、政府的相关支持，切实改善校园周边状况，优化育人环境。积极邀请相关部门来学校进行安全教育专题活动，举行地震、消防应急疏散演练，开展防骗防盗防抢夺安全教育，进行针对楼道拥挤踩踏事故

的防范教育，锻炼、提高学生自护能力。

## 二、家长切实履行自身职责，积极发挥家庭安全教育的重要作用

**（一）家庭要积极配合学校安全教育的各项任务的落实，努力成为安全知识的传播者**

家长要加强与学校安全教育的合作与沟通，通过家长学校、安全教育平台、微信联络等方式，紧密构建家校共同教育的合作模式。通过系统学习安全教育知识，并在常规生活中不定期地向学生渗透安全知识，使学生将安全铭刻于心。

**（二）家长积极参与现场教育，努力成为安全行为的指导者**

家长要把安全教育纳入孩子的日常生活和学习当中。孩子第一次接触或尝试具有危险性的活动时，要和孩子一起讨论、分享安全进行这项活动的方式方法，并指出可能存在的危险，讲解如何避免危险发生的经验，在孩子尝试时及时给予适当的安全指导与提醒。

**（三）家长要时刻注意为孩子树立安全行为的榜样，努力成为安全行为实施的监督者**

孩子的学习来源于对他人的观察，榜样是孩子学习模仿的对象。家人的安全意识和行为能力对孩子起到积极的示范作用。例如，看到家人使用工具、电器时总是小心翼翼，孩子自然也会小心。父母要通过言传来促进身教，使身教与言教结合起来，才能成为一名合格的安全行为实施的监督者。

## 三、调动社会资源，形成齐抓共管的良好局面

**（一）积极开展社会开放性的安全教育，使学生获得全面的安全知识**

社会主要涉及交警、消防、公安、卫生防疫等部门。这些部门各司其职，如交警部门可在法律法规层面上进行交通安全知识的宣传工作；消防部门进行消防知识的宣传工作，并对灭火基本知识和技能及训练进行现场指导；公安部门负责校园周边的综合治理以及就与陌生人交往时如何保护自己等进行知识讲解、案例分析；卫生防疫部门有计划地讲授卫生知识，并对意外伤害时的自救、自护进行行为指导。

（二）训练实践安全技能，提高学生在各种安全隐患和灾害面前的应变能力

交警、公安、消防、卫生等应急管理专业人员走进学校、社区，除了进行安全知识的讲座，还可以开展应急知识技能培训，如医院应急管理人员可通过讲解自救互救知识，气体中毒的处置方法，异物入眼、手足外伤、烧烫伤等意外事件的处理方法，让学生现场模拟演示心肺复苏操作步骤，加深学习印象，强化学生安全用电、用气、卫生等方面的教育。普及相关安全知识，还可以邀请家长共同参与，小手拉大手，共同守护安全。

# 拓 展 延 伸

## 一、注重生活实践性

无论是家长还是老师，要多方面挖掘发生在他们生活中的事例，让学生通过实践活动，如观察、体验、探究、调查、访问等，充分地接触和了解社会，将安全教育的知识和技能运用到社会、生活中。比如在教学"上学路上"一课后，可以布置"说说我的上学路"为课后作业，将学生对行路安全的学习与讨论从课内延伸到课外。通过学生对自己上学路上存在的危险和规避危险方法的观察描述，进一步加强"危险意识"和完善学生的生活行为。又如，家长和孩子一起进行"小小设计师"的游戏。家长和孩子设计或改造一个好玩又安全的游戏，一起玩一玩。其目的在于让孩子在设计中自觉地运用对危险的认识能力和如何安全游戏的方法，激发学生的学习兴趣并规范学生的行为。

## 二、注重趣味性

兴趣是最好的老师，它能使无效变有效，使低效化为高效。遵循儿童喜欢玩乐的天性，多设计一些趣味性的作业，使学生在玩乐中感受安全教育，得到成长。循序渐进，根据学生的特点开展不同的课后延伸活动。不同年龄段的孩子有不同的接受能力，我们要因材施教才会达到我们课后延伸的目的。比如，同样是课后安全教育宣传活动，低年级的学生主要还是以自身出发，

宣传的手段比较单一，如手工卡片、图画等，宣传目标是身边的同学或家长。"课内学习，课外宣传"面对的则是中高年级，他们的思想意识更强，所做的宣传也更丰富，比如手抄报、情景剧等。

### 三、注重探究性

在探究中进行安全教育，设计探索性作业。家长和老师要善于挖掘、收集教材知识的潜在功能，通过延伸、演变、创新、拓展，让孩子主动探究、体验，从而促进道德内化，达到知行统一。比如，我们可以让学生根据所学的安全知识，充分利用想象创造的空间，学生自己编一编安全知识小儿歌，提醒自己和小伙伴注意安全。通过这一探索性、开放性的活动，激发学生的创作热情，培养了创造力，巩固了安全知识。

### 四、注重整合性

整合促进法，把学科教学与少先队活动、综合实践活动等进行有效整合，把各种跟安全相关的活动作为课堂安全教育的延伸开展，达到共同促进的目的。比如在进行防溺水安全教育的时候，结合少先队开展的"防溺水"安全宣传活动，将自己学到的相关知识利用多种形式向同学们进行宣传，既强化了自身的安全知识，又帮助他人提高了安全技能。

## 典 型 课 例

**课例一：统编版教材《道德与法治》三年级上册第三单元"安全护我成长"第九课"心中的'110'"教学设计**

### 一、教学目标

1. 情感态度与价值观：提高独自一人在家时的自我保护意识和警惕性，认识社会的复杂性。

2. 行为与习惯：掌握独自一人在家时应对陌生人的方法。

3. 知识与技能：在保护自身安全的前提下，学会主动、智慧地关心他人的安全。

## 二、教学环节

（一）活动体验——多种情境感悟："摇响小铃铛！"

师：老师手上有个小铃铛，是干什么用的呢？当你独自一人在家时，会遇到以下任何一类人来敲门，如果这个小铃铛的声音代表的是你对来人的警惕心，不同的来人，你的小铃铛会出现不同的警报音量吗？随机选择学生摇铃铛并作说明。

设计意图：以心中小铃铛的音量指代警惕性的高低，区别不同身份来人会有不同的应对态度和情绪，呼应课题"110"警报的铃声，便于顺利点题。

1. 熟悉而信任的人

师：像爷爷奶奶这样，只要你一看到就会马上开门表示欢迎的人还有哪些？

预设：关爱的邻居、熟悉的亲人、自己的同学同伴等。

2. 不太熟悉和不太信任的人

师：当遇到陌生人或不能轻易信任的人来敲门，我们一般会怎么做？

自由讨论：不理不睬，一律不开，这样对吗？有人这样做，你会怎样做？

师：你更欣赏哪种做法？

引导自由发言：不开门当然没错，这是有警惕性的表现，但不提倡不理不睬，万一真的有急事，就显得太冷漠了。可以隔着门说话，毕竟还是有很多人会给我们带来感动和温暖。

3. 完全陌生的人

师：提醒自己要有高度警惕性时，你会怎样摇响"小铃铛"？

师小结：同学们，当你一个人在家的时候，无论门外的陌生人是谁，请让你心中的小铃铛响起警报，它就是我们心中的110（出示课题），我们只有保持一定的警惕性，才能让自己远离有可能到来的危险。

设计意图：本课时的学习重点是陌生人来敲门时怎么应对。以社会人际的复杂性来看，门外的敲门人有可能是以下三类：熟悉而信任的一类人，我们不必太过紧张，作为小主人应热情欢迎；不太熟悉、不太信任的一类人，我们要有点警惕性，不要太轻易相信别人；完全陌生的一类人，我们要有高度的警惕性，保护好自身安全。通过"摇响小铃铛"的游戏，让学生分析、

判断如何应对各类人。

（二）典型情境体验："我是快递员……"

师：随着社会的发展，有一种职业身份会经常敲响家里的门，那就是——快递员。我们来看一组关于快递员的新闻。

课件出示：伪装快递员入室抢劫相关新闻。

师：看完这些新闻，你有什么感受？

师：当有人自称是"快递员"来敲门的时候，你会怎么做？

随机交流引导总结方法：

方法一：确认身份。

方法二：确认情况。

方法三：寻求帮助。

师小结：这些做法的背后，体现的都是我们的生活智慧。因为独自一人在家的时候，我们要抱有一定的警惕性，来应对各种情况。

设计意图：以"快递员"这个当下日常生活中经常遇到的人物为焦点，创设情境，结合生活经验，交流总结出应对陌生人敲门时的方法。

**课例二：主题班队会展示——"'119'的警示"教学设计**

**一、教学目标**

1.通过对火灾事件的了解，知道火灾发生的主要原因，提高防火意识，明确防火自救的重要性。

2.通过观看音像资料，在小组合作讨论的基础上达成情感认同，形成防火意识。通过掌握一些消防安全常识及灭火、防火自救的方法，提高自救能力。

3.通过了解火灾的危害、火灾发生的原因和逃生的基本方法，养成自觉遵守规则的习惯并增强自我保护意识。

**二、教学环节**

师：你们知道"119"是什么报警电话吗？

生：火警。

师：对，当遇到火灾的时候，只要拨通"119"，消防员叔叔就会来帮助我们灭火了。你们想来体验一下小小消防员的生活吗？

生：想。

师：在本节课上，每回答对一个问题将获得一枚奖章，这节课获得奖章最多的 10 名同学将获得"小小消防员"的臂章。

师：既然想当小消防员，就必须掌握一些基本的消防知识。根据我们课前的自主学习，请向我们介绍都有哪些火灾逃生技巧。

全班交流。

师：老师想来看看你们是否已经掌握了基本的逃生自救知识。请大家和老师一同帮助小叮当脱险吧。

小叮当是一名小学生，今天他准备和家人去郊外游玩。可没有想到，刚准备出门，他发现楼下的邻居家着火了。这时，小叮当主张同爸爸妈妈一起坐电梯快速逃离，而妈妈却主张走楼梯逃生。各位小消防员，你们赞同谁的主张呢？请选择。

当他们发现电梯受火灾的影响已无法乘坐，只能选择走楼梯，但由于楼下火势太大无法通过，小叮当只能和爸爸妈妈退回到家中。这时，小叮当主张开着门，这样消防员叔叔才能进来解救她们，而爸爸却主张赶快关闭房门，防止大火和浓烟进来。各位小消防员，你们赞同谁的主张呢？请选择。

正当他们最害怕的时候，听到了消防车的声音，终于有人来帮助他们了。这时，为了让消防员叔叔顺利找到自己和家人，小叮当打开了窗户大喊救命，而爸爸妈妈却主张挥动衣物。各位小消防员，你们赞同谁的主张呢？请选择。

消防员叔叔看到了他们并准备上来营救，这时屋里的浓烟越来越大，小叮当认为要躲进没有窗户还没有浓烟进入的卧室，而妈妈却主张用湿毛巾捂住口鼻等待救援。各位小消防员，你们赞同谁的主张呢？请选择。

终于盼来了消防员叔叔，当撤离到家门口时，小叮当发现自己要去郊游的零食忘记带出来了，这时小叮当坚持要回屋去取，而爸爸则认为不值钱就不要去拿了。各位小消防员，你们赞同谁的主张呢？请选择。

小叮当在得救后，他暗自庆幸没有误了出发的时间，郊游的地点选在了郊外的山坡上。一位游人把没有熄灭的烟头扔到了地上点燃了干草，这时小叮当认为应该选择顺风的方向逃生，而爸爸妈妈则认为应该选择逆风的方向逃生。各位小消防员，你们赞同谁的主张呢？请选择。

师：现在我们看一下大数据分析的结果，看看有哪几位小消防员帮助小叮当顺利从火灾中逃生。（教师公布名单，并颁发奖章。）掌握必要的逃生方法是必不可少的，它可以帮助我们安全逃出火灾现场。

设计意图：通过创设情境和任务驱动的方法，调动学生学习的积极性。让学生在课前学习火灾自救的知识，有效地培养了学生的自主学习能力。情景的创设是对于学生自主学习成果的检测。通过这个环节，让学生了解、掌握火灾逃生的一些方法，并做到知行合一。

# 感恩父母 与爱同行

张 立

## 案 例 呈 现

中华民族是一个非常重视家庭的民族。孝亲敬老是中华民族的传统美德，在我国历史悠久，源远流长。古往今来，许多孝敬父母的贤人君子成为人们学习的道德楷模，受到后世的推崇和赞誉。但现在的小学生孝亲敬老的意识有所弱化和遗失，在生活中缺少感恩之心和家庭责任感。

在一次以"感恩父母"为主题的班队会活动中，我配着温馨的背景音乐以一首赞美母爱的小诗深情导入，孩子们若有所思，沉浸其中。我心中暗喜，看来孩子们已经被带入了爱的情境中。接下来当我让孩子们联系自己的生活说说"平日里父母都是怎么爱自己的"。孩子们开始沉默不语了，互相观望，一度出现了冷场，我鼓励孩子们想想爸爸妈妈平时都做了什么。不久，有小手举起："生病时爸爸妈妈照顾我"，"妈妈给我买新衣服"，"爸爸妈妈把好吃的东西留给我"。孩子们在循循善诱下确实想起了父母爱自己的具体事例，但对父母的爱的认知更多停留在父母为我做了什么的层面，忽略了父母为承担家庭责任所付出的辛劳，不明白其实这也是父母对家庭、对孩子的爱。

接下来在讨论"爸爸妈妈是怎样给你过生日"时，孩子们兴奋不已，话匣子完全打开了，都在大谈特谈自己的生日礼物、生日 Party，但当被问及"你们知道爸爸妈妈的生日吗"，孩子们顿时一片寂静，能说出的寥寥无几，偶有说出，也是父母刚过完生日或是一些特殊节日。由于多数孩子都是独生子女，他们从小在父母和长辈的溺爱下成长，多数已形成以自我为中心的自私性格，只顾自己，不管他人，因此，孝亲敬老美德在这些独生子女的身上

很少表现。常常可以看到这样的生活镜头：吃过饭后，孩子扭头便离开餐桌，而父母却在那里忙碌着，收拾碗筷；家里有好吃的东西，父母总是先让孩子品尝，孩子却很少先请父母吃；对于父母的管教不屑一顾，大声犟嘴；孩子一旦生病，父母便忙前忙后百般照顾，而父母身体不适，孩子却很少问候。

随着经济水平的不断提升，家长给予孩子的爱越发地细致与深刻，导致很多孩子从小就认为这份爱是理所当然的，体会不到父母的艰辛，忽视了其中蕴藏的浓浓亲情。

# 学 情 调 研

家庭是孩子们最熟悉的场所，他们与家人朝夕相处，关系密切，是家庭的重要成员。

在现今的家庭中，孩子们往往被家长视为"掌上明珠"，享受着长辈们的百般宠爱。他们在情感上得到的总是单向"输入"，接受了太多的关注与呵护，久而久之，他们心中只有自己，凡事往往以自己的需要和兴趣为中心，对日常的生活缺乏敏锐的观察力，很少顾及家庭和长辈的处境，对父母的辛苦付出视为理所应当，有的甚至根本不了解父母的工作状况。

学生知道父母爱他们，但容易忽视父母日常生活细节中付出的爱，对父母之爱的表达方式存在误解和不能体察的问题，这些都需要进行一定的引导。孩子也都是爱父母的，可他们对父母的了解并不深，不清楚怎样去爱父母。很多孩子认为在家庭中，家人所做的一切都是应该的，自己多以享受为主，付出很少，对于自己应该承担的责任认识不足，普遍缺乏对家庭作贡献的意识，责任感不强，即使有责任意识也难坚持落实。一方面，他们缺乏自我管理的有效方法，家务劳动经验的不足使其劳动意识淡薄，料理生活的能力也较低，这就造成认知与行为的矛盾；另一方面，大部分家长不太重视子女的劳动教育，许多家庭不同程度地存在着人人包办子女劳动的现象。其实学生普遍对做家务比较感兴趣，但在实际生活中，家长的不放心、不放手成了学生接触家务活的阻碍，也是造成一部分孩子不爱做家务、不会做家务的原因。要扭转多数学生较少参与家务劳动的现状，攻克家长关是十分必要的。

# 目 标 预 设

1. 走进父母的内心世界，感受、体会家人之间的互相关爱，更多地了解父母，体谅父母的辛苦，激发感恩父母的意识和情感，促进良好亲子关系的形成。

2. 转变家庭观念，从家庭的受益者变成家庭的主动贡献者，认识到每个家庭成员都应承担家庭责任，帮助他们树立家务劳动观念，提升家务能力，作为小主人参与家庭生活。

3. 学会换位思考，尝试站在父母的角度想问题，体会家人各种行为背后浓浓的爱意，理解家人的用心，学会用积极的态度、有效的方法，主动与家人沟通并化解矛盾。

4. 从小家放眼大家，关注社会的和谐与国家的繁荣，鼓励学生收集优秀家风，学习优秀家风，体会其中蕴含的中华传统美德；认识、理解优秀家风对个人、家庭和社会的重要性，并在此基础上做优秀家风的践行者和宣传者。

5. 通过以感恩为导向的孝德实践，培养学生对自己、对家庭、对学校、对社会的责任感，知道生命的意义在于奉献。

# 策 略 实 施

## 一、构建学校文化，营造感恩氛围

文化是一种无声的语言，它能影响、感化人。我们应该用心打造校园文化，发挥校园文化的引领作用，从小处入手，从学生身边入手，让每一面墙会说话，让每一根柱子能育人，为师生创造一个无形的心理磁场，春风化雨，润物细无声。在校园中可以充分利用黑板报、校园广播、手抄报、宣传栏等阵地，以父母之"恩"、朋友之"恩"、同学之"恩"、社会之"恩"为内容，向学生展现会感恩、懂感恩典型人物的先进事迹及孝德名言、典故等，营造感恩教育的环境，创设浓厚的感恩教育氛围。这些看似小的细节会在潜移默化中浸润孩子们的心灵，引导他们了解孝敬父母和感恩生活的重要意义，也在这个过程中学习到了究竟都有哪些方式可以对自己的父母表达感恩之情。

另外，学校可以围绕"感恩""孝德"等教育主题，积极组织班级开展特色班级文化建设，让学生在充满"感恩"的环境中得到熏陶，心灵得到震撼，养成善知、善行的好品质。

### 二、创设多样化情境，提升德育课堂感恩教育实效

要充分发挥学校在感恩教育中的主渠道作用，以课堂为主阵地，根据学生年龄特点和本班实际情况，在课堂教学中由浅入深地进行感恩教育。"感人心者，莫过于情"，学生思想道德的形成一定有其道德情感的参与，激发学生的道德情感是影响学生道德行为完成和持续发展的强大动力，而感恩教育恰是一种基于情感的教育活动，其要做到"以情动情，以情感人"，才能更好地激发孩子们的感恩之心。因此在教学中，我们可以创设多样化的教育情境，让孩子们更多地通过实践参与、动手动脑深切体验，在具体情境中感悟"德性之知"，激发情感体验，不断提升孩子们的道德素养。

如在"家人的爱"一课中，我首先创设了故事情境，由故事《来自天堂的短信》引入，动人的故事情节充分调动了学生的情感体验，接着孩子们讲述了生活中家人关爱自己的故事，在孩子们讲故事的过程中，我通过真挚的评价去打动、感化学生。在饱含感情的课堂氛围中，孩子们深刻感知、体会父母及其他家庭成员对自己的关爱。在让孩子们感受父母长辈为自己的健康成长付出辛劳时，设计了"教宝宝学走路"这一体验活动：孩子们弯腰弓背，身体力行，体验父母教自己学走路时付出的辛劳，真正打动了孩子们的心灵。最后在观看《妈妈的一天》视频时，学生被家人真切的爱深深感动，师生共同回忆、共同感受、共同体验这些平凡的生活事例，给学生带来了强烈的感染力和冲击力，升华了情感，更激发了学生的感恩之心，并以制作感恩卡的形式表达对家人的感念之情，弘扬孝亲美德。

道德与法治课堂要强化活动教学，必须体现学生的主体地位，由学生自主参与、积极探索。作为教师，只是活动的组织者、引导者，必须和学生建立一种平等的沟通，力求使教学进程与学生的需要同步递进，运用情境感受，强化实践体验，春风化雨，在不露痕迹的教育教学活动中潜移默化地培养学生的德行。

### 三、开展形式多样的感恩教育主题活动

对于大多数学生来说，感恩意识的形成不可能仅仅从书本上学到，更应该在实践活动中亲自经历和体验，产生感悟和体会，从而加深对感恩的认识，培养感恩品质，提升感恩质量。因此，我们可以将感恩教育与学校德育有效整合起来，开展丰富多彩的感恩教育活动，切实推动感恩教育扎实开展。可以利用重要节日开展感恩教育，如每年的父亲节、母亲节、重阳节，组织学生为父亲、母亲、其他家人亲手制作贺卡等礼物，在必要的时候，邀请家长来到学校做亲子互动等；也可以设计实践活动，唤醒感恩之心，促进孩子们为感恩而践行的能力，如开展"为父母洗一次脚""为父母分担家务"等活动，引导学生从小事做起，从一点一滴做起，理解父母的不容易，懂得爱父母、孝敬父母，进而帮他们树立尊老意识，在心中建构一份责任；还可以开展校园文化主题活动，如"学孝德、知孝德、行孝德"演讲比赛、感恩父母主题的征文比赛、感恩教育主题班会、"感动校园颁奖典礼"等，让学生在实践中体验和感悟孝之心、孝之行、孝之道。

### 四、与家庭教育相结合，形成家校互动氛围，共同落实感恩教育

家庭在学生的德性成长中具有得天独厚的优势，学校应取得学生家庭的支持，共同致力于学生道德品行的养成，家校携手共进，形成工作合力。在学校展开的感恩教育活动，应该密切与家长进行联系，切实关注学生的每一个点滴的成长与进步。

学校可以通过家校快递、感恩征文、倡议书、发放喜报等形式，与家长们进行有效的沟通与交流，从而促进学校家庭协同开展感恩教育系列活动；利用家长会、家长课堂等更新家长教育观念，鼓励家长以身作则，树立榜样，坚持不懈地抓好落实，坚决防止学校家里两头，人前人后两样，把对孩子的孝心教育融入日常生活细节之中，渗透到日常生活的点点滴滴方方面面，在良好的家庭氛围中促进学生感恩意识和感恩行为的养成。定期组织学生对自己的德行进行评价，对自己的进步进行总结，而教师则向家长汇报孩子近期在学校的表现，家长会针对孩子的进步留下真诚鼓励的话语，充分调动学生家长参与感恩教育活动的积极性，全面促进孩子和父母的交流和沟通，促进

良好亲子关系的形成，乃至整个社会的文明与和谐。家庭与学校的共同教育，使得感恩活动的开展更加扎实有效。

### 五、借助中华优秀传统文化，在传承中发展感恩教育

习近平总书记指出："核心价值观其实就是一种德，既是个人的德，也是一种大德，就是国家的德、社会的德。"道德与法治学科的特点和价值决定了在教学中融入社会主义核心价值观的必然性和必要性。在道德与法治课程中增加了许多中华优秀传统文化的内容，它是开展少年儿童价值观教育的宝贵资源。

在教学中，我们可以围绕社会主义核心价值观，用优秀传统文化熏陶孩子，以德立德，将中华传统美德中的"孝亲、勤俭、自强、诚信、贵和、友善"等伦理观念和行为规范有机融入课堂中，让孩子们在历史中感悟，在传承中发展。

在家庭孝亲主题的教学中，《弟子规》中的"父母呼，应勿缓。父母命，行勿懒。父母教，须敬听。父母责，须顺承。……亲有过，谏使更。怡吾色，柔吾声。谏不入，悦复谏。号泣随，挞无怨"等文句晓之以理，告诉孩子如何对待长辈；《陆绩怀橘》《黄香温席》等德育小故事更是用榜样的力量唤起孩子对父母的感恩之心，使儿童的德性在优秀传统文化的浸润中得到滋养。

传承是价值观发展和启蒙的第一途径，在少年儿童当中开展社会主义核心价值观教育需要突出民族传承性，用中华优秀文化和传统美德浸润孩子们的心灵与生命。

## 拓 展 延 伸

### 一、学习榜样

1. 举行孝德格言征集活动，组织学生学习名人名言、名人孝德故事，讲述发生在学生身边的孝德故事。

2. 充分利用"全国最美孝心少年颁奖典礼""感动中国"人物的事迹为鲜活的德育素材，集中观看，以写观后感等形式充分营造感恩的氛围，传达孝德文化理念。

## 二、调查和观察

1. 开展"长辈我了解"的小记者活动，对父母及其他长辈进行采访并填写采访卡，采访内容可以是长辈的生日、喜欢吃什么、喜欢的颜色、最喜欢的事情、最想收到的礼物、担心和害怕的事情、最开心的时刻，等等。

2. 开展"父母的一天"小侦探活动，观察父母或照顾自己的长辈一天做的事情，完成记录表，并在与自己有关的事项后面打钩，还可以在记录表下方写一写自己有什么发现。

## 三、情感与实践

1. 讲述"感恩"故事。在班中开展以"感恩"为主题的故事会，以此来弘扬中华民族的传统美德，引导学生认识到"孝心、爱心"是"立人之本""人伦之本"，是一切德性之源，是中华伦理持续发展的内在基因。

2. 开展"亲子情书"交流活动，学生给自己的父母写一封"给爸妈的情书"，将自己对父母的感激之情化成文字，写在感恩卡上，鼓励家长也把自己对孩子的心里话化成文字，写在爸妈的回信卡片中，形成亲子互动的书面对话与情感交流。

3. 定期开展"爱的回馈"主题活动，让学生用实际行动表达自己对父母爱的回馈，学校精心设计活动表，学生在规定时间内每天为自己的父母做一件事并作记录，邀请父母在记录表上签字。

## 四、爱心作业

1. 在父母生日、父亲节、母亲节时送一个温馨的祝福。

2. 以自己的进步作为送给父母一个惊喜。

3. 给父母讲一个开心的故事。

## 五、社会实践

感恩教育不能局限于校园当中，而必须投入到社会当中去。可以带领学生参加一些社会公益活动，如帮助孤寡老人、协助交警、帮助社会上的困难学生、参与绿化活动等，学生只有在实践活动当中才能将内心的感恩之心外

化为具体的行动，感恩效果才会明显。

### 六、评价机制

1. 班级建立学生感恩教育活动记录表，安排专人负责，详细记录学生开展活动的落实情况。班主任利用班会及时总结，表扬先进，树立榜样。

2. 制作"贴心宝贝"量化评比表，保持学校与学生家庭的联系，由家长对学生的孝亲敬老情况进行爱心点赞，给予公正评价，积极评比。

# 典 型 课 例

## "家人的爱"教学设计

### 一、教材分析

"家人的爱"是部编《道德与法治》一年级下册第三单元"我爱我家"中的第二课。本课编写主要依据课程标准"负责任、有爱心地生活"中第二条"爱父母长辈，体贴家人，主动分担力所能及的家务劳动"。本课三个主题紧密结合"家人的爱"这一话题展开："家人的爱藏在哪里"旨在让学生在细节中发现、感受、理解家人的爱，感受家的温暖；"相亲相爱一家人"旨在引导学生感受一家人的相互关爱；"让家人感受到我的爱"旨在引导学生能够以自己的方式表达对家人的爱，引导学生在了解家庭成员的社会关系的基础上，深入体会家人间的情感。

### 二、学情分析

一年级小学生基本上从小都是在父母及长辈的精心照顾甚至是宠爱中长大，他们在享受爱的同时，却很少去思考如何回馈爱。父母及长辈给自己精心准备的礼物，陪伴自己游戏玩耍等形式的爱往往容易被发现，但像家人对自己生活中的精心照顾这种隐藏在细节中的爱，容易被忽视。此外，除了疼爱，爱还有多种形式，家人对自己的严格要求也是爱，这些都需要通过本课对学生进行引导和渗透。

### 三、教学目标

1. 通过听故事、讲故事，理解懂得父母长辈对自己的爱。

2. 通过制作感恩卡，表达对家人的感激，学会感恩。

3. 联系生活实际，知道父母长辈为自己的健康成长付出的辛劳。

### 四、教学活动

#### （一）故事导入，揭示课题

播放故事——《来自天堂的短信》

师：孩子们，听了这个故事，你们有什么想说的？

生1：他的妈妈特别伟大。

生2：他的妈妈很爱他。

师：是啊，是他的妈妈用生命、用全部的爱再一次给了这个孩子新的生命——这样的爱是多么伟大啊！孩子们，此时此刻，你是不是也想起了家人关心关爱你的点点滴滴呢？今天我们就来感受体会"家人的爱"。

设计意图：根据学生喜爱听故事的特点，结合教材内容，选用了一个真实感人的故事《来自天堂的短信》，通过故事情境的创设，震撼学生的心灵，让学生初步感受到母爱的伟大，揭示出课题。

#### （二）回忆成长经历，感受"爱"

师：课前老师让大家回忆了家人关爱我们的故事，你们都有自己的故事吗？我们先在小组里讲一讲。

先在小组内交流分享然后小组选代表在全班作交流分享。

生1：我过生日的时候，妈妈亲自为我做了一个大蛋糕，爸爸还送了我生日礼物。

生2：我生病的时候，妈妈熬夜喂我吃药，照顾我。

生3：有一次我和爸爸妈妈一起出去玩，下起了雨，爸爸把自己的衣服脱下来为我挡雨，他自己都被浇湿了。

生4：妈妈有一次带我外出旅游，我生病了，妈妈特别着急，一直在宾馆陪着我，照顾我。

教师针对学生讲述的不同故事作出引导提升，引导学生从家人的做法、心情、语言以及辛劳中体会到家人对自己深厚的爱。

设计意图：学生通过回忆讲述亲历的故事，回归自己的生活，触动他们的心弦，发现并感受到家人对自己的关爱。小组成员在分享故事的过程中，

还分享了彼此的情感体验和道德认知。

（三）联系生活实际，体验"爱"

师：孩子们，过去了这么久的事，你们还能记得这么清楚，我想是因为这些事中有家人满满的爱，这些爱让我们感受到温暖，久久不能忘怀。其实，家人的爱藏在我们生活中的方方面面。

1.汇报课前调查结果"家人的爱藏在哪里"，并让学生谈谈感受。

设计意图：孩子们在填写调查表的过程中就会发现家人原来是这么细心和贴心地照顾着他们，通过有力的调查数据感受家人的爱。

2."爱"的体验

师：这些小事琐碎而又平凡，却爱意浓浓。

伴着背景音乐，出示一组家人辛苦付出的照片。

师：为了我们的健康成长，家人倾注了太多的爱呀！这些爱中有汗水、有付出。大家看看这幅图（妈妈扶着小宝宝学走路），看似简单的小事，其实并不是那么容易。

（1）请一名学生体验家长教我们学走路的辛苦。

采访扮演者感觉怎么样。

生：感觉累，教宝宝学走路很辛苦。

同学们兴趣盎然，都想继续体验。

（2）全班体验：全体学生弯腰弓背体验一分钟。

师：看来很多同学还想体验，咱们一起来做"弯腰弓背"的动作，我给大家计时一分钟。

师：孩子们，你们弯着腰弓着背一分钟了，感觉怎么样？

生：很累。

师：才一分钟你们就累了，那宝宝要学会走路，家长扶一分钟够不够啊？

生：不够！

师：是啊，家长教我们学会走路用了多少个一分钟，多少个日子啊？我们数也数不清。他们对我们的这种付出，就是对我们的爱啊！

设计意图：通过体验父母教孩子学走路的情境，感同身受父母为了我们付出的艰辛，直接升华主题，让孩子再次地感受体验到父母无私的爱与付出。

（四）听绘本故事，辨析"爱"

师：我们成长中的每一步都离不开家人的爱，可是我们最需要什么样的爱呢？让我们来看一看明明和他奶奶的故事吧！

课件出示教材第 38～39 页绘本故事《肩头上的爱》。

师：看了这个故事，你们觉得奶奶爱明明吗？为什么？

生1：爱，奶奶是想锻炼明明。

生2：奶奶爱小明，因为奶奶想让小明学会自己的事情自己做。

师：是的，让我们学会独立，对我们严格要求也是爱！你们在生活中有没有过类似的经历呢？

生1：我犯了错误，妈妈会严厉地批评我。

生2：有一次，我写作业不认真，妈妈说了我，还让我重新写。

生3：爸爸有时会因为我做错事惩罚我。

对于学生的表述，教师追问："当时你是怎么想的？""你有什么感受？你是怎么看待这件事的？"帮助孩子分析理解，严厉也是一种爱。

小结：关心满足是一种爱，严格要求更是一种爱。在平淡的日子中，你们可能早已习惯了家人的关心与照顾，可你们有没有想过我们应该做点什么呢？

设计意图：家人爱的表达方式并不一样，孩子通过辨析故事中奶奶的做法，以及联系生活中遇到的类似情形，懂得和理解家人严厉的爱。

（五）制作感恩卡，回报"爱"

1. 观看生活视频《妈妈的一天》

设计意图：通过观看视频《妈妈的一天》，明白家人的爱存在于生活的点点滴滴，也懂得家人的付出与辛苦，进一步激发情感，唤起孩子心底的感恩之心。

2. 制作感恩卡

师：千言万语也不能表达我们内心的感激，请拿出感恩卡把你最想说的话写下来吧！（播放背景音乐和图片。）写完的孩子读一读并把感恩卡贴到"亲情树"上。

设计意图：通过亲手制作感恩卡表达对家人的感激之情，学会感恩，弘扬孝亲美德。

# 和同伴在一起

王艳春

## 案 例 呈 现

小刘同学是一个十分内向的姑娘，由于家中还有一个姐姐和一个弟弟，父母对她的关爱也很有限。刚刚进入小学时，她不和任何同学交流，甚至老师和她说话也只是点头或摇头回应。为了更好地让她融入班集体，班长小左和一些同学下课总是主动找她聊天，和她分享有趣的见闻。经过一段时间的相处，小刘开始小声和同学们说话了，也会在与同学相处高兴的时候微笑了。虽然她还是比其他同学腼腆，但她开始接受同学们的善意了。

人之初，性本善。大部分小学生在和同伴相处时都是单纯友善的，他们像小左一样，能和同伴友好相处，并且愿意帮助别人。而小刘同学是比较典型的受家庭因素影响，不善于与同伴相处的孩子。虽然他们的成长环境不同，但在和同伴相处的过程中，他们相互影响，相互关心，最终成了好朋友。每个孩子都是一块玉，一块未经雕琢没有成形的玉。在他们幼小的时候，如果我们能正确地引导，加上有效地教育，那么他们就会闪闪发光。

小路同学是家中的独生子。从小他的父母忙于生意，没有太多时间陪他，所以对他很是溺爱。在他上幼儿园之前，他的父母为了更好地忙工作，白天都是让他看动画片度过的，因为这样小路就不会吵闹了。后来小路上幼儿园了，也是看自己的心情隔三岔五地去上学。在孩子前期的成长过程中，他的父母疏于对孩子行为习惯的要求，也忽略了孩子与人相处的培养，造成了小路孤僻、内向的性格。小路上小学后，经常在课间一个人孤单地看着同学们玩耍，却不和大家一起玩。一次和同学们做课间操的时候，前面同学的手不小心打到了他，他就直接抬脚从后面踹了这个同学。那位同学没有和他计较，但小路依旧不依不饶地打这个同学。我制止他后，问他："为什么要打同学？"他说："他打我了。"那位同学忙解释："我是不小心碰到的。"他理所当然地说："我妈妈告诉我的，别人打我就要打回去！"

小路同学的故事在学生中并不是个例。一些家长并不注意培养孩子与同伴交往的能力，使学生在生活中不会交往，不愿意参与交往，甚至出现心理障碍。目前，大部分的小学生都是独生子女，他们处在家庭中的中心地带，父母长辈视之为掌上明珠，衣来伸手，饭来张口，使他们更容易产生以自我为中心的心理倾向。一些孩子在与同伴相处时盛气凌人、趾高气扬，喜欢对别人发号施令，高兴时海阔天空、手舞足蹈，不高兴时就乱发脾气，不会顾及别人的感受。当别人达不到自己的要求时，他们就会有哭闹、摔东西等反抗表现。这样的孩子不会和同伴相处，常常被孤立，小路同学就是一个典型的代表。由于儿童时期缺少和同伴相处的机会，使得他不会也不愿意参与同伴交往。当别人无意间影响到他时，他不会考虑别人的感受，只是自己乱发脾气、拳脚相加。

## 学 情 调 研

心理学家的研究表明：早期的同伴关系不良，会造就儿童自我意识发展扭曲，导致学生以后难以适应社会，在学校出现孤僻、冷漠、自卑、以自我为中心、具有攻击性等特点。在与同伴交往的过程中，学生大概可以分为三种类型。

一部分小学生往往是受同伴欢迎的，其他的孩子都愿意和他一起玩耍，大家都尊重他。这样的小学生知道如何对新的伙伴提出问题、介绍自己并发出邀请。在与同学相处的时候，他们很少攻击别人，他们会提出好的建议，赞同合作游戏，遵守团队标准，活动积极，使用亲社会策略。这一类小学生是平和开朗的，并且有忍耐性。

一部分是在同伴中不惹人注意的，大家对他既说不上喜欢，也说不上讨

厌。这一类小学生是安静的、退缩的，大家并不在意他是否参与到同伴活动中来。他们生性腼腆内向，在与同伴交往的过程中出现胆怯心理、缺乏主动性，不知道如何拉近与同伴的关系，与人交往的能力较弱。但他们能较好地控制自己的情绪，并不排斥同伴的善意。

还有一小部分学生通常是大家所不喜欢的，没有人愿意和他在一起。这样的小学生通常缺乏与同伴交往的能力，他们的某些行为不受大家喜欢，遇到问题有攻击性，不善于解决冲突。如遇到别人不能满足他的意愿时，习惯用打骂来解决；和同伴玩耍时不能合作游戏，不能坚持与小朋友玩；也可能喋喋不休惹别人讨厌等。这一类小学生脾气不好、攻击性强。

# 目 标 预 设

1. 培养学生的人际交往能力

许多学生拥有与同伴友好相处的愿望，但由于多种原因，他们在人际交往中存在着一些障碍。教师可以通过培养学生的倾听与表达、合作、分享、待人有礼貌等多方面的能力，教导学生遇事要冷静，学会关心他人，帮助学生克服人际交往中的障碍。

2. 帮助学生树立正确的人际交往观念

小学阶段学生的认知水平并不太高，分辨是非的能力还不强。一些学生对正确的人际交往观念认识不清。教师可以通过一些名人故事或生活案例等方式，引导学生树立正确的人际交往观念，学会区分真正的朋友，并且以真诚的心对待自己的朋友。同时可以发动家长注意保持自己待人接物的良好态度，为学生树立榜样。

3. 为学生创造良好的同伴相处环境

教师要营造良好的班级氛围，为学生搭建交流互动的平台，加强学生与学生、学生与教师之间的交流和沟通，为学生之间的友好相处创造有利条件。充分利用学生的实践活动和课余时间，为学生与同伴相处创造机会。在实践中教会学生必要的交往技巧，指引学生在与同伴交往过程中少走弯路。

# 策 略 实 施

学生同伴关系的发展有一个过程，这个过程与小学生认知过程的发展相关，也与他们在集体活动中的经验有关。小学生的同伴关系最初建立在偶然兴趣爱好一致或者外部环境的影响之上，例如邻居、同桌、父母互相熟悉等。随着小学生认知程度的发展，他们逐渐建立了新的交往标准：一方面，他们倾向于选择与自己的性格、习惯、兴趣、经历相和谐的人做朋友；另一方面，他们倾向于选择受到大家喜爱、赞赏的人做朋友，例如学习成绩好、班级内受欢迎的同学。

针对当前小学生的同伴交往现状，教师要与家长交流合作，改善学生在同伴关系中存在的问题，引导他们进行良好的同伴交往，培养学生的同伴交往能力，构建维护良好的同伴关系。

## 一、以课程为核心，开发同伴交往的课程内容

学校的课程不仅要注重知识技能的学习，也要注重思想道德的培养。通过学校道德与法治课、班队活动课、心理健康课的学习，培养学生学会倾听与表达、合作、分享等。课堂中设置活动环节，让学生放松紧张的情绪，体验到真实的感受，让日常生活中的良好同伴关系展示在班级中，增进学生之间的友谊和集体凝聚力，也可以锻炼语言能力不强的学生清楚表达自己的想法，提高学习效果，促进学生对主题内容的理解。也可以利用名人交友的故事，引导学生发现同伴交往中出现的好的行为，使他们认识到要想有好的人际关系，就要有良好的个人品质。课上可以教他们在与人交往时自己的表达要清楚明白，也要学会耐心地听别人表达；要学会多使用礼貌用语，也要学会对别人的事感兴趣；要学会宽容、遇事冷静，也要学会关心、照顾他人。在师生交流时，同时让大部分学生之间相互交流，安排同桌或小组讨论环节，使学生互相学习的同时，增强生生之间的交往，让孩子学会倾听，互相取长补短，互相欣赏帮助，形成小组意见和全班讨论。

## 二、创造良好和谐的班级氛围

作为一个社会体系，班级每时每刻都对学生的心理产生影响。良好的

班级能够让班级的每一位学生共同制定班级公约并约定遵守，学生之间有共同的情感联系和理想追求。在这样的班级中，学生会不知不觉地受到班级氛围的影响。首先，教师可以以班级为载体，为学生搭建一个互助合作的平台。在这样的班集体中，学生之间互相帮助、互相尊重、互相信任，具有较高的集体责任感。当班级内的同学遇到困难的时候，其他同学会积极伸出援助之手。教师引导学生互相帮助，形成团结合作、积极向上的良好班风，使学生与同伴交往的关系更加密切、坚固，提高同伴交往的技能，增强同伴交往的正确意识。其次，教师可以为学生创设更多的沟通渠道。在课堂上，教师可以加强师生、生生之间的沟通，或者召开相关主题的班会。课后可以组织学生开展丰富多彩的活动，组织课外兴趣小组等。通过多种多样的形式，增强学生和教师之间、学生和学生之间的思想情感交流，增进彼此的了解。当学生发生矛盾时，教师可以在解决矛盾的同时，发挥指导和教育作用，让班级的学生都参与到事件中来，站在双方的立场思考问题、分析对错，并交流自己的看法，在平和的氛围中化解矛盾，也使学生对自己与同伴的交往增强认识。

### 三、开展实践活动，注重学生的交往体验

在学生对与人交往有了积极的情感倾向之后，教师一定要提供实际交往的机会给孩子们练习如何交往。学校可以设计开展各种各样的课外实践活动培养学生的表达能力、协调能力、团队精神和配合意识，给学生提供交往活动的机会，进一步培养学生的同伴交往能力。课间可以组织一些学生感兴趣的活动让大家参加，让学生在活动中多与同伴相处，扩大自己的交往范围，增进学生之间的情感交流，从而提高自己的交往能力。学生在实践活动中得到对同伴关系问题的真实反馈，可以有机会使用学习到的交往技巧。完善同伴交往规范，引导学生建立正确的同伴交往观念，提高学生解决同伴冲突的能力，真正地学会交往。小学生处于身心发展的初期，具有极大的可塑性，简单用语言强调同伴交往的重要性不如在实践活动中教会他们必要的交往技巧，指引学生在同伴交往过程中少走弯路。

### 四、帮助学生树立正确的人际交往观念

树立正确的人际交往观念，是学生学会同伴交往的必要条件。很多学生对正确的人际交往观念的意义和作用认识不清，认为在一起玩耍或者互相赠送东西就是关系好。所以教师要帮助学生提高认识，给学生介绍同伴交往对身心健康和发展的重要作用，纠正他们错误的思想观念。在学生出现相关问题时，教师也要对其错误进行指正。例如，学生经常会出现把自己东西送给别人来和别人搞好关系。教师要告诉学生，同伴交往要互相关心、互相帮助，在对方遇到困难时伸出援手，而不是靠送东西、拉关系来维系。自己的品质和对他人的关心帮助才是同伴交往中的魅力所在，必须凭借自己的品格和待人接物的方式获得别人的好感。

### 五、引导家长为孩子树立榜样

家庭因素对学生的同伴交往有较大影响。如果父母是民主的、支持型的，那么孩子的性格往往比较温和，反之孩子比较容易具有攻击性；如果父母对孩子的控制欲比较强，那么孩子往往比较软弱；如果父母是溺爱孩子型的，那么孩子往往脾气暴躁。所以父母要建立合适、正确的教养孩子的方式。

苏霍姆林斯基曾说过，父母是孩子的第一任老师。小学生的思想观念具有极大的可塑性，他们有很强的好奇心和丰富的想象力，善于模仿。他们的行为极易被身边生动、具体的榜样作用影响。在日常生活中，学生会潜意识地认为父母的行为方式就是对的，不可避免地模仿父母的交往方式。他们学习父母的行为举止、处事态度和思想观念，运用在自己与同伴的交往中。所以，父母要时刻注意自己待人接物的态度和举止，主动承担家庭和社会中的责任，给孩子树立好的榜样。父母要尽量给孩子传递正能量，让孩子在面对未来可能发生的挫折时，都能以正面的态度去应对，积极面对挫折。另外，父母在与家人朋友相处时，要积极维护友好的人际关系，注意讲文明有礼貌，为孩子以身作则。除此之外，父母还要注意培养孩子的沟通交流能力以及解决问题的能力，锻炼孩子明确表达自己的想法并学会倾听别人的想法；在与同伴交往产生矛盾时，学会宽容大度，能够换位思考，尽量用简单的方式解

决问题，做一个乐于助人有爱心的人。

# 拓 展 延 伸

小学生要建立良好的同伴关系，不仅要树立正确的人际交往观念，还需要在与同伴交往时不断学习、积累经验，并把所学运用到与同伴交往的过程中。教师可以根据小学生的年龄特点，设计一些小游戏，使学生在合作交往的过程中，学会如何正确处理人际关系，从而提高自己的人际交往能力。

## 一、盲人画像游戏（10分钟）

（1）在黑板上画两个头像（没有五官）。随机将同学分为两组，一人当盲者，一人指导。盲者用布遮住眼睛，指导者以话语辅导盲者画出五官，要有一定的时间限制，但二者不可以有肢体接触。

（2）时间限制为3分钟，3分钟后更换第二组，继续重复上面的游戏，并且比较两次的成果。

与同伴相处时，大家应该是团结合作、互相信任的，你毫无条件地信任我，我才可以毫无顾忌地帮助你。在这个游戏中，"盲人"完全信任领路者，而领路者感受到盲人的信任，必定会全力以赴地帮助盲人。二者互相信任，团结合作才能完成任务。所以说，在人际交往中信任是不可或缺的。

## 二、传秘密口令（5分钟）

全班学生分成人数相等的若干小组（男女同学搭配），也可按学生自然小组进行，由教师悄声告诉第一个同学一个口令，如"集合""稍息""踏步""立正"等，等教师说开始，各组第一位同学悄声告诉同组的第二位同学，依次后传，最后一位学生将收到的口令在黑板上写出来，最后由教师判定哪一组最快、写的口令最准确。

游戏要求：

（1）各小组人数不少于5人，每组人数相同。

（2）各小组悄声传口令时，不能让其他小组的同学听到，如果听到了则该小组的秘密泄露，判该小组失败。

（3）最快收到口令且最准的小组取胜。

这个游戏可以加强学生之间的交流，既锻炼小组的团队沟通，也培养了团队合作能力。

### 三、喊数抱团游戏（10分钟）

在简单进行完身体关节活动以后，所有学生围成一个圆圈慢慢地跑动起来。教师在大家跑动的同时，随机喊出一个数字，请大家按照听到的数字，迅速地抱在一起。老师喊三个数，三个数过后，那些抱多的、抱少的、没有找到人抱的，都将被请到圆圈中间来，接受奖励：可以自己表演节目，也可以接受"惩罚"。

游戏要求：

（1）游戏者围成一个圆圈，并作逆时针环形慢跑。

（2）当听到老师喊出"3"数字口令时，游戏者立即按该数字3个人抱成一团，少于或多于3人均为失败。

## 典 型 课 例

### "同学相伴"教学设计

#### 一、教材分析

"同学相伴"是部编版小学《道德与法治》三年级下册第一单元的第四课。本课是三年级下册"我和我的同伴"这一主题的最后一课，依据课程标准中"我们的学校生活"里的第四条"体会同学之间真诚相待、互相帮助的友爱之情；学会和同学平等相处。知道同学之间要互相尊重，友好交往"进行编写。本单元的前三课学生已经认识了独特的自己，也认识到了每个人都有自己的个性，要理解别人的"不同"，学会和谐共处。学生还懂得了诚实这一品质在人与人交往中的重要性。前面三课为学生学习"同学相伴"作了很好的铺垫，本课进一步引导学生营建快乐美好、团结友爱的同伴关系，这对班级同学融洽相处有极大的帮助，能增强班级的凝聚力，因此学习这一课很

有意义。

**二、学情分析**

通过两年半的学校生活，学生已经拥有了较多的与同学相伴的生活经验。可是很多学生忽视了集体生活中同学相伴的快乐，没有意识到同伴相处的快乐是他处无法体会到的，也没有细细回味同学相伴包含的各种乐趣。有的学生没有深刻认识到群体快乐的意义，不知道珍惜同学相处的生活。校园中也有一部分学生对同学冷落、排斥、不友好，使得一小部分学生无法感受同学相处的快乐。所以，本节课的教学难点就是帮助学生形成群体意识，不让任何一个人落下。

**三、教学目标**

1. 从多人游戏与回忆快乐往事中感受同学相伴的快乐。

2. 开展小组交流分享与合作完成任务活动，体验同学之间合作的乐趣。

3. 明白同学之间友谊的珍贵，认识到同学情谊带来的快乐。

**四、教学重难点**

重点：能感受到集体生活的快乐、美好，愿意与老师、同学交往。

难点：能交到自己喜欢的小伙伴，愿意与大家交往。

**五、教学过程**

（一）同学相伴的快乐

师：有同学相伴的生活处处有快乐。同学相伴不仅能一起学习，而且还可以开展许多丰富多彩的活动。下面我们来玩一个游戏"蒙眼画脸谱"。

学生活动：玩游戏 1——蒙眼画脸谱。

游戏规则：

1. 在黑板上画三个圆圈，作为脸的轮廓。

2. 选出三组同学，每组五人，分别承担画眼睛、鼻子、耳朵、眉毛和嘴巴的任务。

3. 另外选出三名同学作为监督员，监督大家是否遵守游戏规则。

4. 每组同学排好队分别站在三个圆圈的前面，用布蒙住自己的眼睛，并让监督员检查。

5. 教师宣布开始后，学生依次走近黑板开始画五官，画完的同学就可以摘下蒙眼布。

6. 游戏过程中，教师和监督员要提醒同学注意安全。

7. 班上其余同学作为大众评审，决定哪组画的五官位置最准确、最好看。

师：这个多人游戏好玩吗？想象一下，假如没有这么多的同学，这个游戏还能玩得起来吗？

学生自由发言，教师根据学生谈的感受引出主题"同学相伴的快乐"。

师：你还与同学们玩过哪些多人游戏呢？

学生自由发言。

师：有同学相伴的生活处处有快乐。同学相伴不仅能一起学习，而且还可以开展许多丰富多彩的活动。说一说你与同学们在一起的快乐往事吧。

生1：课间和同学们一起丢沙包。

生2：和同学们一起跳绳、玩老鹰捉小鸡。

生3：……

师：有同学相伴，我们不仅能玩多人游戏，还可以开展更多有意思的活动。

设计意图：通过多人游戏导入课题，学生在游戏中感受集体生活的乐趣。问题设置旨在引导学生体会同学相伴的乐趣。

师：与同学在一起是快乐的，可有的"小朋友"却认为，可以不和同伴在一起。这种想法对吗？我们先来欣赏一首歌。

播放音频——《Do-Re-Mi》

师：这首歌好听吗？这首美妙的音乐正是由这7个可爱的音符组合在一起演奏出来的。

请同学们阅读小故事《七彩音符》，并思考：离开大家后，"1"会遇到什么情形呢？你想对"1"说些什么呢？

学生发挥自己的想象，用自己喜欢的方式展示。

师：如果"1"离开了，那么刚才我们听到的音乐便不再完整，也就不再美妙动听。而孤独的"1"，没有了大家的帮助与配合，它自己也演奏不出动人的旋律。这告诉我们，离开了集体，我们将会孤立无援，我们应该积极融入集体，参与集体活动，因为有同学的相伴，我们的学习、生活才会充满乐趣。

设计意图："阅读角"设置的内容比较抽象，学生难以理解，教师采用欣赏教学法，播放音频文件，创设情境，激发兴趣的同时，帮助学生理解问题情境。

师：我们不仅要积极参与集体活动，还要懂得在集体活动中学会与他人平等地交流与合作。

（二）不让一个人落下

考验大家的时候到了，接下来我们来玩第二个游戏。

学生活动：玩游戏 2——海岛逃生。

游戏背景：

一群游客乘坐游艇出海看美景。可是很不幸，在他们即将到达目的地时，游艇触礁了，艇上的游客分批爬上了附近的小礁石。

游戏方法：

把全班同学分为若干小组（每组四五个人为宜）。

小组成员一起站在报纸上，把报纸当作"礁石"，把地面的其他地方当作"大海"，成员一起努力不让小组中的任何一员掉进"海"里。

当老师说"海水漫上来了"，大家就把报纸对折。小组成员重新一起站在报纸上，继续努力不让小组中任何成员掉进"海"里。

当老师说"海水又漫上来了"，大家就把报纸再对折，重复前面的活动。

以此类推，把报纸折得最小的那一组获胜。

游戏要求：

1. 小组中绝不能有任何人"落水"，否则就算失败。

2. 注意安全，不要因为拥挤而摔倒。

师：现在我们把参加游戏的同学分成四组，每组五个人。注意游戏要求哦，游戏中只要有人"落水"了，那么这组成员"海岛逃生"就失败了。

采访获胜小组的成员：请分享一下你们的获胜经验，不让任何成员"落水"的秘诀是什么呢？

获胜组成员分享经验，教师进行评价总结。

设计意图：本环节游戏设置旨在让学生懂得在集体活动中相互配合的重要性，培养学生的合作意识和团队精神。

在游戏中，我们想尽一切办法不让任何一个小伙伴"落水"。可是，在校园生活中，我们有时却会因为种种原因冷落、排斥或者忽视了某些同学。

出示教材第 26 页图，学生阅读并思考：

1. 你觉得班上的同学们这样做对吗？为什么？

2. 王浩、陈欣和张晓会有怎样的感受呢？

3. 你认为班上的同学们应该怎样做呢？请你演一演。学生小组交流讨论，并上台进行表演，教师进行评价。

师：看到图中这些同学的行为和表现，我们再来看看"大雁"们是怎么做的。

学生阅读教材第 27 页"美文欣赏"——《温情的大雁》。

1. 当一只大雁生病或受伤时，为什么会有其他的大雁留下陪伴它呢？

2. 想一想，从大雁身上，我们能够学到些什么呢？

（三）课堂小结

今天的游戏大家玩得很开心，同学们感受到了同学相伴的快乐，懂得了积极参与集体活动的重要性，学会了在集体生活中与他人合作与交流。不仅如此，我们还学会了在集体生活中要体会同学的需要和心情，懂得关爱他人，不冷落、排斥或忽视某些同学。一个好的集体就是一片沃土，让我们在这片沃土中一起茁壮地成长吧！

# 心中有规矩

李 静

## 案 例 呈 现

### 一、故事一：校园里

一所小学的学生下楼去操场做广播体操，大家都着急下楼，楼梯上显得十分拥挤。班主任正站在楼梯下方，看着蜂拥而下的学生，隐约预感到危险即将发生。她大声呼喊："同学们靠右侧行走！""同学们不要挤！慢慢下！"但学生们的喧哗声淹没了她的喊声。紧接着，前面的同学被后面一拥而下的人流推倒，从楼梯上滚下来。后面的学生来不及避让，纷纷从他们的身上、头上踩踏而过……事故就这样发生了，整个过程仅几分钟，却有多名同学受重伤。

### 二、故事二：生活中

孩子们最喜欢的英华文具店门前，一场促销活动火热进行中，门前排起了长队。站在最前面的是一个八九岁的小女孩。大概她有些口渴了，就跑到旁边的售货亭买了一瓶饮料。就这短短一会儿工夫，又来了几个人排在了队伍后面。小女孩过来后，径直站到了队伍最后面。原来站在她后边的一个阿姨看见了，就招呼她重新排到最前面，因为她刚才排在第一个。小女孩摇摇手，羞涩地笑道："不啦，我刚才脱离了队伍，如果再排在那里，这是不符合规则的。"面对此情此景，我们不禁感慨，一个小孩在她脑海里，规则意识已根深蒂固，没有任何纪律和约束，完全是一种自觉行动。这种自觉行动，就是一个人的社会责任感。

俗话说："无规矩，不成方圆。"任何社会都有一个由千千万万、形形色色、大大小小的规则组成的复杂的框架结构。人的行为受规则的约束，同时也享受规则带来的保障。以上两个案例，不同的地点，不同的情境，不同的行为，不同的结果。加强小学生规则意识的培养是小学生发展为独立个体的需要，是小学生成长为符合社会规范和社会发展的人的需要。学生在儿童时期已经有了初步的规则意识，但更多地处于他律阶段，对规则缺少理性认识。而小学阶段正是学生养成行为习惯的重要时期，也是形成规则意识的关键阶段。学校教育就是要引导学生了解规则的意义和重要性，懂得如果没有规则，社会将会出现无秩序的情况，人们将失去安全感和幸福感，同时还引导学生认识到规则对每一个人既是一种约束又是一种保护，让学生对规则有更深刻的认识。

# 学 情 调 研

我们的生活处处都有规则，在我们的成长和学习过程中，规则是必不可少的。只有遵守规则，我们才会生活得更幸福，更快乐。

小学生的生活足迹不只在家庭、学校，他们已经初步接触了社区生活、公共生活。但是他们对这些生活领域的了解都是零散的、偶然的，并不足以帮助他们形成正确的公共意识、良好的公共行为。

小学阶段是个体建构规则认知的萌芽期。个体成人后，良好的规则意识和守则行为与从小培育起来的正确的规则认知息息相关。同时，小学阶段学生的道德辨别能力也处于萌芽阶段，对规则还没有形成明确的认识，一些学生不理解或不能正确理解有关规则要求和规则中蕴含的道德准则，常常不能明辨是非，分清善恶。

小学生开始对自我、他人、家庭、社会有了一些浅显的认识，养成了一定的好的行为习惯。他们对外部的规则有了一定的认识和评价，情感的内在加工过程得到了更深入的发展，因此在这个阶段，让学生知道规则的重要性，知道规则与我们的生活密不可分，明白"规则无处不在"是十分有必要的。

教育者要多角度、多渠道去深化儿童对规则的认同，有利于学生规则行为从外部强制要求转为内在自觉遵守。

# 目 标 预 设

1.学生通过查一查、找一找、问一问、玩一玩等方法，知道家庭、学校、社会生活中处处有规则，了解不遵守规则会带来什么危害，认识规则的普遍性和重要性，初步建立规则的概念。

2.通过创设情境、小组交流、案例辨析等，知道规则对于维持学校、社会等公共生活的重要性，理解遵守规则会使我们的生活更方便、更安全，增强尊重规则、遵守规则的意识。

3.在认识、遵守规则的基础上，引导学生进一步将规则意识深化，通过体验、反思、辨析等活动，将社会中的规则内化为个人优秀的品质。逐步形成遵守规则、维护规则和敬畏规则的意识，树立自觉遵守规则的社会责任感。

4.通过学习、感悟、实践，懂得规则对每一个人既是一种约束，也是一种保护，并积极维护、改进规则。

5.普及法律知识，让学生感知生活中的法、身边的法；明晰行为规则，养成守法意识，遵守各项规章制度和社会规则，培养学生良好的行为习惯和品德。

# 策 略 实 施

规则是社会个体都需遵守的行为准则，规则作为一种契约，是个体幸福生活的保障，也是维系社会秩序的基石。小学阶段是培养小学生各种规则意识和社会公德意识的关键时期，规则教育的主要场所在学校，而《道德与法治》教材是进行规则教育的主要资源，教育者应当依托教材，充分挖掘教材中的规则因素，结合道德与法治课内教学与课外实践，引领学生知规则，懂规则，守规则，促使学生形成正确的社会公德意识和遵纪守法的好习惯。

### 一、把握学科特点，全面解析教材，重视规则

"道德与法治"这门课不同于其他知识传授科目，其每一课内容都是由一个个活动组成的。儿童的规则意识培养就是通过一系列活动去感知、思考、实

践，从而逐渐内化形成的。首先，教师应努力为儿童创设适宜的活动环境，在参与儿童活动的过程中，引导活动向正确方向发展，带领儿童向着课程目标前进。如学习雷锋月开展学习雷锋活动，植树节开展"种植小树苗"活动等，发挥活动中隐形的建构价值，让学生在动手、动脑中掌握规则。其次，充分挖掘教材资源，充分利用教材要素。教材中丰富的绘本、朗朗上口的儿歌，引发儿童思考的留白等都蕴含着丰富的教育意蕴，是教师深化学生规则认识、渗透规则价值内涵的有效载体。如对教材中的留白问题，教师一定要给予学生思考的机会和时间，让学生把已有的经验和课堂中的知识结合起来，学生思考的过程也是对课本知识消化吸收的过程，更有利于学生对知识的掌握和理解。

教师要认清学生规则意识培养的必要性，明确规则意识培养是综合素质提高的必要组成部分，更是学生适应社会，并最终走向社会的推动力。对学生进行规则意识培养，必须立足现在，着眼未来，让学生凭借良好的规则意识顺利投入公共生活，体现出道德与法治教学的功能价值。

### 二、创设学习情境，积极参与体验，感知规则

爱因斯坦曾说："兴趣是最好的老师。"小学生年龄小，缺少丰富的阅历与经验，所以要想在课程教学当中让学生产生浓厚兴趣，主动参与学习活动，就需要积极营造教学情境，促使学生在这一过程当中感知规则，为学生规则意识的培养打好基础。在教学"安全地玩"时，教师可以为学生营造户外体育活动情境，让学生真实沉浸在玩滑梯等体育活动当中，使得学生得到真切感受，了解安全地玩与不安全地玩之间存在的差异，认识到在户外体育活动的开展过程中，应该积极遵守相关规则，以便在玩耍的过程中更好地保护自己，尽量消除安全隐患。在这样的真实情境当中，学生会对安全规则产生更加深刻的认识，主动提炼和归纳户外体育活动当中的安全隐患，认识到遵守安全规则的重要性，并在无形之中引导学生感知规则，培养规则意识。

课堂教学中还可以创设机会让孩子们去体验，建立规则的行为意识。教学"校园里的号令"，利用 PPT 展示一些校园号令情景，让孩子们依据号令做动作。给学生时间和空间，让小组内、同桌间假想各种情境，儿童根据情境做出相关行为。课堂内的规则体验活动，既活跃了课堂，又真实地让各种规

则植入儿童心里，利于习惯养成。通过搭建活动、游戏的平台，以插图、PPT为媒介，或走出教室，创设生活情境，能够让学生更迅速、准确地认识、感知规则的含义。

### 三、基于生活实践，链接儿童生活，发现规则

我们的课程和教材是由儿童生活世界转化而来的，课程和教材又要再转化为儿童的生活世界。从生活中来，再回到生活中去，道德与法治教育才能得到生活活水的浇灌。发现规则是培养学生规则意识的重要步骤，而为了让学生发现规则，需要和现实生活联系起来，让学生认识到规则对生活的重要性，同时也让学生在生活当中吸收与内化规则。教师应一方面研读教材，一方面在日常生活中观察儿童，要了解儿童身心发展的基本特点、生活规律，了解儿童行为习惯，努力使开展的活动贴近儿童生活，从而引导学生观察生活，并在生活中发现规则，让规则意识转化成为主动遵守规则的实际行动，顺利达成课程教学目的。例如，在教学"上学路上"时，教师可以联系生活设置"告别不文明行为""我是小交警"活动，带领学生观察交警的工作，认识交通信号以及交通标识，还可以邀请交警辅导员进行专门指导，让学生在这样的实践活动当中掌握交通规则。在生活实践活动结束之后，教师可以组织总结活动，要求学生说一说自己在日常生活当中是否认真遵守了交通规则，还有哪些行为要改正。

链接儿童生活另一方面应利用生活渗透规则，让学生在生活中体验规则，在体验中不断融合内化，使学生领悟到有秩序、守规则生活的意义，从而达到规则教育的目标要求。陶行知提出"凡是生活的场所，都是我们教育自己的场所"，教师应充分利用生活这一抓手，让学生在生活中知规则，懂规则，守规则。如在《花儿草儿真美丽》课文的教学目标中，要培养学生"花草有生命，应爱护花草树木，不随意采摘花朵，不践踏草坪"等规则意识，教师可以开展植树节种树种草活动，让学生通过认领树苗种植的形式，亲自参与到绿化家园的活动中。通过实践活动，教育者既可以引领学生走入大自然，激发学生对自然界的好奇心，同时也可以对学生进行行为指导，使其明白怎样做才是真正爱护花草的行为，从而更好地树立起"爱护花草树木"的规则

意识。生活资源是教育的活水源头，具体到规则教育领域的教学，同样也离不开生活。规则教学应在生活中，借助生活渗透规则，使学生在生活中学规则、守规则、行规则，成为一个具有良好规则意识的人。

### 四、加强训练力度，落实课外拓展，实践规则

小学生规则意识的建立很容易受到周围环境的影响，要增强学生的规则意识，就要在正确观念的指导之下运用科学有效的训练方法，强化学生的规则意识。规则意识的建立需要经过一个循序渐进的过程，整个过程要伴随科学有效的规则训练，以便让学生在练习活动当中强化对规则的认识，并把践行规则变成个人学习活动的一部分。例如，"我们的班规我们定"在引导学生养成良好行为习惯时，教师可以把学生分成几个学习小组，每个小组选择上课、卫生、同学交往、课间游戏、上下楼梯等方面，与组员共同商议制定与之相关的规则，并通过集体交流的方式进行补充与完善，进而得到全面且学生能够共同遵守的规则。之后，引导学生讨论如何更好地遵守这些规则，让班级生活井然有序。设置规则执行任务单，监督践行班规，让学生体验遵守规则给生活带来的积极变化，让规则意识深入人心。

生活实践对孩子的成长与认知非常重要。因此，除了在课堂教学中引导学生参与规则体验外，还应让学生在课外生活中、家庭生活中通过实践落实规则。在"上学路上"第二课时，给学生留一些特殊的课后作业，鼓励学生与同伴或家长开展守规则比赛，比一比，看谁做得对、做得好；教师与家长互动沟通，定期进行"交通小卫士""我是遵守规则小明星"评选。这样，通过课堂认知和生活实践的有机结合，让学生把课堂的知识内化为行动，从而使他们在掌握安全知识的同时逐步形成良好行为习惯，养成守法意识。

# 拓 展 延 伸

### 一、"发现规则我能行"研学

以小组或个人为单位，通过不同途径搜集调查家庭、学校、社会生活中的规则。探究这些规则的内容及要求，进行分类介绍（可以按照地点、内容、角

度进行分类），调查结果可以通过 PPT、视频、小报、情景剧等形式进行展示。

发现规则眼睛亮（个性补充）

| 调查内容 | |
|---|---|
| 调查人 | |
| 补<br>充<br>规<br>则 | |
| 发现地点 | |
| 发现方式 | |

寻找规则我能行（集体智慧）

| 调查内容 | 我们身边的规则 | | |
|---|---|---|---|
| 调查地点 | | | |
| 调查人 | | | |
| 我们找到<br>的规则 | | | |
| 调查结果 | 我们找到了（ ）条规则，我知道规则在（      ）。 | | |
| 调查方法 | | | |
| 我的感受 | | | |
| 成果<br>汇报 | 汇报主题 | | |
| | 汇报形式 | | |
| | 组员分工 | | |

## 二、"践行规则我行动"宣讲

和同学组成宣传小组，创编童谣、短剧，把调查结果和活动成果在校园广播站播出或者利用晨会、队会课时间到其他班去宣讲。和父母一起制作微信文稿，推送到朋友圈，对亲戚朋友宣讲，扩大宣传范围。参加社会实践活动，进行角色体验，比如"我是图书管理员""一日交警体验"等，自觉适应角色转换，规范自身言行。

### 三、"遵守规则我最棒"争星

培养学生良好的规则意识一定要有持久性的针对性训练。一个好习惯的养成需要连续坚持 21 天。培养学生良好的规则意识需要说了算，定了干，言必行，行必果，需要一以贯之、持之以恒、绳锯木断、水滴石穿的精神。在学校、家庭、社会开展争星活动，征得任课教师、家长的支持，学生记录遵守的规则，颁星伙伴监督签字，使学生的行为习惯在家庭和社会上都得到严格的监督和训练，保持行为规范教育的连续性和一致性，发挥出家庭、社会、学校合力教育的整体优势。

遵守规则我最棒（课外延展）

| | 学校 | 家庭 | 社会 |
|---|---|---|---|
| 第一周 | | | |
| | | | |
| | | | |
| 颁星伙伴 | | | |
| 践行者 | | | |

# 典 型 课 例

### "生活离不开规则"教学设计

**一、教学目标**

1.通过调查和交流，了解与小学生有关的规则，了解社会规则，初步懂得规则、法律对于社会公共生活的重要意义。

2.能够清楚地表达自己的感受和见解，能够倾听他人的意见，能够与他人平等地交流自己的调查报告。

**二、教学活动**

（一）游戏激趣，感知规则。

1.引出游戏，提出相关问题

（1）教师提问：同学们，你们喜欢玩游戏吗？今天，我们就玩一个"传

递呼啦圈"的游戏，谁愿意参加？

（2）选两组同学参加游戏。

（3）教师提供不同的道具，设置不同的人数。

（4）教师提问：参赛者和小观众，看了游戏，你们有什么感受？

（5）引出课题关键词"规则"。

（6）教师引导：比赛之前老师忘了一个特别重要的环节——宣布游戏规则。那么，我们怎样才能使这个游戏公平合理地进行呢？

（7）课件出示："传递呼啦圈"游戏规则。

（8）按照刚才同学们制定的规则再玩游戏。

（9）教师总结：通过刚才的游戏，我们知道了，有了规则，并遵守规则，游戏才能顺利公平地进行，大家才能玩得开心。

设计意图：从学生感兴趣的游戏为切入点，为学生创设一个"无规则"的特殊情境，通过玩游戏，引导学生通过自己的观察、体验、探究，从中感悟到做游戏要有规则，规则在游戏中的作用，从而引出课题。

2. 游戏迁移，引出课题关键词"在哪里"

除了游戏里有规则，日常生活中还有哪里有规则呢？

（二）自由交流，了解规则

1. 交流发现规则的地方

教师提问：课前，老师让同学们选择生活中的一处或几处场景，以学习小组或个人为单位进行了"寻找规则我能行（集体智慧）""发现规则眼睛亮（个性补充）"的调查活动，孩子们，你们都在哪儿找到了规则？

设计意图：课前的调查是为了让学生从自己的世界出发，用自己的眼睛观察社会，用自己的心灵感受社会，用自己的方式研究社会，初步了解了各种规则。

2. 教师总结

你们真是有心人，在学校、家庭和社会都发现了"规则"。

3. 教师引导

那么在这些地方要遵守哪些规则呢？接下来，请把你们的调查结果在小组内和小伙伴们交流交流吧！

4.PPT 出示"交流汇报规则"

设计意图：规则无处不在，在课堂教学每个步骤中渗透规则，以便将遵守规则落到实处。

5. 小组汇总发现的规则，教师巡视，了解学生调查结果，确定汇报顺序

设计意图：通过小组交流，最大限度地激活学生的主体状态，让学生能主动、积极地参与活动。

（三）深入探究，扩展规则

1. 学校规则

（1）学生用展示调查日记、采访班主任、朗诵等汇报形式汇报课上、课间、集会时要遵守的规则。

（2）教师提升：通过刚才的汇报，我们发现学校真是处处有规则啊！同学们你们愿意争当规则之星吗？从现在做起，从学校做起。

2. 家庭规则

（1）教师引导：学校是我们学习的地方，回到家里，回到我们最放松的地方，还有规则吗？哪组调查的是家庭规则？

（2）学生用背诵《弟子规》、展示录像等形式汇报家庭中要遵守的卫生、礼仪等规则。

（3）教师提升：播放《传统老家规》，看了这段视频，你们有什么感受？

（4）教师总结：遵守家庭规则可以帮助我们每个人养成良好的生活习惯，形成良好的家教。

3. 社会规则

（1）教师引导：走出我们的小家，来到社会这个大家庭，你找到规则了吗？

（2）学生用 PPT、调查日记、小品等形式汇报图书馆、旅游景点等的规则和交通规则、竞赛规则、法律规范等。

（3）教师提升：适时出示 PPT《老师发现的规则》《外国景点用中文写的提示语》。

（4）教师小结：通过同学们的调查、交流、汇报，我们发现规则都在哪里呢？规则在学校，在家庭，在社会。规则涉及了生活的方方面面，生活真

的是处处有规则。

设计意图：在汇报活动中，儿童有机会运用多种方法表达自己的感受、想法，展示自己的成果，分享交流，锻炼表达能力等。通过讨论和交流以及教师的补充和提升，学生对规则的理解由"特殊"认识发展到"一般"认识，真切地感受到生活离不开规则，感知规则的普遍存在。学生的自主性得到了充分发挥，使该课程成为学生主动参与的课程。

4. 学生汇报时，教师追问，总结出"看一看、问一问、查一查"等调查方法，提升学习实效

设计意图："授人以鱼不如授人以渔"。我们的课堂教学不只是教给学生知识，更要教给学生学习的方法。因此在本环节的设计上，重在教给学生初步学会搜集整理资料的方法，让学生能在今后的学习中触类旁通，找到更多的规则，学到更多的知识。

（四）情境设想，感悟规则

1. 课件出示场景

设想如果没有规则，会出现什么样的情况？感知社会生活离开了规则的可怕。

如果驾驶汽车时没有规则……

设计意图：借助设想，感受能否没有规则？用事实说话，让学生认识规则的作用。教材给了三幅插图，因上下楼梯、上公交车前面已有涉及，交通规则也是学生较为常见的规则，所以选取此幅图更具代表性。

2. 总结规则以及它的作用

规则看似在约束着我们，实际上它却让我们的生活更安全，更有序。

3. 出示《重庆万州公交车坠江事故》视频

（1）学生谈感受。引导发生事故的原因是什么？乘客、司机不守规则；车上乘客社会责任感缺失，没有及时阻拦，漠视的社会现状。

（2）情境设想。如果你是车上的一员，你在掉入河中一刻会想些什么？引导遵守规则的重要性以及作为社会一分子的应尽职责。

设计意图：根据学生接受程度以及近期新闻事件影响度选取了《重庆万州公交车坠江事故》打开话题，拓展每个角色所要遵守的规则，由此延伸出

规则的意义和重要性，遵守规则不仅是对自己负责，更是对别人的负责。只有人人都守规则，社会才会变成一个祥和、有序的幸福家园。

4. 你知道哪些因为不守规则而带来严重后果的事例？

设计意图：引入生活，用身边的事实说话，让学生认识到不守规则的事与人就在我们身边，认识到不守规则的可怕。

（五）总结延伸，坚守规则

1. 学生反思，有没有在明知有规则却违反规则的情况？以后会怎样做？

设计意图：从生活中来再回到生活中去，学有所思、学有所获。

2. 出示《中小学生守则》《一日常规》等规范，引导学生认识我国的一些基本法律，初步感知法律的准则。

设计意图：由学校到社会，由师长的批评到法律的惩戒，规则准绳不容践踏。

3. 实践活动作业，"遵守规则我最棒"任选一项完成，将规则内化，带入生活。

（1）以班级的名义向全校师生发出遵守规则的倡议。

（2）践行规则我行动，填写《"遵守规则我最棒"反馈表》，评选遵守规则小明星。

（3）成立宣传志愿小组，开展"好行为示范"活动。

设计意图：在真实生活中，运用各种形式激励学生将今天的道德认识外化为行为，从而体现教育从课堂到社会的迁移。

# 做个聪明的消费者

吴鑫云

## 案 例 呈 现

课间，一群同学聚在一起，兴奋地讨论着。走近听才知道原来这个周末是铭铭的生日，孩子们在一起一边商量生日会该怎么举行，一边畅想着自己生日想要点什么礼物。

有的说：我看过广告上介绍遥控玩具，我想要一辆遥控的玩具飞机，可以到广场上开飞机，多酷啊！

有的说：我想让爸爸妈妈带着我去吃汉堡和薯条，已经很久没吃了。我还想邀请同学们一起去，大家一起吃吃喝喝，多热闹啊！

有的说：我去小强家，看他有平板电脑，还有手机。我想要一个更高级点的平板电脑，这样我就可以用自己的电脑查资料学习了。

有的说：前几天我在商场看到了一件衣服，模特穿着非常漂亮，虽然价格特别贵，但是要是能穿上漂亮的衣服来上学，去操场玩，心里肯定会特别开心，我想让妈妈给我买一件！

随着经济的飞速发展，现代社会中面向儿童的商品可谓是琳琅满目，应有尽有，五花八门。从各式各样的学习用品，到五花八门的玩具，从千奇百怪的零食美味，到炫酷时尚的服饰，这些商品无时无刻不在吸引着孩子们的眼球，他们的消费需求也随之发生了很大的变化。

放学后，总是能看到同学们三五成群地挤进学校门口的商店里，有的挑选自己需要的学习用品，有的挑选新奇好玩的小玩具，有的吃着各种小零食，每个人似乎都是兴冲冲地进去，带着满足出来。可是孩子毕竟还是孩子，小学阶段的他们心智还不成熟，也缺乏一定的辨别是非的能力，购物消费时缺乏独立的判断能力，常常容易受到外界影响。他们有时仅仅会因为包装好看而选择商品，不管商品的质量如何；有时会是想和同伴攀比，满足自己的虚荣心；有时又会受到书籍、动画片、广告的影响，胡乱消费。孩子们或是拿着父母给的零花钱，或是伸手向家长要更多的钱，但是很少有人思考这些钱从哪里来，又应该怎样更合理地花。

另一方面，随着社会物质生活的丰富，人们的经济收入增加了，有的父母总是尽家庭最大可能给孩子提供最好的物质条件，认为这才是爱孩子；有的父母以各种物质奖励鼓励孩子的进步，认为这样更有效果；有的父母自己就是大手大脚，不懂节制，却不知孩子也浸在其中……所以，孩子们花钱就更加理直气壮，也就更加稀里糊涂，不明所以了。怎样才能让孩子们从自己的实际需要出发，树立合理的消费观念，养成节俭的消费习惯，做个聪明的消费者呢？

## 学 情 调 研

1. 儿童消费行为具有好奇性。儿童对身边的很多事物充满兴趣，但是由于缺乏生活常识和经验，体现在消费行为中的往往是对那些奇特的、没见过的东西，难免会产生"试一试""玩一玩"的心理。

2. 儿童消费行为具有直观性。一般而言，儿童对外界事物的认识还缺乏逻辑性，主要是由直观表象的刺激引起，从而他们进行消费时往往表现为对商品的外在包装更感兴趣。尤其是低年龄段的儿童，他们消费时更是很少注意商品的内在质量、生产厂家等信息，往往凭直觉购买。

3. 儿童消费行为具有模糊性。儿童的生活经验较少，生活范围局限，因此他们对商品的认识也是有限的。另外儿童的自我意识水平较低，对自己的活动、行为还不能很好地控制和调节，因此他们对自己、他人以及外界事物的认识往往以别人的想法为指导，本身缺乏独立的判断分析能力，消费行为上缺乏辨别和选择能力。

4. 儿童消费行为具有依赖性。儿童由于其自身自主意识和自立能力的欠

缺，有依靠父母或是家人的心理是很正常的，而且越是幼小的儿童，依赖心理越明显。

5. 儿童消费行为具有模仿性。儿童对自己的心理活动、行为的认识与调节能力都处于低级水平，在生活中常常会自觉、不自觉地模仿身边的人。表现在消费行为上就是缺乏独立的判断和分析能力，常常会因为别人的行为活动而决定自己的行为，而且年龄越小，消费行为的模仿性越强。

6. 儿童消费行为具有可塑性。儿童的自我意识尚未形成，对客观世界的认识还未成熟，还处于认识事物的学习阶段，这就使得其行为具有很强的可塑性。同时，儿童消费行为的好奇性、直观性、模糊性、依赖性、模仿性也决定了儿童消费行为的可塑性。

# 目 标 预 设

1. 引导学生学习消费知识，培养学生形成合理的消费观念。消费活动是儿童社会化的重要渠道，虽然生活中他们也有一些消费经验，但是处于小学阶段的学生直接进行的消费活动有限，还不具备辨识的能力，因此很有必要引导学生学习一些必备的购物知识和技巧，养成良好的购物习惯，做文明的消费者。认识到消费者要依法维护自己的合法权益，具有一定的维权意识。辨别合理与不合理的购物要求，学会合理比较、自我克制，树立正确的消费观。

2. 继承中华民族传统美德，培养学生勤俭节约的好习惯。随着经济的发展和人们物质生活水平的提高，社会上出现了一些严重的浪费现象，因此要引导学生反思自己的购物需求，培养学生合理比较、自我控制的能力，学会合理开支与消费，避免过度消费。引导学生了解浪费的危害，探究各种浪费行为背后的错误观念，渗透我国传统美德教育，养成勤俭节约的好习惯。

3. 共建合理健康的家校消费教育小环境。在实际生活中，小学生自己独立进行的消费活动有限，通常需要家长为自己购买想要的物品，所以家庭是学生形成正确消费观念的第一站，良好的家庭消费环境势必对学生行为产生正向引导。学校是教育的主阵地，学校教育中的消费教育更是会对学生产生重要的影响。家校合作，才能共同为孩子营造一个良好的、和谐的消费教育氛围。

# 策 略 实 施

针对儿童消费行为的特点和可能造成的负面影响，正确引导儿童进行合理的消费就十分重要。长期以来，家庭、学校和社会都为引导儿童消费做了大量的工作和努力，也取得了比较显著的成效，但是也有一些不足之处。作为未来社会经济活动的参与者，小学生的消费观念、消费方式和消费行为不仅关系到个人的成长，而且对其未来参与的社会生活会产生重要影响。

## 一、倡导良好的家庭教育方式

### （一）要建立健康的家庭消费环境

父母对儿童消费行为的影响起着主导作用。儿童是通过模仿父母的行为以及在与父母的交往互动中学习父母的观念和行为的。父母的消费行为会直接影响到孩子，所以父母除了要做好早期儿童消费引导工作外，更要为孩子树立良好的消费榜样。平时花钱大手大脚的父母，孩子必然受其影响。有的家庭经济条件较好，衣食无忧，大人们随意地给孩子零花钱，对孩子的零花钱没有规划和限制，这样下去孩子也必定是大手大脚地花钱。这些孩子有的是对钱没有概念，胡乱地花，等将来长大了，如果自己没有能力，难免又要回来啃老；有的是不断地通过消费进行炫耀，满足自己的虚荣心。荣誉感和满足感倒置，只是想通过消费获得满足，而不是通过自身努力获得荣誉，长期下去，可能导致学习成绩下降，失去进取的动力。

"由俭入奢易，由奢入俭难"，比起消费观，更重要的应该是培养一种节俭的品质。我们现在所说的节俭，已经不是困难年代的什么都不买，而应该是在消费的时候只买需要的而不买想要的，只有不断给自己灌输这种思维，孩子才会慢慢受到影响，未来也才会将父母的钱当成钱，而不是随意花出去的数字。同时科学合理地对家庭收入进行分配，在家庭消费承受能力的范围内，满足孩子合理的消费需求。

### （二）要构建良好的家庭沟通模式

有的权威型的父母，粗暴地制止孩子的不良行为，很少与孩子沟通和互动，最低限度地允许孩子参与消费。有的放任型父母，放纵孩子的消费行为，

例如允许孩子买任何他们喜欢吃的食物，对孩子的行为观念不管不问，这就很难帮助孩子发展自控能力，也不利于孩子形成正确的消费观念。父母在家庭中应多鼓励孩子说出自己的想法，多和孩子进行沟通和交流，这样当孩子面对不良消费行为时才能更好地理解和克制自己，并且较少地出现物质主义的倾向。

现在的儿童一般都有自己的零花钱，也就是说他们自己已经具备了一定的购买能力。所以父母在孩子儿童时期，不是一刀切地制止，更不能忽略这个问题，而应该更多地运用干预的策略对孩子的行为进行监管，帮助孩子理解广告宣传，判断是非，激发孩子的怀疑和批判能力，从而抵制不良消费行为。

（三）要具体规范儿童消费行为

每个孩子都有自己的特性，家长除了建立良性的家庭消费结构之外，还要根据自己孩子的特点和实际情况，对孩子的消费行为进行具体的规范。例如，引导儿童在消费之前对商品有足够了解，帮助儿童选购必需且适合的消费品，消除讲求"超前""互相攀比"的错误思维方式和在物质上对儿童百依百顺的消费行为等。

家庭是儿童的第一个学校，家庭教育是儿童的成长过程中非常重要的一部分，因此引导儿童合理的消费行为，家庭教育是第一站。

**二、开展重视消费教育的课堂**

学校是儿童教育的主阵地，儿童在进入学校后，他们在学习的过程中接受教育，获得文化科学知识，发展智力和才能。为此，学校应该重视消费教育，培养学生科学的消费观念和合理的消费行为。

（一）要进行有针对性的消费教育

对学生的教育，要在充分了解学生心理和行为之上。小学阶段的儿童虽然直接参与的消费活动不多，但是他们是有消费经验的。比如独自购买简单的生活用品和学习用品等，这就需要学校在消费教育中引导学生学习一些购物的技巧和知识，养成文明的购物行为。同时，小学生还有一些想要父母给自己买的物品，因为他们还不具备充足的辨别能力，难免会提出不合理的要求，这就需要学校在消费教育中引导学生反思自己的消费要求，学会自我克制。对花钱大手大脚的孩子，要教育他们珍惜父母的劳动，剔除坐享其成的思想，培养他们的社会责任感。针对学生中出现的严重浪费、奢侈消费、攀比消费和品牌消费的现象，要加强学生的勤俭节约教育和培养学生的节约意识，营造一个积极、健康的学习生活环境。

**（二）要联系生活进行消费教育**

学校的消费教育要结合儿童的年龄和心理特点，避免空洞的思想教育，更多地联系生活实际，从生活中对学生进行消费教育。让学生在对生活的感悟中自觉矫正错误的消费行为，形成科学合理的消费观念。把消费教育贯穿于学生的日常消费活动中，引导学生适度、健康、环保消费。

**（三）要进行培养能力的消费教育**

当前，儿童越来越多地参与到消费活动之中。学校附近的商店常有学生光顾；在家里，儿童会向家长提出各种各样的消费要求……在这些消费活动中，儿童既表现出较强的消费欲望，又因为缺乏生活经验和自我保护能力，不具备良好的判断能力，而容易成为消费中的弱势群体。因此，学校教育中要注重培养学生的维权意识和自我保护能力。

### 三、发挥社会环境的正向引导

儿童的消费行为会受到社会环境的影响，为了引导学生合理地消费，应当努力为儿童创造正向的社会环境。首先，净化学校周边环境。规范校园周边商店的销售产品，减少学生接触不健康食品、不合格用品的机会。其次，家庭、学校和社会联合教育，开展合理消费方面的活动和宣传，让孩子在大环境的浸染下懂得合理消费的重要。最后，要强化理论宣传。多渠道、多形式宣传少年儿童不良消费的原因及后果，大力倡导良性消费方式。

现代社会是消费型社会，如何合理消费应是现代人必备的生活技能，尤其在商品琳琅满目、各种营销手段层出不穷的时代，学习如何做聪明、理智的消费者尤为必要和紧迫。作为未来社会经济活动的参与者，小学生的消费观念、消费方式和消费行为不仅关系到个人的成长，而且对其未来参与的社会生活会产生重要影响。因此，家庭、学校、社会一起引导学生树立正确的消费观念，选择合理的消费方式以及养成勤俭节约的好习惯，帮助他们成长为聪明的消费者十分必要。

# 拓 展 延 伸

## 一、推荐阅读——《妈妈，钱是什么》

钱，在孩子的生活中扮演着重要的角色。那么，如何与孩子谈钱呢？如果没有读过《妈妈，钱是什么》，你大概想不到这世界上有那么多与钱有关的科普知识、历史趣闻、民间故事可以讲给孩子听。《妈妈，钱是什么》是一套与金钱有关的绘本，由英国格里·贝利著，英国迈克·菲利普斯绘。本书一共六册，分别是钱的故事、金子、贫穷和富有、零用钱、银行里的钱和购物。书中通过故事、漫画和图解的方式，告诉孩子钱的十八般变化、钱与快乐、奉献的人生关联，引导孩子懂钱，理智用钱，树立正确的金钱观。

## 二、学生综合实践活动

### （一）我的小金库

让孩子算一算自己每月的大致收入，比如父母或其他家人给的零花钱、节日的压岁钱和自己的劳动所得等。"我的小金库"可以是消费后的记录，也可以是消费前的计划。通过记录，让孩子明白钱花在了什么地方，哪些钱是必须花的，哪些地方可以节约开支，把钱花在关键处，适度消费。引导孩子根据自己的收入合理安排支出，培养孩子合理消费、勤俭节约的好习惯。

| 日期 | 收入项目 | 收入金额 | 支出项目 | 支出金额 | 余额 | 家长评价 |
|------|----------|----------|----------|----------|------|----------|
|      |          |          |          |          |      |          |
|      |          |          |          |          |      |          |
| 总计 |          |          |          |          |      |          |

### （二）列购物清单

为孩子布置购物"作业"，让孩子用自己"小金库"的钱采购生活必需品。购物前列出详细的购物清单，商讨哪些是必须购买的；购物过程中货比三家，仔细挑选，买到经济实惠的商品；购物后整理消费，记到账本上。当孩子完成购物"作业"之后，家长要及时和孩子交流分享得失，鼓励孩子在合理消费方面取得的进步。

**（三）去银行储蓄**

带着孩子的证件去银行办理储蓄，把孩子的零花钱存起来，让孩子自己填写单据，熟悉储蓄的过程，明白储蓄的意义。银行储蓄的卡或是存折可以让孩子自己保管，让孩子在参与的整个过程中懂得勤俭节约，不乱花钱，更要养成独立品格。

**三、学校德育拓展活动**

**（一）"勤俭节约，反对浪费"主题班会**

针对学生中存在的不良现象，通过视频和调查问卷来提倡同学们节约，反对浪费，并通过讲故事和小品表演等形式，反对不良的攀比，认识到父母挣钱不容易，要懂得珍惜父母的劳动成果。

**（二）献爱心活动**

献一片爱心，送一份温暖！我们不仅要教会孩子勤俭节约的正确消费观念，更要让他们明白自己可以承担的社会责任和义务。当学生懂得自己的捐赠会给别人带去帮助和温暖，他正确的消费行为就会变得更有价值。

**（三）跳蚤市场**

通过闲置物品的教育，培养学生不浪费、勤俭节约的好习惯。同时还能让学生在活动中学会多方面的消费知识和技巧。

# 典 型 课 例

**"合理消费"第一课时教学设计**

**一、教学目标**

1.懂得"想要"和"能要"的区别，能够反思和调整自己的购物要求。

2.初步树立理性消费、勤俭节约的意识。

3.学会克制自己不合理要求的基本方法。

**二、教学过程**

**（一）活动一：儿童节日许心愿**

设置情境：同学们，6月1日是我们儿童的节日，等到儿童节你想要什么

礼物？拿出你们的心愿卡，说说你的心愿吧！

学生发言交流。

师总结：我们的心愿真不少，有吃的、穿的、用的，还有精神消费的。

（二）活动二：集思广益辨心愿

1. 出示心愿卡

教师：老师这里也有几张心愿卡，我们一起看看这四位同学的心愿是什么？

A 同学：我想要一个名牌书包。前几天，我在商场看中了一个名牌书包。虽然价格昂贵，但非常漂亮。隔壁班有名同学就有这样一个书包，我也要买。虽然我已经有一个新书包了，但还是很想买这个名牌书包，背上它上学很有面子。

B 同学：我想要让父母带着我去吃炸鸡、汉堡和薯条，虽然我知道我的体重已经超标了，但是我好久没吃了，非常想吃。

C 同学：我想买一个平板电脑，不仅可以用来学习英语，而且休息的时候还可以玩游戏。

D 同学：我想让爸爸妈妈给我买一套《十万个为什么》，我非常喜欢读课外书，这套书不仅有趣，还能增长知识。

2. 小组讨论

要求：请同学们小组讨论四位同学的心愿，说一说：你觉得他们的父母会同意帮他们实现心愿吗？为什么？

3. 学生分组讨论交流——引导讨论角度

略。

4. 总结

每个同学都有自己的愿望，有很多"想要"的物品。但"想要"不等于"能要"。当我们提出一些要求时，父母会根据具体情况作出决定。因为每个家庭的经济条件都不一样，我们应该根据家庭的实际情况和自己的实际需求购买学习和生活必需品，避免不必要的浪费。

设计意图：引导学生在讨论的过程中明白自己的**要求**有些是合理的，有些是不合理的，要学会科学合理消费，体贴父母。

（三）活动三：分享经验学克制

同学们，当你们明明知道有些东西不应该要，但是心里真的特别想要，在这种情况下，你们怎么做才能忍住不那么想呢？

总结：通过合理比较、自我克制等方法，我们可以学会作出正确的购物选择。

（四）活动四：反思要求再许愿

再看看你的心愿卡，你觉得你的理由充足吗？有没有想改动的地方？

总结：希望大家能根据自己的实际需求进行选择，并能坚持下去。

## "合理消费"第二课时教学设计

### 一、教学目标

1. 认识合理消费的好处和过度消费的坏处。

2. 学会合理消费，养成勤俭节约的消费习惯。

3. 实践科学合理的消费观。

### 二、教学重难点

教学重点：学会合理消费，养成勤俭节约的生活习惯和生活方式。

教学难点：通过对比认识到合理消费的好处和过度消费的坏处。

### 三、教学过程

（一）活动一：识别不同消费方式的不同后果

1. 游戏激趣：同学们，上课之前，我来做一个小游戏，游戏的名字叫"接着说"。

游戏规则：每个人站起来说一句话，这句话必须和消费有关，里面要包含一个数字，比如第一个人说："我今天买了一个本。"第二个人说："我今天买了一个本，还买了两支笔。"像这样一直说下去，每一个人必须重复前面的物品，再加一个新买的物品，明白了吗？

（生做游戏）

师：同学们想象得可真丰富，这样买下去，我们的教室肯定要装不下了。最关键的是，我们口袋里的钱包肯定也要空啦！

2. 我们生活中常常会出现这样两类不同的消费方式：

（1）按实际需要采购日常用品，需要多少买多少，饮食适量，按需就餐，将余下的钱存入银行或投资理财……这些属于有计划的消费。

（2）像我们刚才做游戏那样，喜欢什么就买什么，不知节制，超过预算，

暴饮暴食，不知约束，不仅没有储蓄，还可能到处借钱……这样的消费属于过度消费。

3.孩子们，请你想象一下，这两类不同的消费方式结果会有什么不同。

| 合理消费的好处 | 过度消费的坏处 |
| --- | --- |
|  |  |
|  |  |
|  |  |

4.总结：合理的消费可以让我们养成良好的生活习惯，促进消费安全，避免浪费。过度消费，不利于青少年健康人格的形成，浪费资源。学会克制，根据实际需求，合理消费是拥有健康生活的重要条件。

设计意图：从游戏导入，激发学生兴趣。孩子们要买的也都是生活中的物品，不知不觉中让学生结合生活经验，比较不同消费方式的不同后果，认识到有计划消费的重要意义，初步建立正确的消费意识。

（二）活动二：借助古人智慧，学习传统美德

早在北宋时期，著名史学家司马光就说过"由俭入奢易，由奢入俭难"，意思是说从节俭变得奢侈容易，从奢侈转到节俭则很困难。告诉我们从小就要养成勤俭节约的好习惯。现在请你读一读41页阅读角的内容吧。

老师还带来一个北宋张知白克己节俭的故事，我们一起来看看吧！

读过这两个故事，谈谈你对"由奢入俭难"的体会。养成什么样的消费习惯才能避免这种情况的出现？

提倡节约，反对奢侈是我国的传统美德，凝结了人们的生活智慧。

设计意图：借助古人智慧，提升学生对合理消费的认知水平。

（三）活动三：学有所用，合理安排午餐计划

1.接下来让我们尝试制订一下关于春游的午餐开支计划

要求：学校组织春游，同学们需要自备午餐。请到超市里看看，了解一下食品价格，计划你的开支，安排一顿既经济又营养的午餐。

我的午餐计划表

① ×× 花费 ×× 元

② ×× 花费 ×× 元

③ ×× 花费 ×× 元

④ ×× 花费 ×× 元

⑤ ×× 花费 ×× 元

我这样安排的理由是：

我还想准备的食品是：

2. 交流评选

（1）与同学交流一下午餐计划表，看看大家都是怎样选择的，各自的理由是什么？

（2）从营养、花费、便利性等方面互相评一评，看谁的计划比较合理，并说说理由。也可以请同学给自己提出改进建议。

（3）我们要评选出最合理的购物方案、最有营养的购物方案、最具创意的购物方案。

3. 小结

合理开支并不意味着要一味省钱。我们既要精打细算、量入为出，又要把生活安排得井井有条、有滋有味。这才是最明智的做法。

设计意图：学有所用才能真正领会学习的意义。让学生通过午餐计划，进一步明确合理消费的重要性，让我们的知识指导生活。

（四）活动四：消费观念交锋中辩论明理

小小辩论赛：家庭条件好的朋友是否也要注意节约？

学生自由发言。

讨论：让我们再看看这两个同学又发生了什么事，方明和陈培放学后来到超市，他们之间因为是否买更贵的进口矿泉水产生了分歧。陈培认为父母辛苦劳动所得，都该注意节约合理消费，同样都是矿泉水，没必要买贵的。方明却认为父母劳动所得是自己家的钱，想怎么花就怎么花，不必节约。

你赞成谁的观点？请说说你的理由。

总结：当今社会，父母辛苦挣钱很不容易，无论家里经济条件如何，都应该养成合理消费、勤俭节约的好习惯，坚持科学合理的消费观，成为聪明的消费者。

设计意图：辩论明理，让学生在不同消费观念的交锋中更深刻地体会到，即使在经济能力允许的情况下，也要做到合理、有计划地消费，在生活中实践科学合理的消费观。

# 法治在我身边

朱 红

## 案 例 呈 现

案例一：2019 年，某中学两名学生因在校园玩篮球时，与其他同学发生碰撞，二人互不相让，造成言语和身体上的冲突。事后，王某觉得不解气，心怀怨恨，又纠集了一帮朋友，约李某某在校外某处见面。结果对方也带来很多朋友，双方气势汹汹，有几十人参与打斗。其中有些人甚至不知为何事而来，都是朋友的邀约。打斗过程中，有一男生被刀刺成重伤，有多人受到伤害。此起事件涉及几十人，而且大家几乎都互不相识，仅仅出于"义气"与"召唤"。

案例二：因上网成瘾，为筹集上网费用，5 名未成年少年竟疯狂盗窃电动车电池。这 5 名嫌疑少年被警方抓获，并当场缴获被盗电动车电池 19 块。经初步审查，5 名少年男子（13～16 岁，其中 4 名为在校学生）供认，自今年年初，上网成瘾，为筹集上网费用，有分有合，乘夜深人静，盗窃停放在路边的电动车车电池，卖给流动收废品人员或废品收购站。目前，这 5 名少年和涉嫌非法收购废旧物品的人员已依法受到处理。

案例三：某校六年级学生在学校里无视学校纪律，在学校称"大哥"，笼络很多同学为他服务，教唆低年级的同学从家里要钱给他交"保护费"，如果有不交的或者告诉家长的，就有可能受到"教育"。这种情况持续很长时间，很多同学敢怒不敢言，对于这样的问题也只有默默服从，后据调查，最多的孩子有从家里偷拿出几千元的情况。

可见，未成年人犯罪问题已成为不容忽视的现实问题。目前，我国处于社会转型时期，一些不良文化对青少年的健康成长也产生了一些不可忽视的负面影响，表现在青少年在法律知识方面的欠缺以及法律意识的淡薄。不仅青少年的犯罪率越来越高，而且犯罪年龄正在日趋低龄化。如不及时对这部分低龄犯罪群体加大法治教育力度，采取有效方法培养和增强其法律意识，将不利于和谐社会的建设。

## 学 情 调 研

小学生法治意识、法治观念不强。调查显示，小学生面对现实生活中的突发情况，往往在情理和法理之中犹豫不定，不能作出正确的价值判断和选择。比如在遇到陌生人冒充父母搭讪的时候，大部分小学生选择不予理睬默默避开，很少有学生从法律的角度出发，学会用法律的武器来保护自己。说明小学生法治观念还比较淡薄。在小学阶段，学生的自我意识逐渐觉醒且独立意识逐渐增强，身体上和心理上都发生了巨大变化。且随着行为习惯的养成，学生的世界观、人生观、价值观也在逐渐形成。中国青少年研究中心副主席张良驯展开关于未成年人违法犯罪的调查研究，主要调查的对象为未成年人管教所服役人员、青少年社区矫正人员以及普通中学生，其调查总数超过 6000 人。其调查结果表明：许多学生缺乏法律知识和法律意识。其中对未成年管教所服役人员的调查显示，有 65% 的未成年犯回应犯罪原因时选择了"无视法律"，有 64.7% 的未成年犯表示自己不知道其行为触犯了法律。

## 目 标 预 设

1. 对小学生普及法律常识，培养小学生作为合格公民的法治观念。着重普及宪法常识，养成守法意识和行为习惯，让学生感知生活中的法、身边的法，培育学生的国家观念、规则意识、诚信观念和遵纪守法的行为习惯。提高小学生自我保护能力和解决问题的能力，规范小学生行为，帮助小学生用法律武器维护自己的合法权益，有效预防小学生的违法犯罪行为。

2. 明确法治教育的重要作用，学习依法治国的理论和要求，学习国家的

宪法和法律，树立正确的社会主义法治观，在实践中不断增强遵纪守法的自觉性。培养小学生在法律知识、法律程序等方面的知识与技能，使其初步形成人权、民主、公平、正义、权利、义务等法治观念的教育。

3.加强学校的法治教育课程落实到位。加强道德与法治课主渠道的法治教育课，课程重心由"学科"向"生活"转变。指导学生参加校内法治教育知识讲座和参与校外法治教育活动，加大校内外的法治教育均衡发展，开展环境保护、交通安全、国防、爱国主义等法治专题教育。学校要加强学生心理健康教育，培养学生安全意识，预防校园欺凌和校园犯罪。

4.促进学科的多元整合，提升学生法律素养的培养。

# 策 略 实 施

## 一、把握教学目标，准确找到教学的出发点

《青少年法治教育大纲》中具体小学阶段的法治目标为：尊敬国旗、国徽，学唱国歌。为自己是中国人感到自豪。认识国家象征及标志。初步建立国家、国籍、公民概念。爱护花草树木和动物；爱护公物和别人的劳动成果，节约水、电、纸张等资源；为保护周围的环境做力所能及的事，有初步的生态意识。爱护动植物，节约资源，遵守环境保护规则。认识常见的安全和交通标志，遵守交通规则，注意安全。认识常见的交通标志和公安、消防、卫生等安全标志，知晓常用公共服务电话，遵守基本交通和消防安全规则。

统编《道德与法治》教材因循了"综合交叉，螺旋上升"的编写特点，同样的学习内容在不同主题（领域）、不同年级循环出现，但学习要求、难度逐步提高。这一设计特点要求教师在制定法治教育教学目标时，要考虑同一学习内容不同年级的目标梯度。以一年级上册第6课"校园的号令"为例，本课要求学生"了解校园生活的一般规则；熟悉与了解学校各种铃声（含升国旗和保健操）的含义和要求，以及相关基本礼仪"。本课教材在"升国旗了"这一栏目下，呈现了国旗、国徽、国歌，而在二年级上册第3课"欢欢喜喜迎国庆"中，这些国家象征及标志又再一次出现。这就需要教师很好地区分年级要求，精准定位教学目标。一年级上册教材的核心教育主题是"适

应新生活"，"校园的号令"一课通过帮助学生了解校园生活的规则回应本册主题，教学的重点应该落在"听到升国旗的号令，我们应该怎么做"这一行为规范养成上。因此，引导学生初步了解国旗、国徽、国歌这些国家象征，知道我国的国旗、国歌是什么，并尝试学唱国歌即可。而在二年级上册"欢欢喜喜迎国庆"一课，则要"了解这些国家象征的意义；了解国庆常识，尊敬国旗、国徽，学唱国歌；了解创造新中国的不易，热爱革命领袖；感受各行各业劳动者为建设自己的国家付出的努力，为自己是中国人感到自豪"。

为了更好地说明问题，我们将德育和法治教育进行目标比较。统编《道德与法治》教材一年级下册第 7 课"可爱的动物"一课，包含"我喜欢的动物""我和我的动物朋友""怎样才是真喜欢""别让自己受伤害"四个内容栏目。如果仅考虑德育目标，我们可以将教学目标确定为"爱护身边的动物，喜欢和动物交朋友；学会和动物相处的方法"。但是，为落实法治教育目标，我们还应该让学生了解"为了更好地保护动物，防止虐待动物，促进和谐社会的发展"，我国于 2016 年颁布了《中华人民共和国动物保护法》。学生对于其中的重要法条，如"如果伤害动物，将视情节处以不同金额罚款，如果虐待动物致死，将负一定的刑事责任"等应该进行简单了解；对保护法中"禁止出售、收购国家重点保护野生动物或者其产品"等与生活密切相关的内容，也应当作适当了解。

## 二、借助生活情境提升法律知识素养

道德与法治是一门综合性课程，活动教学是其深入生活的主要渠道之一。借助生活情境，教学活动才能更有现实性基础。法治教育过程强调小课堂联系大社会，在社会实践中培养真情，获得真知，并达到处理问题的真会。

注重养成孩子的规则意识，好的规则意识对小学生学习法治知识起到一定的促进作用。要想帮助学生树立良好的规则意识，就需要从学习和生活等各个方面出发积极引导孩子。因此，我们应该做的就是给学生们传授一些简单的规则，并不断地给他们强化，注重养成教育，久而久之，学生就会自觉地遵守规则，形成一定的规则意识。"没有规矩不成方圆"，小学正是培养良好的行为习惯、树立规则意识的黄金时期，所以，学校和家长都应当充分重

视小学阶段的法治教育，在孩子幼年时为其灌输规则意识，使得孩子能够养成良好的生活习惯。当学生进入小学阶段学习时，就能够自觉且严格遵守学校和社会的相关规定和制度。通过规则意识的树立和养成，帮助小学生树立法治观念和法治意识，使法治意识在小学生心中生根发芽。例如二年级上册"班级生活有规则"一课，在第一栏"班级生活放大镜"教学中，教师可以让孩子调查班级生活中不遵守规则的现象，然后，在第二栏"大家一起来约定"教学中，引导孩子一起制定班级规则。在"这些是大家的"一课教学中，教师可引导孩子通过调查记录，通过采访同学和老师，了解学校公物的使用和保护现状，明确爱护公物的规则，提出保护公物的办法。孩子们在真实情景中经历发现问题、分析问题、解决问题的过程，参与社会的意识与能力都得到很大提高，法治教育的信服度得到提升。因此，参观访问与社会调查法在法治教育过程中经常被用到。这样的参观访问与社会调查能让生活成为最好的教材，孩子们在真实情景中经历发现问题、分析问题、解决问题的过程，参与社会的意识与能力都得到很大提高，法治教育的信服度得到提升。

### 三、注重多样化的教学方法

法治教育更多采取实践式、体验式、参与式等教学方式，注重学生的参与、互动、思辨与创新形式，切实提高法治教育的质量和实效，灵活地运用讲授法、讨论法、谈话法、参观访问与社会调查法。对小学生来说，一些法律问题还难以理解和感悟，这就要求教师在向学生讲授法治知识的时候，学会运用方法和技巧。在这一方面，我们可以在法治教育中运用图片展示的方法让小学生更加容易理解和接受，其次通过角色扮演并邀请专业人士点评，让小学生在法治教育的实践活动中得到最真实的感受。根据调查显示，多数小学生喜欢通过张贴普法宣传画以及观看法治教育宣传影片的形式来获取法治教育知识，所以我们应该遵循学生的发展特点，开展学生喜欢的法治教育活动，以此来丰富法治教育活动。另外，我们应该重视法治教育基地的建设，使之有效提高学生学习法治知识的兴趣。学校应该结合当地实际，完善法治教育基地的建设，给学生创造更多参加法治教育实践的机会。除此之外，还要上好法治班会课，从学生的认知水平、学习兴趣、行为表现、关注热点等出发，应用讲故事、情景模拟、角色扮演、案例研讨、辩论辨析等手段，开展环境保护、交通安全、国防、爱国主义等法治专题教育。学校要加强学生心理健康教育，培养学生安全意识，预防校园欺凌和校园犯罪，强化校园管理，增强学生防护能力。将法律知识、心理学知识用有趣的方式让学生们接受，让学生遵守法律并学会用法律保护自己。可以利用校园广播站广播法治知识，进行法治宣传。学校应充分发挥新媒体的传播优势，加强法治网络教育。通过观看法治类电视节目、浏览法治新闻、阅览学校法治教育宣传栏，在学校公众号、微博、抖音、快手等新媒体平台上设置法治教育专栏，利用这些平台发布法治教育学习材料，激发学生尊法、学法、知法、守法、用法、护法的积极性。

## 四、建立起法治教育共同体

法治教育共同体的意义在于"搭建教学资源平台，提高教学资源的丰富性、针对性、系统性和服务性，为法治教育提供更好的实践机会"。学校应加强与家庭、社会的协作联动，构建三位一体的法治教育网络；还可以加强与当地政府法制办、宣传部、司法局等部门的沟通协调，划拨适当的依法治校工作经费，建立依法治校工作长效机制，着力提升法治教育质量。学校可以推进"法律进学校"工作，让法律知识与中小学课堂教学有机融合，确保法治教育真正走进教师的教案、走进课堂、走进学生头脑。建立中小学法治教育社会支持机制，寻求多方联动。首先，建立校外法治教育实践基地。各地可协同相关部门成立"青少年法治教育基地"，并将其作为学生法治教育课程实践的宝贵阵地。当然，需要指出的是，这些教育基地也需建立系统完善的法治宣传制度、法治教育机制，并成立未成年人心理咨询室。其次，建立法治宣传教育联动机制。一是坚持普法与"法律进校园"相融合。学校可与司法、公安、法院等相关部门建立良好的沟通机制，开展法庭进校园、各类法律知识竞赛、"绿色网上行"和廉政教育实践基地等活动。教育管理部门要会同工商、公安等部门，对学校周边环境进行清理整顿。同时，充分利用媒体加大校园法治文化的宣传报道，扩大社会影响。最后，建立学校与社区的合作机制，鼓励学生参与社学校管理与发展。

# 拓 展 延 伸

## 一、创设法治文化教育环境

法治教育与其说是课程，不如说是一种文化上的传递、熏染。学校要真正将法治的理念蕴含于学校的文化建设过程中，使"法治"成为校园文化建设的愿景和使命，成为推动学校发展的感召性力量。提高法治教育教学实效，学校要完善以学校章程为核心的现代学校制度，坚持依法治校、依法治教、依法办学。学校领导干部应带头学法、模范守法，抓好增强学生法治意识的关键环节，培养学校管理人员的法治思维。在全体教师的任职培训、岗位培训、继续教育中增加法治相关内容，不断增强其法治意识和法律素养。所以，学校应该减轻教师的工作压力，精简烦琐的工作任务，给教师更多的时间去关注学科之外的教育知识，大力宣传和开展法治教育活动，营造一个浓厚的法治教育环境，让教师们在这样的环境中受到潜移默化的影响，为提高教师的法治素养、转变对法治教育的态度提供机会。

## 二、加强家庭法治教育

提升家庭法治教育的针对性。通过访谈部分学生和家长了解到，在家里大部分家长和孩子们谈论的是学习上的问题，更多关注的是孩子在学校的表现，以及孩子每次考试的成绩和班级的名次，很少和孩子们谈论有关法治的问题。另外，家长学历是家庭法治教育的重要影响因素。在访谈的过程中发现家长的学历不同，对孩子法治教育的关注程度也不同，往往高学历家庭对子女法治教育的关注程度更高，这些家庭在关注子女学习成绩的基础上，更加注重子女的身心健康发展。督促家长多关注法治方面的教育问题，更加注重子女的身心健康发展，加强家庭培养法治人才的起点和合格公民的教育。学校应当借助家长会普及法治宣传，也可借助个别谈话的形式，针对性地引导家长重视法治教育。根据《中华人民共和国预防未成年人犯罪法》规定，不履行监护职责的父母或监护人，公安机关可依法对其进行训诫并责令其严加管教被监护人。这些规定，学校可以渗透给家长，结合校园案例，警醒家长注重孩子的法治教育，以身作则。

### 三、与法治教育相关的著作

包括《中小学社会主义法治教育丛书》《六五普法中小学法治教育读本》《中小学素质教育文化读本》《中小学法制教育指导纲要》《中小学法治教育》《中小学法制教育读本》和《小学生法制教育读本》等。这些书从不同程度和视角，强调小学生社会主义法治教育的重要性，强调要注重培养其爱国意识、公民意识、守法意识、权利义务意识以及自我保护意识，帮助小学生养成遵纪守法、维护法律的好习惯，培养正确的人生观、世界观和价值观，树立依法治国和公平正义的理念。

# 典 型 课 例

### "感受生活中的法律"第一课时教学设计

#### 一、教学目标

1. 情感态度与价值观目标：树立法治观念和法治意识，自觉遵守法律与道德。

2. 能力目标：能够正确认识法律的保护和规范作用，能够遵守法律和道德。

3. 知识目标：了解法律是什么，对法律的概念和法律后果有正确的认识，学会区别道德和法律，懂得道德与法律缺一不可，我们既要遵守法律，也要遵守道德。

#### 二、教学过程

（一）导入新课

我们常说"国有国法，家有家规，无规矩不成方圆"。那么，国法指的是什么呢？它和家规、规矩又有什么相同之处和不同之处呢？

（二）课堂活动

法律是什么？

1. 展示图片

（1）图一：学生乘坐大巴去秋游。

图二：爸爸妈妈带孩子到医院看病。

（2）思考：这些事情都和法律有关吗？可能跟哪些法律有关呢？

（3）过渡语：这些活动都要受法律的约束，也会受法律的保护。那么，法律究竟是什么呢？

（4）法律大家谈：法律是什么？请你根据你的理解，谈谈你对法律的认识。

（5）归纳1：

①法律保护我们的权利：财产权、受教育权。

②说一说：作为一名小学生，我们在家庭、学校和社会中有哪些权利呢？

（6）归纳2：

①法律规定了我们的义务：我要遵守交通法规，保护野生动物。

②说一说：作为一名小学生，我们在家庭、学校和社会中有哪些义务呢？

（7）总结：法律既保护了我们的权利，又规定了我们的义务。

2.法律与道德

（1）探究与分享：判断下列情景属于道德、法律还是纪律？违反的后果是什么？

①小伙子，能给老人让个座位吗？

②无故迟到、旷课，是违法校规的。

③无证驾驶，后悔呀！

（2）真知灼见：你认为违反法律的后果和违反学校纪律的后果是一样的吗？法律和道德、纪律有什么不同呢？

（3）播放视频：《成都法院公开审判毒品大案：三名主犯被判死刑》。

（4）罗列：违反法律的后果。

（5）比一比：法律、道德与纪律的区别。

（6）小提示：纪律、道德与法律规范着我们的行为。与纪律、道德不同，法律由国家制定和颁布，具有强制力和权威性。所有社会成员都要遵守法律，依法行使自己的权利，依法履行自己的义务。

（7）道德无用论：有人说，法律在规范人的行为方面已经发挥了非常大的作用，没有必要再强调道德了。你觉得道德有没有用呢？（辩论）

（8）女子买18件衣服旅游后退货，律师：无损可退。

讨论：你是如何看待这名女子的做法的？在法律约束的范围之外，我们应该怎么做？

（9）总结：道德与法律，是基本的社会规则。对社会而言，它们如同鸟之双翼、车之两轮，缺一不可。我们每一位公民，不仅要遵守法律，自觉守法，还应该要遵守社会道德，做一个有道德的人。

（10）小拓展：某些道德要求也是法律要求（孝敬老年人）。

3.生活时时处处有法律

（1）小组竞答：我们公民都会受到哪些法律的保护呢？我国有哪些法律呢？

（2）播放视频：《一生相伴 哪些法律在保护你？》。

（3）法律无时不在：我们每一个人，从出生到成长、上学、工作、结婚、生子，甚至到死亡，都受到法律的保护。

（4）法律无处不在：图片展示。

①工厂里：《中华人民共和国劳动法》。

②道路上：《中华人民共和国道路交通安全法》。

③超市内：《中华人民共和国消费者权益保护法》。

④学校中：《中华人民共和国义务教育法》。

（5）法律无处不在：我们无论在哪里，在怎样的场景当中，都有相关的法律在规范人们的行为，在约束我们的同时，也在保护着我们。

（6）小采访：请你采访一下家人或亲戚，了解他们的工作和生活都涉及哪些法律。

①我的姑姑是老师：《中华人民共和国教师法》。

②我的叔叔是军人：《中华人民共和国现役军官法》。

③我的妈妈在经营一家餐饮：《中华人民共和国食品安全法》。

（7）生活与法律：法律调整社会关系，保护合法权益，维护公共秩序。大到国家的政治生活，小到个人的家庭生活，时时都有法律的踪迹、处处都有法律的身影。

（8）学以致用：阅读下面的情景描述，把与情景对应的法律用线连起来。（课本第8页活动园）

4.刑法、民法、行政法

（1）认识我国的三大实体法：展示三大法律的图片。

（2）我当小判官：请你判断一下，嫌疑人王某的行为是一种什么样的行为，他触犯了什么法律？

（3）判断结果：目前，犯罪嫌疑人王某因涉嫌故意杀人罪已被刑事拘留，他触犯了《刑法》。

（4）解释：什么是刑法？

（5）七嘴八舌：你知道哪些行为是犯罪吗？请你说一说你知道的犯罪行为都有哪些？

（6）阅读角：课本第6页。

（7）餐饮公司侵犯杨颖肖像权，被判赔100万元并道歉：你知道该商家的行为触犯了哪部法律吗？

（8）解释：民法是什么？

（9）相关链接：课本第6页。

讨论：你见过合同吗？你知道合同有什么用吗？我们在什么情况下应该签订合同呢？

（10）不少农民工没签劳动合同维权难。

（11）律师提醒：劳动者谨记要和用人单位签订劳动合同，签订劳动合同是劳动者保护自己最好的法律武器。

（12）说一说、看一看：生活中的合同。

（13）温馨提示：现在社会中，用到合同的地方越来越多，签订合同能够方便我们依法维权、保障我们的合法权益。

（14）解释：什么是行政法？

5.课堂小结

在法律的大家庭里，这些不同的法律调整不同领域的社会关系，发挥不同的功能。它们规范着人们的行为，保障着社会的生产、生活秩序，让我们的生活更加稳定有序，更加和谐美好。

## "感受生活中的法律"第二课时教学设计

### 一、教学目标

1. 情感态度与价值观目标：树立法律意识，依法行事，依法维权。

2. 能力目标：能够运用法律武器依法维权。

3. 知识目标：了解法律的作用，在生活中学会依法行使，依法维权。

### 二、教学过程

（一）导入新课

生活小镜头：假如你是小郑，你可以怎么做？你的依据是什么？

导入语：法律与我们的日常生活息息相关，要想生活得更好，就需要法律为我们提供保障。那么，在日常生活中，你感受到了法律的作用了吗？法律都有着怎样的作用呢？

（二）新课

1. 法律的作用

（1）讨论：

①你是如何看待这名运动员的做法的？这样做对其他参赛选手来说公平吗？

②运动员的做法违规吗？面对这样的事情，我们能怎么办？

（2）总结：比赛不能缺少规则，只有制定全面合理的规则，才能保证比赛的公平，才能避免同类事情的再次发生。而社会生活更离不开规则，缺乏规则的社会只能导致混乱。

（3）小见解：没有语言，人和人就无法顺畅地沟通；没有规则，人和人便无法正常地交往。游戏和比赛如果没有规则，就无法正常进行。社会交往如果没有法律，又会怎样呢？

（4）视频：《高铁霸座女最新消息：被罚 200 元》。

（5）深度思考：

①如果没有法律，这个霸座的女子可能会有多少种结局？

②假如生活中没有法律，会出现怎样的情况？

（6）图片展示：如果没有法律，我们的生活将会……

（7）视频：《法治让生活更美好》。

（8）法律作用大讨论：你在日常生活中感受到法律的作用了吗？你认为

法律有什么作用？

（9）法律作用我发现：学生回答，教师总结归纳。

（10）法律作用大：

①法律如同指南针，为我们设定了行为准则，告诉我们行为的方向。

②法律保障我们可以选择自己的生活。

③法律督促我们积极承担起对他人、社会和国家的责任。

④法律如同尺子，衡量我们行为的对错。合法的行为受到保护，违法的行为受到制裁。当正义和冲突发生时，国家行政、司法机关依据法律，作出公正的处理。

a. 阅读角：《管子》。

b. 具体解决纠纷的案例展示。

c. 总结：法律如同尺子，帮助我们衡量对错，解决纠纷。

2. 学会依法维权

（1）各抒己见：

①你认同他们的观点吗？为什么？

②如果爸爸就职的公司拖欠爸爸工资，你认为爸爸应该怎么办？

（2）小讨论：当我们的合法权益受到侵害时，我们应该怎么办呢？

（3）视频：《法律力量大 维权得靠它》。

（4）小提示，勿忘记：法律如同武器，是保护我们的坚强盾牌。当我们的合法权益遭受侵害时，要善于运用法律武器，依法维护自己的权利。

（5）试一试：请你说一说，如果遇到以下情况，你该怎么办？

①华华因为违反校规校纪，要被学校开除华华。

②铭铭在超市购买了一盒巧克力，到家后发现该巧克力已过期。

③慧慧到书店看书，离开时，店家怀疑她偷拿了图书，要求搜查慧慧的书包。

（6）相关链接：法律援助。

（7）展示当地法律援助机关的地点、联系方式等。

（8）法律故事会：让我们一起来开展一次"法律故事会"，讲一讲自己知道的或经历过的与法律有关的故事，说说它带给我们什么样的启示。

（三）课堂小结

法律作为社会生活中的基本规则，为我们设定了行为准则，提供了外部保障，维护着我们的正常生活。人人依法享有权利，人人依法履行义务，在法律的指引和保护下，个人和家庭快乐、幸福，社会与国家公正、和谐。

# 传统文化点亮心灯

崔英杰

## 案 例 呈 现

案例一：中国传统文化价值日益升华，其教育作用引人关注，聚焦传统文化的综艺节目渐成"潮流"。由中央电视台推出的电视节目《中国诗词大会》走进大众视野。以"赏中华诗词、寻文化基因、品生活之美"为宗旨，节目加大对青少年群体的设计力度，邀请小诗词爱好者们共同参与诗词知识比拼，在守正创新中凝聚精神力量。节目以诗词立德树人，抓住青少年价值观形成和确定的关键时期，引导青少年"扣好人生第一粒扣子"；节目用诗意鼓舞士气、振奋精神、滋养心灵，激发新时代青少年拼搏奋斗的精气神。类似节目还有《中国汉字听写大会》《我是中国好少年》《歌声的翅膀》《中国成语大会》《中国谜语大会》《龙的传人》等。儿童文化类节目不断升温，呈现低龄化特点，被浸润了文化底色的少儿节目成为市场"爆款"。

案例二：博大精深的传统文化以丰富多彩的活动形式给予学生全新体验。以中国传统节日为契机的校内外活动一触即发：北京的小朋友们在教师的带领下，通过中国传统皮影艺术了解关于中秋节的故事；山东省的小同学们跟随农村世代相传的手工艺面制品传承人学习制作手工馒头，感悟中华优秀传统文化的魅力；云南的同学们将《三字经》的韵律融入哈尼族传统体育项目——竹竿舞，课后大家一边游戏一边背熟《三字经》。以家风家训为主题的浸润童心活动在各地推而广之：浙江一社区开展"听爷爷奶奶讲家风"活动，在家长的陪伴下，小朋友依次参与制作家风主题剪纸，为社区好人点赞等活动；河南某社区开展主题暑期活动，让家长与孩子共同学习好家风，感受好家训。活动中，孩子可以了解家风文化，体会家风文化，增强践行社会主义核心价值观的自觉性。

传承和弘扬中华民族传统文化的思想意识在中华大地越发觉醒。小学生传统文化教育与多学科教育的融合也日益成为社会关注热点。

然而，当代小学生对传统文化的认识并不清晰，兴趣也比较淡薄。他们简单认为，传统文化等同于古诗词、文言文，只要背会了古诗词、文言文，就是学习和传承了传统文化，认知浮于表面，习得无趣。因此，在落实立德树人根本任务的过程中，传统文化教育仍存在一定缺失现象。

案例三：露从今夜白，月是故乡明。何须浅碧深红色，自是花中第一流。数风流人物还看今朝……请从以上诗句中选择两到三句，谈谈你的感受。这是某年高考作文题目的要求。面对以诗歌、文言文出示的中、高考作文题，有些同学捉襟见肘，不能领悟其中深意；一些小朋友同学错把小乌龟当作十二生肖的一员；日常就餐，鲜见孩子提前拿碗筷，父母长辈不上桌，孩子早已自由开动。"对饮食，勿拣择"，"或饮食，或坐走；长者先，幼者后"的传统就餐礼仪，几近无存。青少年作为未来中国发展的主力军，担负实现中华民族伟大复兴的重任，以传统文化点亮心灯，引导孩子过有文化品质的生活，传承和弘扬中华传统文化势必从小学阶段抓起。

原因分析：

小学生对传统文化认识的缺失现象不乏存在，其原因是多方面的：一是外来多元文化的冲击迫使传统文化被忽视。经济社会飞速发展，信息交流交融便捷，外来文化对小学生的影响甚大。肯德基、麦当劳、必胜客等快餐文化侵入小学生市场；反之，传统饮食如炸酱面、月饼、饺子、粽子等在小学生心里却缺乏应有认知，其背后所引申出的传统文化未能引发学生关注。二是家庭教育中，传统文化教育意识不坚定。现在社会普遍流行速成教育，家长培养孩子讲究实用主义，只看重当下利益、现实利益，没有从长远角度认识传统文化对孩子个人成长、发展的重要性，轻视文化教育；家庭环境缺乏文化氛围的熏陶，严重忽视学生养成教育的培养。三是学校传统文化教育内容刻板、形式单一无新意。小学阶段，大多学校开展的传统文化教育为经典诵读、孝道文化，对传统节日、传统历法、国画国乐、民俗劳动、园林建筑

这些被打上深深烙印的优秀传统文化教育很少；传统文化教育理念认识不到位，内容或简单直白或晦涩难懂，系统性、整体性不足，教学设计缺乏新意，形式缺少感染力。

# 学 情 调 研

1. 个性独特鲜明，学习兴趣不浓。青少年具有与新时代与时俱进的新特点，他们个性鲜明，思维活跃，人格独立，求知欲和可塑性强，渴望追求新事物。而中国传统文化的内容和途径多为引经据典，与现代学生距离较远，脱离学生生活。加之传统文化本身比较抽象，学生能够获得的中华传统文化教育多为知识性教育，因此传统文化教育于学生而言缺乏吸引力，学生学习兴趣不浓，学习动机不足。

2. 认知水平有限，辨别能力不足。小学阶段，学生处于从生物学意义上的人向社会学意义上的人转变的关键时期，是树立正确世界观、人生观、价值观的奠基期。在此阶段，学生具有先天的学习潜能和童年生活经历相互作用所积累的经验。但在这个阶段，学生认知能力有限，心智发育还不够成熟，思维发展水平、领悟能力和价值判断水平都处于建构期，对于事物的了解多来源于直观感受。面对的文化有外来的和本土的，有进步的和落后的，有积极的和消极的，各种各样。学生不能客观且深刻地认知，需要有意识地引导并汲取中华优秀传统文化的内在力量，以此形成认同，指导学生将生活经验由感性层面转变为理性层面，落实为行动层面。规范身行，养成良好行为习惯和个性品质，践行社会主义核心价值观。

3. 客观环境优良，忽视发展需要。当代的小学生成长在改革开放取得伟大成就的优良环境中，经济社会飞速发展带来了前所未有的经济价值，大到国家富强，小到家家小康，物质财富的丰盈、生活水平的提高，使我们的生活从满足人民日益增长的物质文化需要转化为对美好生活的追求。但作为家长还没有完全从关注物质转变成关注人的发展。家长多功利化，忽视文化对孩子成长的重要影响。孩子们沉溺于富足生活的享乐之中，也忘却了自己作为新时代主人，作为未来国家的主力军所应有的诗和远方。物质的丰厚绝不等同于精神的给养，实现中华民族伟大复兴的中国梦呼唤青少年要具备深厚的文化基因，这样的少年才能有发现美的眼睛，才能有创造美的心灵，才能有实现美的行动。

# 目 标 预 设

中华传统文化教育是当前需要关注的重要教育主题，道德与法治学科将中华优秀传统文化汇编于贴近学生生活的不同主题当中，有效拉近学生与传统文化之间的距离，使学生受到中华优秀传统文化的滋养，启迪心智，蒙以养正，培育学生对中华优秀传统文化的亲切感，提高学生对中华优秀传统文化的感受力，凝聚学生对中华优秀传统文化的认同感，增强学生对中华优秀传统文化的自豪感，从而落实学生文化素养的提升，激发学生的爱国情感。

1.通过传统文化主题学习，使学生了解本地区的民风、民俗和文化活动，体会其中所蕴含的传统美德、美好祝愿以及多样情感。关注民风、民俗变化，学会理性对待民风、民俗的演变，能够识别不良的社会风气，不参与迷信活动，淘汰不符合时代发展需要的民风、民俗，培育学生热爱家乡、热爱生活、亲近自然的情感，鼓励学生做优秀家风的践行者和宣传者，传承优秀精神文化。

2.我国是有几千年历史的文明古国，汉字、古代科技、民间艺术等都熔铸着祖先的智慧和灵感，具有深厚的文化底蕴，承载着中华民族的传统文化。学生在学习传统文化后，掌握一定的历史常识，了解中华民族对世界文明的重大贡献，从而珍爱我国的文化遗产，能够帮助学生建立民族文化认同，培养学生民族自信心、自豪感和对祖国文化遗产的珍爱之情。

3.中华优秀传统文化蕴含着丰富的道德理念和规范。传统文化主题学习，旨在着力培养学生在学习过程中增强"天下兴亡、匹夫有责"的担当意识，树立"精忠报国、振兴中华"的爱国情怀，形成"孝悌忠信、礼义廉耻"的荣辱观念，构成"崇德向善，见贤思齐"的社会风尚，学生能够自觉传承发展中华优秀传统文化，继承和弘扬"自强不息、敬业乐群、扶危济困、见义勇为、孝老爱亲"等中华传统美德。

4.加强对青少年学生的中华优秀传统文化教育，就是要进一步落实爱国

主义精神教育、家国情怀教育、社会关爱教育和人格修养教育，从而完善青少年学生的道德品质，培育理想人格，提升政治素养。

# 策 略 实 施

中华优秀传统文化教育是小学道德与法治学科需要承担的一项重要任务。针对上述现象，若想更好地完成这一任务，我们需改善和加深优秀传统文化在青少年心中的地位，将中华优秀传统文化根植于小学生纯真的心灵。因此，提升传统文化教育的实效性，急需传统文化教育适应时代要求，实现现代转型。

## 一、基于学生生活转变教育目标

将小学道德与法治学科的教育目标定位为提升儿童文化素养的教育。过去的传统文化教育意图更多是规范和矫正学生的品行，学生只能服从和被动接受传统文化教育。由于社会的飞速发展，衍生为学生身心具有独立性、独特性、未来性的特点，传统文化无法适应学生多样化的真实生活。例如，在教学一年级上册第10课"吃饭有讲究"时，教材中有一幅画面是通过"妈妈为我夹菜"体会家人的关爱。但有同学就会提出疑问，现在我们倡导分餐制，即使两个人同时用餐也建议大家使用公筷，这样可以有效预防疾病传播，更健康，更卫生。此时，教师就不能局限于教学目标的设定，而应该从实际出发，对学生的表达给予肯定，尊重学生思维多元化。小学生传统文化教育并非知识化教育，而是文化精神的涵养教育。传统文化教育不能以知识的机械记忆为主要目的，而要侧重传统文化对于学生现实生活的整体性影响。我们要在学生可感知的具体生活中渗透传统文化教育，拉近传统文化与学生的距离，并且让传统文化教育对学生生活产生积极影响。在四年级下册第10课"我们当地的风俗"一课的教学中，我们就是引发学生在回忆、分享那些伴随他们成长的风俗中，体会中华民族"尊老爱幼"的传统美德。同时，重视传统文化的内在精神教育，将传统文化教育内在精神对学生潜移默化的陶冶程度作为评价传统文化教育成效的标准。

## 二、依据学生生活优化教学内容

让经典育人"润物细无声"。小学阶段是学生心灵最清澈的时候，也是学生价值观萌生的关键时期。通过诵读中国优秀传统文化经典作品，让孩子们感受汉语言的魅力，培养学生对文学的兴趣爱好，引领学生了解和学习中国传统文化知识，汲取中华民族优秀精神的丰富营养，为学生形成良好的价值观奠定坚实的基础，让传统文化浸润学生的心灵。如学习三年级上册"父母多爱我"时，教师利用经典，使经典从古跨今，走近学生身边，走进学生心田，把中国传统文化经典中有关孝的内容穿插其中，"长者立，幼勿坐，长者坐，命乃座"等，将经典典藏于学生的言行举止之中。

传统文化教育的内容既要传承经典又要兼顾适切。小学阶段的传统文化教育考虑儿童的年龄特征、是非对错的辨别能力，我们在开展中华传统文化教育时要侧重积极内容的教育，以消极内容为辅。挖掘关于"个人修养""家国情怀"和"社会责任"等方面相关的中华传统文化中的文化元素，形成促进学生成长的正能量。当然，传统文化在批判和修正中传承，不回避传统文化中的消极内容，合理而有效地引导学生探究消极内容，有助于培养学生的反思和批判精神，助力中国传统文化与现代文化对接。比如，在四年级下册第10课"我们当地的风俗"中，教材不仅引导学生体会中国传统风俗中"尊老爱幼"的做法，而且还引导学生反思中国传统风俗中不文明的做法。

在传承经典的同时，我们还要结合实际，重视时事新闻，夯实学生文化根基。小学道德与法治课教学应当顺应时代的脚步，结合时事政治的内容，尝试从某一现象出发，组织学生谈论、分析，分享感受，发表看法。教师作为引导者应科学指引学生站在传统文化的立场上去分析与体会，在充分开阔学生眼界的基础上，慢慢培养学生思考问题的能力、解决问题的能力等，继而促进其综合能力的全面提升。把知识点有机地和生活融为一体，在深度剖析热门话题的基础上，帮助学生树立起正确的人生观、价值观与世界观，继而继承与弘扬"尊老爱幼"的传统美德。不仅如此，在深度剖析时事新闻的基础上，可以得出与之相匹配的结论和具体的改进做法，显然这正是学生夯实文化根基的关键手段。

### 三、对接学生活动创新教学策略

从学生感兴趣的事件或者经验出发。首先，在涉及中华传统文化教育的相关主题时，教材编写者和实施者都需要努力拉近中华传统文化与儿童的距离，设身处地地站在儿童的立场上选择教育的切入点。比如，在讲中国人"尊老爱幼"的传统美德时，我们就可以从涉及儿童因素的风俗切入，如"报喜"的风俗、"十二生肖"的风俗、老人"过寿"的风俗等。在回忆、感知这些风俗的同时，引导学生体会风俗背后蕴含的长辈对晚辈，或者晚辈对长辈的美好祝愿。从儿童的生活出发，不仅有利于拉近传统文化与儿童生活的距离，也有利于提升传统文化教育的实效性。只有在具体的生活场景中，儿童才能理解传统文化，感受传统文化的内在精神。

对接课堂教学和学生生活中富有童趣的传统文化活动。一方面，我们要努力发掘中华传统文化中儿童感兴趣的、积极健康的、且不存在安全隐患的活动和游戏。比如，春节中的剪窗花和制作中国结等，元宵节中的做灯笼和猜字谜等，清明节中的制作风筝和放风筝等，端午节中的拔河和制作香囊等活动。另一方面，要积极建构传统文化可能蕴含的儿童因素的活动。比如，我国很多传统文化都与饮食有关，可以开展有关传统饮食文化的活动。在春季的相关节日里，教师可以带着学生观察、采摘、品尝野菜等。在秋季的相关节日里，教师可以带着学生采摘、品尝瓜果等。当然，教师也可以结合本地区的特色和文化传统，积极探索其他包含儿童因素的活动，通过这些活动实现中华优秀传统文化与儿童生活、儿童经验和儿童兴趣的有效对接，提升中华优秀传统文化教学的实效性。

### 四、丰富传统文化教育实践路径

发挥社会大课堂在传统文化教育中的重要作用。学生文化素养的提升，不仅需要在课堂中学习，还需要教师以生活为基础，开展合适的课外实践活动。有些知识通过课堂无法让学生完全理解，为了使学生能够在真正意义上提高文化素养和文化水平，教师可以相应地开展合适的课外实践活动，让学生有参与感。在实践中，教师要渗透一些浅显易懂的优秀传统文化，让每个学生都真正参与到其中，利用道德与法治的观念来解决生活中存在的问题。

做到真正地让学生得到锻炼，让学生能够学以致用，进一步提高学生对传统文化的理解与掌握，体会传统文化的真谛，增强学习的动力。

众所周知，民族文化多姿多彩，而将其生活化的资源渗透其中是势在必行的。充分利用活动基地的优质资源，挖掘民俗文化，增强民族自信，对学生开展体验式教学，将学生带入实际环境，体验所处环境中的民俗民风。例如北京顺义区河北村，作为优质资源单位，每年承接学生接待工作，基地设有各种民俗工具，学生不仅能够观赏，更可以上手体验，感受使用民俗劳作工具收获成果所带来的喜悦之情，从而感受中国人民的聪明才智，体会传统文化带来的乐趣。利用生活资源，让孩子尝试自己过一次节日，作好节日准备。动动手，动动脑，开展"我们的节日"主题实践活动，学习制作月饼、包粽子、包饺子等过程，自己动手做一做，在体验的过程中了解食物背后的中国传统文化。

**五、增强家庭教育的积极作用**

在开展教学活动期间，教师还应全面调动家庭教育与之紧密配合，帮助学生创设良好的家庭学习氛围。教师可以适当选取较为适宜的主题开展家庭互动教学活动，这样可以使教学突破时间和空间的局限，提高学生的学习兴趣，丰富教学形式。日常教学中，教师可以有意识地预设亲子活动，让孩子给家长发出邀请函。通过学生感兴趣的话题吸引他们的眼球，提高学生的学习兴趣，将主题学习落实到学生的家庭生活中，在此基础上指引其大胆表达自己的看法，从而进一步提高教学效率，增强学生学习的有效性。在学习"我们的风俗"这节课时，教师就可以为学生布置课前调查作业，通过亲子互动完成调查，充分发挥学生的主体能动性，为其进一步深入学习打开思路。

落实网络渗透，活络家校联系，促进传统文化教育深入发展。在学校教育的基础上，家庭和社会同样作为学生成长的重要环境，对小学生的传统文化教育起重要作用。通过网络深入家庭，使家长与教师交流便捷，促进教学资源共享。例如，我们开展传统文化教育线上主题班会，可以使家长与学生同时参与学习，使亲子有更亲切的互动，从而使学生能够在家庭、学校、社会中都接受良好的传统文化教育。

# 拓 展 延 伸

为了落实道德与法治学科的实践性和综合性，将优秀传统文化教育的生活意义和教育意义有机地融合在一起，让学生得到更好的发展，我们需在结合学科学习与学生身心发展特点的基础上，开发拓展延伸学习，让传统文化教育越走越宽，越走越深。通过沟通各种教育资源，调动学生的主动性和创造性，拓宽学生思维，实现全面提高学生传统文化素养的目标。

### 一、开展"红领巾小书虫"经典诵读活动

吟诵经典，畅享古今，培养学生良好的阅读习惯和阅读兴趣，开阔视野，增长知识，发展智力，活跃思维，陶冶情操，传承并弘扬中华优秀文化，传承中华美德，促进学校文化发展。

### 二、开展"戏曲进校园"活动

艺术团的演员们为全体师生表演经典戏曲选段，为同学们献上精彩纷呈的视听盛宴。演员们还给同学们介绍戏曲小知识，邀请学生尝试表演。通过这种文化互动和传播的形式，给学生打开了一扇亲近传统艺术的大门。普及戏曲文化，有助于学生树立正确的价值信仰，感受国粹艺术，迸发艺术情怀。

### 三、开展"悠游山海关，探寻文化根"研学实践活动

山海关长城博物馆，位于山海关城内，天下第一关脚下，是我国三大长城博物馆之一。鼓励家长带孩子走近山海关，走进山海关长城博物馆，给孩子们与历史面对面的机会。通过研学，深切感受长城文化的悠久与光辉，增强学生的民族自豪感、民族自尊心与民族自信心，激发学生的爱国热情。

### 四、晒晒你的"城市记忆"

通过收集、整理所在城市的资料，了解城市的风土人情，民俗特产，独特记忆，追溯城市的起源，体会日新月异的发展，选取最能象征这座城市的内容，绘制出城市记忆图。通过这个活动，让孩子主动了解家乡风貌，感受

民风民俗，加深孩子对家乡的认识，帮助孩子树立主人翁意识，培育孩子浓烈的家乡情，提高孩子的社会责任感和对于家乡建设的参与度。

### 五、搜集身边的传统文化，体验传统文化活动的魅力

鼓励、启发学生从"好玩的传统文化"和"神奇的传统文化"两方面搜集，发现身边的传统文化，并且积极参与其中，感受传统文化的乐趣和魅力。例如，中国传统文化之"传统节日"，以春节为例，可以引导学生研究"年""钱""福"字的演变，并用喜欢的方式表达出来。还可以举办春节专题活动，请同学们原创几条新年祝福语，搜集不少于三副春联，并为家里手写一副春联。又如，中国传统文化之"扎染"，中国传统文化之"中华美食"，中国传统文化之"神奇的中草药"，等等。在了解的同时参与实践活动，让学生在感受中华传统文化博大精深的同时，也能用传统文化知识解决生活实际问题，引领学生能够身体力行地发扬和传承中华传统文化。

## 典 型 课 例

**"弘扬优秀家风"第一课时教学设计**

**一、教学目标**

1. 了解我国不同历史时期的家风，知道优秀家风蕴含的中华传统美德。

2. 懂得优秀家风对个人成长和社会良好风气形成的作用。

**二、教学重点**

帮助学生体会优秀家风蕴含的中华传统美德，从思想上树立起学习和传承家风的自觉意识。

**三、教学难点**

实践中引导学生真正做到学习并践行家风。

**四、教学准备**

教师课前制作课件、搜集资料，学生课前采访家里的长辈，了解家里的家风。

**五、教学方法**

启发式、自主学习法、讨论交流法。

**六、课时安排**

2 课时。

**七、教学过程**

**第一课时**

（一）激趣引入

1. 视频播放岳飞《精忠报国》的故事引入。

2. 教师：在岳飞的成长过程中，有一个人扮演了非常重要的角色，就是岳飞的母亲。正是家庭的影响，让岳飞成为一名正直、勇敢、为国奉献的人。家庭中的正能量多么重要啊！今天我们就来学习第 3 课"弘扬良好家风"。

3. 揭示课题：第 3 课"弘扬良好家风"。

设计意图：引经据典，故事导入，引导学生走近主题。

（二）新知探究

活动：探寻优秀家风。

1. 家风及其表现

（1）学生说一说什么是家风？它的表现形式有哪些？

①学生在小组内交流。

②全班交流。

（2）小结

家风是一个家庭或家族世代相传的风尚，是长期生活实践中不断形成的家庭文化。它主要表现为家族代代恪守的家训家规。一个词、一句话、一个故事、一段记忆，都是家风的表现形式。

设计意图：通过小组交流、讨论，对家风有形象的认知，从而为探索优秀家风奠定基础。

2. 古代优秀家规家训

（1）教师导入

中国是一个文明古国，自古以来，就有许多家族重视家风的传承。将全班同学分为三个大组，每一个大组学习一个组的内容，看看这些家训讲了什么，又学到了什么。

（2）学生汇报交流

①涵养德行——《朱子家训》

黎明即起，洒扫庭院，要内外整洁。既昏便息，关锁门户，必亲自检点。——养成良好的生活习惯，讲卫生。

一粥一饭，当思来处不易；半丝半缕，恒念物力维艰。——养成勤俭节约的美德，不铺张浪费。

②修身立志——诸葛亮《诫子书》

俭以养德，静以修身。——我们要养成节俭的美德，不铺张浪费。

非淡泊无以明志，非宁静无以致远。——一个人须恬淡寡欲方可有明确的志向，须寂寞清静才能达到深远的境界。

③百年革命家国情怀

书中列举的是一些仁人志士写给亲人们的家书，从这些家书中我们读出了他们热爱祖国、报效祖国的家国情怀。

（3）拓展：学生选择印象最深刻的家规家训摘抄在书上

宜未雨而绸缪，毋临渴而掘井。

自奉必须俭约，宴客切勿流连。

器具质而洁，瓦缶胜金玉；饮食约而精，园蔬逾珍馐。

居身务期质朴，教子要有义方。

与肩挑贸易，毋占便宜；见贫苦亲邻，须加温恤。

（4）小结

在培育良好家风方面，先辈们为我们做出了榜样，让我们学习先辈，传承良好家风。

设计意图：传统文化当中蕴含着含蓄且优良的家风，介绍古代优秀家规家训，欣赏家书，能够启发学生以史为鉴，古今对比，形成潜移默化的影响。对自己的行为产生思考，感受优良家风的传承性。

3. 用行动诠释最美家风

（1）阅读材料——《用行动诠释最美家风》

用行动诠释最美家风

从事出租车行业18年的倪冬梅，热心公益，乐于帮助别人。她连续多年和车队队员参加"爱心送考"活动，免费接送生病的老人，慰问生活困难的居民等。她觉得，自己能够一直坚持做公益离不开家人的鼓励与支持。她说："我们这一大家子都非常齐心，一家人相互扶持、相互理解，家和，就是最美的家风。我做对的事、好的事，我相信是对我女儿最好的引导。"

（2）思考：你觉得你们家的家风是什么？你们家有哪些行动诠释了最美家风？

①先独立思考，再在小组内交流。

②全班交流。

（3）小结

优秀家风中蕴含着中华民族的传统美德，需要我们继续去传承和发扬。让我们用行动诠释最美家风。

设计意图：通过现代社会身边事例帮助学生进一步梳理优秀家风的具体表现，为学生树立生活榜样。

4.家风访谈

（1）师："天下之本在家。"优秀家风中蕴含的尊老爱幼、勤俭持家、知书达礼、邻里团结、遵纪守法等中华民族传统美德，已铭记在我们的心中，融入我们的血脉里，成为中华民族生生不息的重要精神力量。通过你们的调查访问，你们家的家风是怎样的呢？

| 访谈人 | 访谈对象 | 家风 |
| --- | --- | --- |
|  |  |  |
|  |  |  |
|  |  |  |

（2）先在小组内交流你的访谈结果。

（3）全班交流。

（4）根据全班交流情况，完成：从访谈中，我发现优秀家风中蕴含的中华民族优秀传统美德有：＿＿＿＿＿＿。

（5）小结：优秀家风包括仁爱宽厚、乐于助人、尊老爱幼、勤俭持家、知书达礼、孝敬父母、邻里团结、遵纪守法、言而有信、热爱祖国等，归纳起来主要是"修身""齐家"和"治国"三个方面的内容。

设计意图：实践访谈活动，拉近优秀家风与学生日常生活的距离；通过访谈，使学生清晰自己的家风，让学生产生家风自信。

5. 家风传承

（1）听故事——《爸爸，让我做您的大树！》

### 爸爸，让我做您的大树！

一个90后的坚强女孩高荣，用柔弱的肩膀撑起了苦难的家。2011年，父亲遭遇车祸，几乎成了植物人。19岁的高荣没有气馁，毅然承担起照顾父亲的重任。在父亲怕连累她而放弃治疗时，她坚定地告诉父亲："以前您是我的大树，现在我要成为您的一棵大树，为您遮风挡雨！"她用无怨无悔、日日夜夜的守护表达了对父亲的爱，她用无微不至、全心全意的照料诠释了中华民族自古就有的"百善孝为先"的内涵。

（2）说一说：这个故事里传承了哪些优美家风？

（3）小结

一个19岁的女孩，毅然照顾一个植物人的父亲，要做父亲的大树。其孝心，其坚定的毅力，其不服输的勇气，以及她对家的责任都是值得我们学习和传承的。

设计意图：通过小故事，引导学生发现优秀家风中蕴含着的中华传统美德，激发学生弘扬优秀家风的精神。

（三）总结

家庭就像社会中的细胞，每一个小家的幸福共同构建起一个和谐的社会。每一个家庭的优秀家风，汇聚成中华民族的家风。无论时代如何变化，优秀家风都是国家发展、民族进步与社会和谐的基础。

（四）拓展延伸

在班上开展一次"最美家风故事"的评比活动。

设计意图：课堂教学只是主题教学的缩影，通过拓展延伸，激发学生探究优秀家风的兴趣，从而进一步丰富学生关于优秀家风的认知，将优秀家风内化于学生心灵，启发学生自觉学习和传承优秀家风。

### "弘扬优秀家风"第二课时教学设计

**一、教学目标**

1. 懂得优秀家风对个人成长和社会良好风气形成的作用。

2. 知道从自身做起，从小事做起，传承和弘扬优秀家风。

**二、教学重点**

帮助学生体会优秀家风蕴含着的中华传统美德，从思想上树立起学习和传承家风的自觉意识。

**三、教学难点**

从小事做起，传承和弘扬优秀家风。

**四、教学准备**

教师课前制作课件、搜集资料，学生课前收集自己家的家风故事。

**五、教学方法**

启发式、自主学习法、讨论交流法。

**六、课时安排**

2课时。

**七、教学过程**

（一）激趣引入

1. 故事：《三代为医 为国奉献》

教师讲述关于钟南山院士祖孙三代为医、传承"硬核"好家风、为国家作出贡献的故事。

2. 在这个故事里，你听到了哪些优秀家风？

3. 教师导入

在这个故事里，记者采访钟南山院士，问到钟家祖孙三代从医，至今不变的是什么？"我想，最大的不变，是对病人担起责任，对医学科研的不懈追求！"钟南山院士这样回答。从这句话里，我们不但读出了钟南山对于医学的执着和热爱，也读出了他受父亲影响以及他对儿子的教育，他们祖孙三代就是在以行动展示最好的家风传承。是啊，我们要把这一个个优秀的家风传承和发扬下去。今天，我们将继续学习优秀家风。

4.揭示课题：第3课"弘扬优秀家风"

设计意图：通过《三代为医　为国奉献》的故事，强化学生的爱国意识，增强学生的民族自豪感，从中体会家风的重要作用，继而充分发挥主观能动性，理解每个家庭都能够培育好优秀家风，对社会有积极影响。

（二）新知探究

活动：优秀家风代代传。

1.讲家风故事

（1）听家风故事

①在我家，当天的事情当天做，不能拖拉。

②在我家，不能说谎，要求做人要诚实。

③我家的家风是助人为乐。我爸爸常帮助别人解决问题。"帮助别人，快乐自己"是他的口头禅。在爸爸的影响下，我和哥哥也养成了助人为乐的好习惯。

④在我家，吃饭后要有礼貌地跟家人说："我吃好了。"

⑤在我家，出门时要有礼貌地跟家人说明去向，不让家人担心。

（2）讲家风故事

①以小组为单位，像上面这样讲一讲你们家的家风故事。

②推荐小组内最具代表性的家风故事，在全班交流。

（3）说感受

在与同伴分享你们家的家风过程中，你受到了哪些启发？

（4）小结

优秀家风是一种无形的力量、一种无言的教育、一部无字的典籍，它潜移默化地影响着我们的心灵，塑造着我们的人格。优秀家风意蕴深远，是凝聚情感、涵养德行、砥砺成才的人生信条。

设计意图：学生分享自己的家风故事更具有说服力，言语间蕴含着强烈的自豪感。通过这种方式，学生不但对优秀家风有更加深层次的理解，同时也强化了民族自豪感。

2.做优秀家风的宣传使者

（1）师：家风是社会风气的重要组成部分，优秀家风能引领良好的社

会风气。家风好，就能家道兴盛、和顺美满。优秀家风体现在我们的行为规范中，了解家风、学习家风，才能更好地传承家风。你有传承家风的好方法吗？说说看。

①学生交流传承家风的好方法。

②教师将学生交流出来的方法进行整理。

（2）师：传承优秀家风的方法有很多，可以开展优秀家风演讲，制作优秀家风宣传展板、优秀家风传承手抄报，网络传递家书等。

（3）议一议：有人说："时代发展了，电话、视频聊天等很普遍，写家书就落伍了。"你同意吗？说说自己的理由。

（4）小结：传承和弘扬优秀家风，要从小事做起，从自身做起。每个人都可以成为优秀家风的传播者。我们通过家风，向社会传递正能量，形成引领良好社会风气的家庭文明新风尚。

设计意图：这一环节旨在通过活动引领学生懂得，家风是社会风气的重要组成部分，优秀家风能引领良好的社会风气。鼓励学生传承优秀家风，帮助学生丰富情感、涵养德行、砥砺成才。

（三）拓展延伸

在班上开展一次"最美家风演讲"比赛。

设计意图：学生搜集资料、准备演讲的过程即是对优秀家风弘扬、传承的过程。

（四）总结

小家汇大家，每个小家的家风好了，整个社会的风气也就正了。为了形成一个风清气正的社会，让我们从小事做起，从点滴做起，做优秀家风的小小传承人。

教育从来都不是孤立无援的，通过社会创设良好的文化氛围，学校义不容辞地发挥主阵地作用。家庭积极配合，多方凝聚，助力传统文化教育的向阳发展。学生在认识传统文化、感知传统文化、领悟传统文化方面发生质的变化，进而不断迈进有品质有文化的生活。

# 厚植家国情怀

孙　英

## 案　例　呈　现

在庆祝伟大祖国 70 华诞的庆典演出中，同学们用歌舞、诗朗诵、话剧等形式热烈庆祝中华人民共和国成立 70 周年，尤其是在最后一个节目——全校师生共同挥舞小五星红旗，深情高唱《我和我的祖国》时，校园内洋溢着浓浓的爱国热情。同学们尽情抒发着对祖国的无比热爱和依恋之情，唱出中国人的自豪与骄傲。庆典结束了，二年级一班的一个女孩儿小心翼翼地把小五星红旗卷好，认真地装进自己的书包里。她对身边的同学说："你也把小国旗装好，带回家吧！"身边的小男孩儿不以为然，嘟着嘴说："节目都演完了，留着这个还有什么用？才一块钱买的，不要了！"说着就要扔进垃圾袋。小女孩赶紧拦住了他，一脸严肃地说："不能扔不能扔！这个是国旗，不是钱的事儿。老师说过，国旗象征着祖国，我们不能把祖国给扔了呀！"听着小女孩儿的话，小男孩儿恍然大悟，赶快把小国旗叠好装进书包。两个孩子商量着，可以把小国旗插在家门口，家里肯定特别漂亮；也可以插在自己的书桌上，多好看呀！

国旗是祖国的象征。小女孩儿虽然年纪小，但是懂得国旗的意义。《中华人民共和国国旗法》规定，不得随意丢弃、践踏国旗。我们在外出或是参加活动需要购买小国旗的时候，一定要好好保管，合理且有尊严地使用。不乱丢国旗，不损坏国旗，如果见到随意损害国旗的人和事，要主动上前制止教育，用自己的行动来保护国旗，热爱国旗和捍卫祖国的尊严。小国旗使用完后可以带回家妥善保管，壮美的国旗可以成为家中美丽的风景。尊重国旗就

是爱国，妥善保管小国旗就是爱国。

每次出游，在饱览祖国大好河山的同时，也会碰到令人心痛的情景。去年暑假，我们一家去董家口长城玩儿，领略古长城的魅力。由于景区还没有完全开发成型，管理还不够规范，这里的长城明显比较破旧和荒凉。正当我们在城墙上漫步时，一对年轻的父母带着一个六七岁的男孩儿迎面走了过来。小男孩儿好像很喜欢城墙上的青砖，嚷嚷着要拆下来带回家。父母不仅不阻止，竟然真的去晃动青砖，试图拆下一块儿来。多次晃动无效后，很气愤地说了一句脏话。小男孩儿没有得到青砖，很不高兴，开始大声哭。这时候，孩子妈妈好像想到了好主意，两眼放光地说："宝贝，让爸爸把你的名字刻在砖上吧，这样这块砖就是你的了！"孩子听了使劲儿点头。于是爸爸拿出一把水果刀，在城墙的青砖上一画一画刻下小男孩儿的名字。我发现，居然不少青砖上都有类似划痕！瞬间感到长城在哭泣！

长城是我国古代劳动人民智慧和汗水的结晶，有许许多多珍贵的文物古迹，是我国优秀的文化遗产。有些人在古迹上刻字或者进行其他形式的损坏，不仅破坏了文物，而且玷污了中华文化。尤其是家长应该给孩子做好正面榜样，而不是进行负面教育。爱护文物古迹就是爱国，珍视并传承中华文化就是爱国。

# 学 情 调 研

通过调研发现，现在的小学生爱国主义情感有所淡化，以自我为中心意识较强，缺乏国家意识，觉得爱国离自己较远，口号喊得响，但是不懂得为什么爱国，什么行为是爱国，怎样去爱国。

## 一、爱国主义思想淡薄

作为小学生来说，限于他们对"祖国"的感受和理解，他们的爱国情感表现是十分具体和贴近生活的。他们对祖国的历史不了解，缺乏对祖国的认知，没有形成国家意识。不知道自己和祖国的关系，祖国的强大对自己有什么影响。对祖国取得的伟大成就漠不关心，对哪些是爱国主义的具体行为不清楚。比如：升旗时，很多学生不知道立正敬礼，或敬礼不规范、不严肃；唱国歌时，不好意思张口，声音很小；在班级里也是利己思想严重，做值日时偷懒逃跑；违反校纪影响班级荣誉，等等。这些行为都表现出部分小学生对国家集体意识的淡薄，不知道做好简单的小事就是爱国爱集体的道理。

## 二、以自我为中心意识较强

我国自实行计划生育政策以来，独生子女越来越多，他们享受长辈的过分保护、娇宠溺爱，很多孩子认为长辈给他们做的一切都是理所应当的，形成了"唯我独尊、唯我独好"的心理。我国多数家长的教育理念，多聚焦于孩子的物质条件与智力发展，相对忽视其精神需求与思想道德品质。有些家长处理问题处处以自我为出发点，这就为孩子造成了负面影响。孩子上学以后，学校教育与家庭、社会教育间存在脱离，很容易引起学生的信仰冲突与困惑。父母的行为有时与学校倡导的德育理念相悖，这便在潜移默化中降低了学校教育的正面功效。

# 目 标 预 设

1. 了解我国的传统文化节日，知道节日的意义，增强民族自豪感。

2. 了解家乡的风景名胜、主要物产等有关知识，感受家乡的发展变化，感恩家乡的养育之情。

3. 了解对家乡发展有贡献、有影响的人物，激发对家乡的热爱之情。

4. 热爱革命领袖，了解英雄模范人物的光荣事迹。

5. 尊敬国旗、国徽，学唱国歌，为自己是中国人感到自豪。

6. 初步了解有关祖国的知识，树立国家意识。

（1）知道我国的地理位置、领土面积、海陆疆域、行政区域。知道台湾是我国不可分割的一部分，祖国的领土神圣不可侵犯。

（2）知道我国是一个统一的多民族国家，各民族共同创造了中华民族的历史和文化。了解中华民族对世界文明的重大贡献。珍爱我国的文化遗产。

（3）了解我国不同地区自然环境的差异，知道理解这些差异对人们的生

产和生活方式的影响。

（4）知道我国是一个地域辽阔、有着许多名山大川和名胜古迹的国家，体验热爱国土的情感。

7. 知道近代我国遭受过列强的侵略，了解中华民族的抗争史。敬仰民族英雄和革命先辈，树立奋发图强的爱国志向。

8. 知道中国共产党的成立，知道新中国成立和改革开放以来取得的成就，加深对社会主义祖国和中国共产党的热爱之情。

# 策 略 实 施

在现阶段，社会主义核心价值观的倡导与教育是学校德育的重要指导思想，小学道德与法治课程是学校实施德育教育的主渠道。家国情怀教育要引导学生践行爱国、敬业、诚信、友善的价值准则，把社会主义核心价值观融入学校思政课程体系之中，将个体道德与社会理念、国家精神进行有机融合。

## 一、精研课标，在目标设定中育情

家国情怀具有丰富的内涵，在小学道德与法治教学中，培养学生的家国情怀，需要以具体的知识为载体，让学生通过学习"在家尽孝、为国尽忠"等一系列内容，了解小学道德与法治课程所隐含的情感。教学目标是教师根据课程要求所预计实现的效果，是所有教学活动的出发点和落脚点。培养小学生的爱国情怀，需要制定精准的教学目标。教师要从新课程改革拟定的"能够""理解""知道"等不同词汇中选择合适的目标来促进学生的发展。以教学"不甘屈辱，奋勇抗争"这节课为例，制定的教学目标包括以下几点：

（1）引导学生了解世界列强对近代中国造成的巨大伤害。

（2）知道中华儿女面对世界列强的侵犯不屈不挠、英勇战斗的精神。

（3）知道"落后就要挨打"的基本道理。

根据以上教学目标的指引，我在教学中带领学生全面梳理了近代以来中华儿女不断抗争、争取国家独立发展的过程，和学生一起搜集了资料。由于学生充分参与到这部分教学中，他们深刻感受到当时中国有志之士的爱国行为，了解到在近代史上中国工人阶级发挥了巨大的作用与力量，发挥了不妥协的反帝反封建精神。他们高举科学与民主的旗帜，敢于战斗，勇往直前。学生在学习过程中深刻感受到了一种社会使命感，形成了维护国家权益的责任感。

### 二、创设情境，在身临其境中感悟

道德与法治课程的一个显著特点就是活动性。教师可根据学情和教学目标，以教材为依托，创设各种活动情境。孩子们在活动中有所体验和感悟，促进其道德情感的共鸣和道德行为的养成，从而有效提升学生的学习积极性，增强师生互动，激发每一个孩子的情感共鸣。如：在教学"家乡物产养育我"一课时，把桌椅摆成一个个摊位，让学生以小组为单位，扮成卖货的小商贩，布置独具特色的摊位，教室俨然成了一个热闹的集贸市场。在各小组向大家介绍本摊位的物产环节，同学们或展示实物，或出示图片，或播放视频，自豪地介绍物产的名称、产地、相关故事及人物、制作工艺、营养或历史文化价值，等等，"小商贩"们的介绍博得了全体师生的热烈掌声。在这样的情境中，学生们发自内心地喜爱家乡的物产，以自己的家乡为荣，感悟到身为秦皇岛人的自豪，从而激发出强烈的热爱家乡之情。

### 三、以爱育爱，在传递情感中塑魂

《道德与法治》是一本充满"爱"的教材，教师要把爱祖国爱家乡的种子播撒到学生的心中，点亮学生的心灵，那么我们自己就要饱含满腔的家国之情，在课堂上传递给学生们。

在教学"我爱家乡的山和水"一课时，我用自己的真情去感染学生，用感人的话语、传情的眼神等激发学生的道德情感，点燃学生的爱祖国爱家乡热情。在本节课中，我始终带着对家乡秦皇岛的热爱之情引导激发学生，每当听到孩子们的汇报回答，我都是发自内心地给予感情提升，如当学生汇报"家乡秦皇岛有天堂之城的美誉"时，我给予评价："我们能生活在天堂之城多么幸福啊！"有学生在介绍完"秦皇求仙入海处"时，我也满怀感情地回应："你的讲解仿佛把我们带回了2000多年前的秦朝，我们的家乡不仅景色优美还承载着悠久的历史。"这样，孩子们的回答激起了我的内心澎湃，而我

把对家乡的满腔热爱之情也传递给了学生们，点燃了孩子们的爱家乡之情。

### 四、树立榜样，在道德引领中内化

小学阶段的学生年龄比较小，他们对于外界事物的认知程度较低，非常容易受到外界人、事、物的影响，产生好或坏的行为。小学道德与法治教学中，教师需要重视榜样对学生健康成长的积极作用。我在讲解"心中有榜样"这一课的内容时，为学生们介绍了一个道德榜样——雷锋。雷锋"出差一千里，好事做了一火车""义务劳动""模范班长"等光荣事迹，展现了雷锋牺牲自我、舍己为人的高尚道德品质，进而让学生感受到家国情怀并非只是课本中的虚拟事物，而是具体、实际的，生活中出现的任何一件小事情都有可能蕴含浓浓的家国情怀。我组织开展"道德小模范"评比，将他们的优秀事迹设置专栏，鼓励学生向他们学习，引导学生在向榜样学习的过程中树立正确的家国情怀意识。通过树立道德榜样，学生从其身上感受到浓浓的家国情怀以及道德情操。学生在向榜样学习过程中，其家国情怀也会逐渐得到提升，内化为自己的优秀品质。

### 五、共学文化，在传承中坚定自信

我国历史源远流长，留下了博大精深的优秀文化成果，这些成果是先人留给我们的宝贵财富，应该得到弘扬与传承，以此激发学生保护中华优秀成果的信心，培养他们的爱国情怀。在教学"屹立在世界的东方"一课时，我和学生们共同学习介绍了中华优秀成果，在此过程中向学生渗透爱国主义精神。我在教学中，将《诗经》、楚辞、汉赋、唐诗等文学成就介绍给学生，使学生开阔了视野。我选取每个朝代中具有代表性的爱国主义文学作品介绍给学生，和学生一起欣赏这些作品。学生们赞叹古圣先贤们的优秀作品，赞叹中华儿女的智慧勤劳，感受到作为华夏子孙的自豪，从而坚定了文化自信，激发了爱国之情。

### 六、注重实践，在行动中强化爱国

小学生是未来社会的主人，要培养他们的爱国情怀，需要让他们积极参与到具体的爱国实践和现实活动中去。所以教师要经常组织各种各样的实践活动，加强学生的参与感，使他们感受到社会责任感，主动意识到参与社会建设的重要价值。比如我在讲授"我参与  我奉献"这部分内容时，为学生组织了实践活动。首先，我让学生在课堂上讨论应该如何建设一个更好的社会、更好的国家。学生根据自己的感想纷纷畅所欲言，提出了各种各样的想法。之后，我又为学生安排了实践活动，让他们走出教室，在校园中组织爱心捐赠活动，所有的活动方案、活动设计都由学生完成。经过实践活动，学生们收获颇丰。最后我和他们一起将所获得的爱心物资捐给了山区，学生们感受到了自己的作用。我告诉他们这也是学生们自己热爱集体、热爱社会和热爱国家的具体表现。通过此次实践活动，学生们充分意识到爱国并不能仅仅停留在口号上，还要付出实际行动。

# 拓 展 延 伸

## 一、开展"小档案"系列活动

低年级"温馨家庭小档案"、中年级"魅力家乡小档案"、高年级"伟大祖国小档案"，学生通过各种渠道搜集家人、家乡、祖国各方面的资料，以手抄报、绘本等形式向同学们介绍，并予以展览，供大家交流学习。这三个阶段的小档案可以分为几个层面，每次一个层面、多个层面组合起来形成一个主题系列。学生们在搜集、讲解、参观的过程中更加深入地了解家庭、认识家乡、感知祖国，对自己所生长的地方产生深深的眷恋，爱国爱家的感情会愈加深厚。

这项活动目的在于加强学生对家、对乡、对国的认知。认知是一切情感的基础，有了正确全面的认知，才会激发出学生的内在需求和情感。认知越准确全面，情感激发越有效。

## 二、组织"20年后的我"座谈会

作为一名中国公民，对祖国是有义务和责任的。我们要从小热爱祖国，热爱家乡，学好本领，将来长大以后要全心全意建设祖国，回报社会。我们以此为切入点，引导学生设想一下20年后的自己是什么样子，在从事什么职

业，为祖国、为家乡、为人民作出了哪些贡献。同学们畅所欲言，兴高采烈地讲述着美好的明天，用自己浓浓的家国情怀去实现梦想，去报效伟大祖国。

这项活动目的在于激发学生的内在情感需求。通过让学生设想 20 年后的自己，进行理想信念教育，把个人理想和国家目标结合在一起，引导学生心中有他人，心中有集体，心中有祖国。

### 三、开展"讲给祖国妈妈的悄悄话"活动

低年级学生可以说几句话，中年级可以说一段话，高年级可以演讲。通过对祖国妈妈说说悄悄话，赞美祖国地大物博山河壮丽，赞美祖国建设取得的巨大成就，赞美我们的科技发展日新月异，赞美勤劳智慧的中国人民……在一句句情真意切的话语中，抒发自己的真情实感，表达浓浓的爱国之情。

这项活动目的在于激发学生的情感共鸣。学生们对祖国的了解或多或少，对祖国的感情也是或浓或淡。在这样的活动中，让学生大胆表达，勇于抒发真实情感，在己说、他说、大家说的过程中，互相启发，互相感染，情感共鸣由此达成。

### 四、开展"道德储蓄卡"活动

学校精心设计活动表，学生每天为他人或集体做一件事并记录下来，请父母或老师在记录表上签字。学校定期核实，评比出"道德小模范"，在学生间树立榜样。

这项活动的目的在于引导学生道德践行。爱国爱家爱他人不是一句口号，而要实实在在地去做。在日积月累的行动中，学生逐渐把"要我做"变为"我要做""我乐做"，形成乐于为他人、为集体做事的好习惯，优秀品质逐渐养成，家国情怀也自然而然地扎根心中。

## 典 型 课 例

#### "欢欢喜喜庆国庆"教学设计

教材分析：本课依据《义务教育品德与社会课程标准（2011 年版）》"负

责任、有爱心地生活"中的第 12 条"尊敬国旗、国徽，学唱国歌。为自己是中国人感到自豪"而编写。本课旨在培养儿童的国家意识、爱国情感，为学生树立正确的世界观、人生观、价值观打下基础。

学情分析：爱国主义教育比较抽象，它与学生的日常生活和认知水平有一定的距离。因而，对二年级的学生来说，爱祖国、爱人民很容易成为空洞的口号。如何让爱祖国、爱人民转化为实实在在的日常生活中的行为，需要我们思考。教学设计可以通过具体的学习活动展开，如认认国旗、找找国徽、学学升旗礼仪等具体活动。我们要引导学生理解国家的尊严，理解国家象征的神圣，以此体现我们对祖国的热爱，并让学生懂得爱国要从实际行动做起，比如：升国旗时行注目礼，少先队员敬队礼；保持严肃，不随意讲话，身体不随意扭动；唱国歌时要精神，声音洪亮，等等。

**一、教学目标**

1. 理解国庆节的含义和由来，明白新中国来之不易，感恩与崇敬先烈，激发爱国情怀。

2. 懂得国旗、国徽、国歌是国家的象征，依法尊重、爱护国旗和国徽，会唱国歌。

3. 初步建立国家意识。

**二、教学重点**

1. 理解国庆节的含义和由来，明白新中国来之不易，感恩与崇敬先烈，激发爱国情怀。

2. 懂得国旗、国徽、国歌是国家的象征，依法尊重、爱护国旗和国徽，会唱国歌。

**三、教学难点**

初步建立国家意识。

**四、教学过程**

（一）激趣导入

1. 师：孩子们，我们先一起来看一段视频（中华人民共和国成立 70 周年阅兵式视频）。

师：你知道这是什么时候的情景吗？（国庆节）对，这段视频出自 2019

年国庆节的大阅兵，全国上下举国欢庆，一起庆祝中华人民共和国成立 70 周年。（板书：欢欢喜喜庆国庆。）

2. 国庆节是哪一天？

设计意图：以"国庆节阅兵式"视频导入，激发孩子们的兴趣，感受国庆节盛大的场面和祖国的强大，初步激发孩子们的爱国之情。

（二）教学活动

1. 活动一：理解国庆节的含义和由来

（1）10 月 1 日是国庆节，也被我们亲切地称为祖国的生日，为什么把 10 月 1 日称为国庆节呢？（孩子们自由回答。）

（2）出示开国大典老照片，初识盛况

大家看看这张照片，知道这是什么时候吗？正在讲话的人是谁？（毛主席）读出幻灯片上的文字。

（3）播放《开国大典》视频，重温盛况

在视频中你们看到了什么？感受了什么？

师：1949 年 10 月 1 日，中华人民共和国宣告成立，这是一个令所有中国人激动不已的时刻，中国人民从此站起来了！此后，每年的 10 月 1 日被定为我国的国庆日，也叫国庆节。

（4）你知道今年是第几个国庆节吗？

设计意图：通过看开国大典时的老照片和视频资料，引导孩子了解历史，体会那激动人心的时刻，激发"为自己是中国人感到自豪"的情感，同时也深刻理解国庆节的含义和由来。

2. 活动二：感恩崇敬革命先烈

师：孩子们，我们的祖国已经度过了 71 个生日，在中国共产党的领导下，祖国日益强大，我们过着和平幸福的生活。

（1）出示国旗，引导学生理解国旗的象征意义

①五颗星代表什么？②为什么是红色的？

小结：是的，无数革命先烈用他们的流血牺牲换回了我们今天幸福的生活。

（2）组织"革命英雄故事会"，激发学生的感恩崇敬之情

课前老师让大家去搜集了解革命先烈的故事，你们了解了吗？我们先在

小组里讲一讲。

请同学到台前讲，教师相机指导。

小结：孩子们，我们现在的幸福生活来之不易，包含着无数革命先辈的流血牺牲，我想当你再看到这面五星红旗的时候，感情肯定是不一样的。此时此刻，你有什么想对这些先烈们说的？

（3）播放视频，感受先烈精神

边放视频，教师边解说："在那个战火纷飞的年代，无数革命战士抛头颅，洒热血，献出了自己的生命。"

"据不完全统计，中国近代以来约有2000万名烈士为民族独立、人民解放和国家富强、人民幸福英勇牺牲。由于种种原因，许多先烈甚至没有留下姓名。"

（4）借助图片，了解"中国烈士纪念日"

孩子们，不管这些革命英雄是否留下了姓名，我们都不能也无法忘记他们。为了纪念这些革命英雄，在北京的天安门广场上建立了人民英雄纪念碑，并且把每年的9月30日定为"中国烈士纪念日"。

你们知道吗？在我们生活的城市，也有祭奠革命先烈的地方（课件出示：秦皇岛烈士陵园），有同学去过吗？

设计意图：通过"故事会"的形式引导学生回顾历史，了解革命先烈的英雄事迹，激发孩子们对革命先烈的崇敬与感恩之情，珍惜和热爱当下生活，进一步激发孩子们的爱国情怀。

3.活动三：懂得国旗、国徽、国歌是国家的象征

（1）"祖国在我心中"知识小竞答

孩子们，此时此刻，我们都被革命烈士的勇敢、爱国感染着，感动着。作为小学生的你们对祖国了解多少呢？我来考考你们，愿意接受挑战吗？（出示关于国旗、国徽、国歌的竞答题并相机指导。）

①认识国旗：中华人民共和国国旗是（五星红旗）

师：你们在哪儿见过国旗？

师：在国际赛事上，我们的运动员取得冠军，会升起五星红旗，奏起我们的国歌。此时，作为一名中国人，我们会无比地骄傲和自豪。在一些严肃

重要的场合会升挂国旗，国旗是国家的象征。

在这些地方你见过吗？（太空、南极、珠峰）是的，孩子们，我们的祖国日益强大，我们也会不断地将象征我们伟大祖国的国旗插上世界之巅。

②认识国徽

先了解国徽的样子，在哪儿见过国徽，知道国徽也是国家的象征。

师：在庄严时刻、重要场合，我们会升国旗、挂国徽、唱国歌，国旗、国徽、国歌是国家的象征。

③辨析：这时应该怎么办？（课本 10 ～ 11 页的绘本插图）

师：《中华人民共和国国旗法》规定：国旗和国徽必须被尊重和爱护，不可以遭破坏和践踏。

设计意图：此环节的设计旨在引导孩子们在轻松愉悦的氛围中懂得国旗、国徽、国歌是国家的象征，并从国家层面理解这些标志的神圣性和崇高性。

4. 活动四：举行小小"升旗仪式"，升华爱国之情

（1）《义勇军进行曲》是由田汉作词，聂耳作曲的。"起来，起来，起来"在那个战争年代，不知唤醒和激励了多少爱国志士。

（2）师：孩子们，你们会唱国歌吗？接下来我们举行一个小小的升旗仪式，请全体起立，升国旗，唱国歌。敬礼！

（3）刚才参加升旗仪式的时候，你是什么样的心情？

设计意图：引导学生懂得爱国要从实际行动做起，严肃认真地参加升旗仪式也是爱国的表现，通过小小升旗仪式升华孩子们的爱国之情。

（三）结束

孩子们，我们是中国人，我们爱自己的祖国。国旗、国徽、国歌是我们伟大祖国的象征。让我们时刻把祖国放在心中，用实际行动做热爱祖国的好少年！

# 我与地球共浴阳光

张莉莉

## 案 例 分 析

案例一：当前全球污染形势严峻，甚至成了影响人类健康的新威胁。全球范围内，每年有 650 万人因为空气污染死亡；全球 80% 废水未经处理就排放到自然环境中；由于缺乏废物管理，每年有 480 万～ 1270 万吨塑料废物被排入海洋。这些数据表明，污染依然是全球当前面临的一个重要挑战，而背后的原因，则是消费持续增长、人类生活标准持续提升以及人口数量不断增长。

案例二：2020 年，我国首批开展先行先试的 46 个重点城市的生活垃圾分类小区覆盖率已达 86.6%，生活垃圾平均回收利用率为 30.4%，厨余垃圾处理能力从 2019 年的每天 3.47 万吨提升到目前的每天 6.28 万吨。

案例三：一年级的李明翰小朋友是一个热爱环保的孩子，一次偶然的机会，她和家人从来自台湾的志愿者那里学到了处理厨余垃圾的新方法，用这种方法不仅能生产出可以养花种菜的有机肥料，其副产品"液肥"还可以给厕所除臭，更神奇的是，这种液肥还能做清洁剂擦水槽和地板。小明翰写出了论文《厨余垃圾的多样化利用》，并报名参加了北京地区"美境行动"环保方案设计比赛。只有 7 岁，才上小学一年级的李明翰最终击败了比她大的小学高年级学生和初中生，获得了大赛一等奖。

当今世界已进入绿色发展的快车道，人类在大力发展经济的同时特别关注生态问题，中国正以历史上最脆弱的生态系统，承受着历史上最多的人口和最大的发展压力，为可持续发展付出了巨大的努力。近年来，国家在工业

发展和城镇化进程中，对城镇和农村的生态造成了不同程度的污染，改善农村恶劣的生态环境，是我们迫在眉睫的环保工作。提高公众的生态意识，是实现美丽社会主义新农村目标的关键。我国把生态文明建设和环境保护摆在了优先发展的战略地位。习近平总书记提出了"绿水青山就是金山银山"的"两山论"和绿色发展理念。解决生态问题的关键在于唤醒植根于深层的国民生态意识，而公民生态意识水平与教育影响密切相关。因此，要保护环境，改善生态现状，就要从小学生的生态意识及生态保护能力培养着手。我们要有针对性地对小学生进行生态意识教育，提高学生的生态素养，为保护和建设美丽家园培养新人。

人的任何意识及其良好行为习惯都是教育培养的结果，而绝非天然生成，是需要长期地教育引导和培养的。我国义务教育大纲也明确提出了要重视环境教育。小学时期人的求知欲最强，多种行为习惯均未定型，因而这一时期伸缩性、可塑性最大。所以这一时期就成为教育看好的最佳时期，也是环保意识及其良好行为习惯教育和养成的黄金时段。

学生是未来的主人，是人类的希望，他们有责任从现在开始为他们的生存环境而奋斗，让学生参与到环保活动中来是一个势在必行的行动。

# 学 情 分 析

## 一、知晓度低、责任感不强

小学生对于"白色污染""大气污染"等类似的专有名词及其意义不易理解，也很难体会，甚至有不少人习惯把废弃的塑料垃圾当燃料使用，而把燃料燃烧释放出的浓浓黑烟看作是正常现象，却不了解会给大气造成严重的污染，会导致河水污浊变臭，进而引发一连串的反应，如河中鱼虾等水生动物和植物濒临死亡和灭绝，生态食物也受损等现象。可对于这类现象的原因，他们却不得而知，殊不知是因为人们缺乏环保意识。高年级的学生比低年级的学生环保责任感强。多数孩子已经产生了一定的环保责任意识，意识到生态环境应由社会上的每个人来负责，但是谈及与自己的关系时，还不能紧密地将其与自己联系到一起。

## 二、自觉性低，自制力不足

在无人监督的情况下，虽有相当一大部分小学生都能自觉保持良好的文明行为，但大部分学生存在从众心理，盲目跟从，自我约束力较差，甚至有少数学生环保行为的自觉性、自制力特别欠缺，随手扔掉垃圾，经常不关灯。这些存在的问题较为突出，不可忽视。自制力是行为发出和可持续的关键，也是形成行为习惯的必备心理素质。

## 三、环保氛围低，家庭教育缺失

大部分农村小学生对环保方面缺乏自觉性和主动性，且受负面影响较大，如看见别人乱丢垃圾，心里便会产生一种模仿效应及别人都可以乱扔，为什么我不可以或者认为自己的行为对环境不会造成实质性的破坏，就不会重视环境问题，或者他们明知那样的行为不可取，但在潜意识里没有形成关键的作用，最后意识支配了他们的行为，于是乱扔乱吐屡见不鲜，使环境受到了污染。

农村家长相对文化水平较低，对生态文明重要性认知度不够，再加上周边生活环境卫生较差，到处可见垃圾，到处可见随手扔垃圾的现象。长期以来，家长形成较低的生态文明意识，生态观念认知存在很大的误区，生态文明行为也出现了偏差。孩子入学前接受来自家庭方面的生态环境教育少得可怜。孩子入学后，受应试教育思想观念的影响，家长主要关注孩子语、数、英三科学业成绩，而很少关注其他方面的发展，对生态文明相关知识的教育和生态意识的培养近乎为零，甚至出现负增长的情况。

地球是人类的母亲，是我们赖以生存的家园。随着生活水平的提高，人类在享受的同时，却在不知不觉中破坏着她，我们的生存环境也不断恶化。在生态保护这一问题上，人类的命运是与其紧紧联系在一起的。很多孩子对于环境保护的认知只局限于在校园里或者在家中的行为，认为环保只是一件小事情，对当今生态的现状没有明确的认识，不懂得保护地球是每个人共同的责任。

# 目 标 预 设

1. 初步了解全球环境恶化、人口急剧增长，资源匮乏等情况，增强危机意识，培养忧患意识。体会人类只有一个地球的含义，增强学生的责任感，激发他们为治理环境而努力学习的决心。

2. 了解自然资源的种类、现状以及掌握如何节能减排、珍惜资源和保护环境的基本技能。了解中国以及各个国家和地区采取的环保对策，知道可持续发展是当代社会实现人与自然协调发展的根本途径。

3. 通过课堂、实践等形式，发现和感受自然之美，体验生物多样性、文化多元化，以及人与自然、人和人和谐相处的价值。从感知美、欣赏美，到激发保护美。

4. 通过主题德育活动和社会实践活动，提高学生对保护生态环境的责任意识。养成绿色消费、低碳生活的习惯，树立保护生态环境、节约自然资源为荣，破坏环境、浪费自然资源为耻的生态道德观念。感到自己作为地球村的一员、祖国的未来，有责任也有义务把环境保护好。

# 实 施 策 略

## 一、构建绿色校园，立足当下

学校是农村小学生接受环保教育的主要阵地。学校要从多方面的教育因素系统化地去熏陶、感化、教育学生，才能达到环保教育的目的。

### （一）小学生良好生态意识的养成与校园环境的隐性影响是分不开的

一个清洁幽雅、鸟语花香、人际关系和谐的绿色校园环境，有助于提升学生对生态美感的认同。生态校园的建设是以"绿色学校"为标准，围绕校园的自然环境建设和校园生态文化的建设。生态校园环境建设可以结合学校特色文化的设计理念，从校园的方方面面来规划设计，既体现特色学校文化主题，又展现绿色生态校园的理念。大到学校建筑物的规划与设计、花草树木的栽种样式品种及覆盖面积的选址及比例，小到垃圾箱、楼梯走廊、宣传栏、班级文化等的设计和制作，或是花草树木生物名字匾牌的制作和张挂，使学校在特色发展的过程中渗透生态文明教育于其中，学生在潜移默化中得到熏陶和感染。校园生态文化的创建需要发挥学校德育阵地宣传教育的作用，通过校园广播、宣传栏、黑板报、班级文化、学校多媒体设备等多种载体，利用多种形式，向学生宣传有关保护生态环境的优秀榜样、激励性的标语、行为规范等，使爱护校园环境卫生、节约用电、节约用水、保护环境的环保意识深入学生的内心。在共同营造生态可持续发展的校园文化中引导学生参与校园生态文明宣传活动，感受自然之美，激发对大自然的热爱之情，切实为保护生活环境作出自己的贡献，也就不难实现环境教育的目标。

（二）研发校本课程

在构建环境教育课程体系基础上，开发出特色的校本课程是有效培养小学生生态意识的重要依托。根据国家课程标准的分层性原则，首先要开足国家课程在发展学生生态意识方面的课程所需要的模块。如课程设置里的科学课与综合实践课。其次，结合地方的条件和学生的视野以及研究能力，延伸和拓展国家课程中的相关内容，开发出适合学生实际的"校本化课程"。结合学校实际，充分利用学校空地，开辟出"植物园""生物园"，开发校本化的社会实践活动课程，让各班负责一小片，开展种养活动，让学生在动手种植、喂养过程中写观察日记和交流分享。在此过程中培养了生态科学意识、生态价值意识和生态责任意识。

（三）构建生态德育活动体系

刘振亚从道德活动的视角界定生态道德教育，认为"生态道德教育是一种新型的道德教育活动，是指教育工作者从人与自然相互依存、和睦相处和互惠共生的生态道德观出发，启发引导人们为了人类长远利益和更好地享用自然、享用生活，自觉养成爱护自然环境和生态系统的生态保护意识、思想觉悟和相应的道德习惯。其实质就是要求广大受教育者以道德理念去自觉维系生态平衡、环境保护和可再生资源的可持续利用"。生态道德教育是一种新型的德育活动，而学校教育是落实生态德育目标的主要途径。学校根据学生身心发展规律，组织开展适合学生认知水平而又生活化的德育活动，让学生在自主参与活动的过程中去感悟生态道德之美，然后内化成自身的生态道德意识，指挥并控制自己的生态行为。

## 二、协同校外力量，放眼世界

### （一）融合基地建设，利用社会资源增强学生环保体验

通过组织壮大农村小学中的社会环境保护团体，培养更多的环保志愿者与小天使。例如，在观鸟基地开展观鸟、爱鸟活动，吸纳小学生，通过开展知识培训、讲座、图片展等形式的观鸟观自然的活动，提高他们的对鸟对动物对大自然的兴趣。特别是通过观鸟活动，让学生观察鸟儿漂亮的外形外貌，培养他们爱鸟、护鸟的情感，从而转化为爱护大自然的生态审美意识和生态责任意识。体会大自然的美好，认识地球物种的多样性，激发环保自觉性。

### （二）强化家校合作，注重家庭对农村小学生生态意识的启蒙作用

家庭教育是所有教育系统中最主要、最基本的组成单元，又是最早的"学校"。法国启蒙主义者卢梭指出："一切社会中最古老的而又唯一自然的社会是家庭。"家庭、家长在生态意识教育过程中对孩子来说是具有基础性的启蒙作用的。但是学生生态意识的提高单靠家庭教育还是不够的，特别是大多数的农村家长的意识和知识水平不能满足培养孩子较高水平的生态意识的需求。所以我们就必须要强化家校合作，通过生态保护宣传专栏及家长会等形式传播生态保护的意义及知识，引导家长提高自身的生态文明素养，共同养成学生绿色环保的消费观念。家庭日常生活、学校学习生活与生态环境有密不可分的联系，如厕所用水、生活饮用水、食品衣物的购买、生活用电、垃圾的处理、出行旅游和学习用品的使用，等等。生活中的每一个细节都与环保发生联系，教师与家长要从身边的小事做起，从学习、生活的点点滴滴做起，带头实践环保，并鼓励孩子模仿实践，养成绿色的生活方式和消费观念。教师引导家长以"绿色家庭日"为主题，利用周末、节假日带孩子走进田间，亲近自然，以家庭为单位开展植树造林、植花种草、喂养小动物、关爱小动物等绿色环保活动，使孩子在温馨的家庭氛围中感受到自然和谐之美，得到潜移默化的影响。家长、教师在日常生活中践行低碳减排，养成绿色环保的生活方式，并鼓励和引导孩子参与生态实践活动。通过日常反复地实践低碳减排、绿色环保的生活方式，良好的消费观念和绿色环保观念得以养成。

# 拓 展 延 伸

## 一、结合"书香校园"活动，阅读生态读物

学校购买生态文明书籍，低年级学段的学生阅读关于动、植物方面的《十万个为什么》，动植物方面的童话和绘本等；中、高学段的学生要阅读关于地理或是自然科学方面的书籍。另外，结合学校开展的经典诵读活动，大力推行《孟子》《论语》《老子》《大学》等传统文化读物，充实班级图书角，引导学生课外阅读，通过读书笔记、故事会、诵读表演、读后感、读书交流会等形式，让学生了解自然界生物、全球环境污染的现状和我国关于生态方面的文化，学习儒家"天人合一"、道家"道法自然"和佛教"人生平等"的生态思想，让学生在潜移默化中培育生态忧患意识、生态审美意识，形成正确的生态价值意识。

## 二、结合相关节日，开展保护环境主题教育活动

利用国旗下讲话，通过学生对环境保护等有关方面的演讲，强化学生的环保意识；开展环保手抄报竞赛活动和环保主题现场作画比赛，让学生人人动手去查找环保知识，去描绘美好生态环境，培养学生对优美生活环境的向往；结合环境保护的主题日开展相关的环保活动，利用植树节、世界地球日、世界动物日等时机，举行环保主题班会，向学生宣传相关节日的背景和意义，利用多媒体向学生播放环境污染、资源浪费、滥杀野生动物的视频，并通过讨论加强对环境保护和节约资源的生态危机意识，最后让学生写出参加活动的感想和环保宣言，切实提高学生的生态忧患意识和责任意识；在校园中开展垃圾分类活动，教育学生认识垃圾分类的意义，倡导废品利用的循环生活观念，充分利用校园中的分类垃圾箱，大力开展垃圾分类活动。

## 三、研发课程，开展生态教育的综合实践活动

让学生在动手的实践过程中获取环保知识形成生态意识。奥地利一所从事环境教育研究的大学研究成果显示："通过阅读能学到10%的知识，听讲

能学到 20% 的知识，将学习的知识进行讨论能学到 50% 的知识，动手去做能学到 75% 的知识，将学到的知识正确地传授给他人能学到 90% 的知识。"小学生天性好动，喜欢实践活动，因此，学校要充分利用这个特点，广泛开展多样化的生态教育综合实践活动，这也是提高农村小学生生态意识的重要途径。第一，学校要善于利用校园有限的空间，创建生态园，开展班级种植比赛和观察日记征文比赛活动，让学生在亲身体验种植乐趣的同时，又学会了种植的技能，感受了生态的美感，提高了生态意识。第二，学校要开展丰富多样的实践小活动。如："家用塑料袋调查"小活动保护大地球活动，"储蓄一片纸，换回一片林"让有限的资源循环再生活动，"春天，我和小树有个约会"护绿活动，"珍惜生命之源——水"节约用水活动等。第三，开展户外生态拓展活动。户外拓展活动是学生最喜欢参加的活动方式，也是学生体验性最强的方式，是最容易收到教育效果的生态教育方式。此外，学校结合利用当地生态环境特点开展生态环境教育。生态环境教育的内容颇多，我们要充分利用当地的生态环境资源开展生态环境教育活动，这样的教育内容和方式较为接地气，出现在教育中的资源也是学生日常中喜闻乐见的，是学生喜欢的教育内容和方式，这样方能取得良好的教育效果。本地区有许多生态教育资源，例如鸽子窝，通过让学生去了解候鸟、观察候鸟等直观的教育方法，让生态教育更为深入。

### 四、建立机制，强化学生生态行为习惯的养成教育

制订生态文明行为习惯的养成方案，积极落实，推进小学生生态行为习惯的培养工作，切实增强学生生态文明的践行度。组织学生开展爱护动植物和"弯弯腰、净校园"活动，培养学生对大自然的热爱关切之情。教育学生从我做起、从身边小事做起，将环保行为落实到举手投足中。例如集中收集废纸，分类收集垃圾，节约用水、用电；不吃、不捕、不猎野生动物，不虐待动物，少吃零食。这些举手之劳每个人稍加注意就能做到，就是在为环保作贡献。实施环保教育，落实环保行为，要从点滴做起，从身边做起。当成为一种生活习惯之后，就不会成为一种行为上的负担了。加强学生间、师生间互相监督的力度，在家里家长监督，每周在班中进行

小结，班主任对坚持做得好的同学给予大力表扬，没能坚持践行的同学要及时教育鼓励。

### 五、广开渠道，由内而外地提升学生环保意识

学生的环保教育，学校是主渠道，每个家庭、各个社区或部门单位也是不可分割的组成部分，只有各方面协同努力，学校的环保教育成果才能巩固，即实现环保意识真正、持续地深入学生的心里。让师生将环保行动践行于日常生活中。通过开展社区服务岗位（如清除垃圾广告）和社区实践活动，如调查"白色污染"，让学生向家长宣传塑料袋虽方便却增加了垃圾数量，污染了土壤和地下水，劝父母上街购物买菜使用布袋。利用学生在家中的地位劝说家长少用洗洁精，不用一次性筷子，少用一次性产品。诸如此类的生活琐事都可通过我们的学生——这群环保小卫士来监督执行。这样，环保知识、环保行为就会呈几何级数增长。

学生的环保教育不仅仅体现在了解环保知识、体验环保活动、环保行为养成等方面，更重要的是需要学生由内而外的环保意识。环保不仅仅要求做到，而是意识到我是地球的一员。生活在地球上，地球给予赖以生存的资源，而学生也渴望保护地球，甚至改变糟糕的现状。所以在拓展活动中，可以开展"地球创伤知多少""我为家乡山与水献计献策""世界环保问题之我见"等活动，给予学生思考与交流的平台，在思考中认识到整个地球的未来需要每个人的努力，在交流的过程中，激发学生对美好地球的向往，在学生心中埋下为环保事业不懈奋斗的种子。

# 课 例 分 享

### 课例一：减少垃圾　变废为宝

#### 一、教学目标

1.通过调查、讨论等方式寻找减少垃圾、减少浪费的办法。

2.通过亲历、调查、采访、体验等形式，认识垃圾分类回收与循环再利用的意义，学会垃圾分类。

3. 学会有创意地节约资源和再利用资源，树立节约资源、合理再利用垃圾的意识。

**二、教学活动**

（一）活动一：观察生活，讨论生活

1. 出示学生观察记录生活垃圾的照片。

2. 引发探究：看完视频你有哪些感受？看看手中的垃圾，我们该如何减少生活垃圾、减轻资源的浪费呢？

小结：生活中的垃圾也是不可避免的，如何处理我们的垃圾呢？

设计意图：这段视频一下子将垃圾与学生的生活有效地勾连起来，以生活为镜子静观自己的生活，去引发孩子们思考减少垃圾的方法，寻找解决生活中问题的办法。

（二）活动二：动手进行垃圾分类

1. 我们了解了这么多关于垃圾分类的知识，你能不能尝试将我们的生活垃圾进行分类呢？

2. 投屏展示学生垃圾分类的成果。

思考：垃圾再分类也依然是垃圾，如何让垃圾成为我们生活中的有用之材呢？

设计意图：让学生去动手实践，面对生活垃圾进行分类，学会如何科学分类，达成教学目标 1 的内容，突破教学难点。

（三）活动三：将生活垃圾废物再利用

1. 有些物品不是它们真的没用了，而是我们没有发现再利用它们的方法。在生活中你见过哪些？或者知道哪些变废为宝的奇思妙想吗？

2. 观看变废为宝小作品展示。

3. 现在同学们就发挥一下你们的智慧吧，看看我们手中的垃圾包，去选择可以利用的资源，哪些是可以再利用的呢？小组讨论并交流。

4. 布置变废为宝成果展。

小结：有些物品不是它们真的没用了，而是我们没有发现再利用它们的方法，只要去观察生活、思考方法，我们就能变废为宝，减少浪费。

设计意图：让孩子成为课堂的主体，用学生喜欢的方式走进学生的内心与他们对话，带领学生在他们的生活中学习生活。教学不仅仅让学生学习知识，更要不断拓展学生思维，要让他们将知识运用到生活中去，才能不断地去思考生活、改变生活，增强学生节约再利用资源的能力。

（四）活动四：观看视频《电池的危害》

1. 观看视频《电池的危害》。

2. 谈谈感受。

3. 小结：其实变废为宝的方法不仅仅是这些手工制作，更重要的是让不可回收的垃圾也变成宝贝。这些梦想怎么实现呢？这就需要我们不断地去学习科学知识，让垃圾这一浪费的资源更好地发挥作用。希望有一天，同学们能够用自己的所学，去解决现在没办法解决的问题。你们才是地球新的创造者。希望这节课不是变废为宝的终点，而是你们不断思考、寻找方法的开始。

设计意图：变废为宝也不仅仅是简单地美化和制作手工作品，而是引发孩子们深层次的思考，激发用科学的方法去解决问题的思维。

**课例二：地球——我们的家园**

**一、教学目标**

1. 通过学习，明确地球是唯一适合人类居住的星球。认识到地球环境面临的巨大威胁和挑战。

2. 通过展示图片、案例，播放视频等方式，培养学生分析问题、解决问题的能力。

3. 初步形成保护地球、保护环境的意识，做到人与自然和谐相处。

**二、教学活动**

（一）活动一：无可替代的家园，七嘴八舌议地球

1. 这么美丽的地球，如果离开了它，我们怎么生存？

展示两位同学的不同看法。

生 A：假如离开了地球，我们可以到月球上生活。

生 B：假如离开了地球，我们可以到火星上生活。

同学们根据课前搜集的资料展示：月球和火星不能满足人类生存所需的

水、氧气、适宜的温度等条件，不适宜人类生存。

2. 有些同学也许会产生这样的疑问：我们能不能利用高科技手段，创造出一个像地球一样适合人类居住的生存空间呢？

展示资料：20 世纪 80 年代，美国曾建成一个模拟地球生态系统的"生物圈 2 号"。8 名科研人员满怀希望地走进了这个"世外桃源"，计划在这个封闭的系统里生活两年，为今后人类登陆其他星球建立居住地进行探索。但是一年多以后，"生物圈 2 号"实验宣布失败。

3. 合作探究：

（1）"生物圈 2 号"实验为什么会失败？

（2）"生物圈 2 号"实验的失败让你有什么感想和设想？

总结：地球是目前已知的唯一有生命存在的、适宜人类生存和发展的星球，我们要珍惜地球资源，保护地球环境，珍爱地球为我们创造的生存条件，守卫我们共同的家园。

过渡：地球孕育了人类，提供了人类生存的自然环境。自古以来人类就在用自己特有的方式与自然环境和谐相处。

设计意图：从一个大胆的假设来入手，将地球生态这一离学生较远的、较抽象的概念，转化为比较容易理解的认知，再用一个著名的实验加以佐证，让学生了解所设想的星球并不适合人类生存，人为复制的生态圈也不能成为地球的替代品，从而体会地球对人类生存的重要性、唯一性。

（二）活动二：千疮百孔的家园，集思广益护地球

1. 说一说，谈一谈，想一想

（1）学生以小组为单位（四人为一组），在组内交流所知道的人与自然和谐相处的例子。

（2）全班交流

人与自然的和谐相处——广西桂林。

人与自然和谐相处——乌镇。

人与自然和谐相处——因纽特人的冰屋。

人与自然和谐相处——中国哈尼族的村寨。

总结：曾经我们与自然是那么和谐美好，然而随着人口的增长和人类需

求的增加，地球越来越不堪重负。生物赖以生存的森林、湖泊、湿地等正以惊人的速度减少，煤炭、石油、天然气等不可再生资源因过度开采而面临枯竭，化学燃料燃烧产生的大量温室气体导致全球变暖……让人类面临许多严峻的环境问题。

设计意图：用正面的环保案例来印证人类与自然可以和谐相处，并且用这些美丽的人与自然和谐相处的场景，唤醒学生心中的生态美，唤醒孩子们对美的渴望，再对比现在残酷的生态现实，激发学生对环保的渴望。

2.观看视频：《环境污染》

（1）视频中反映的是哪些方面的环境问题？

（2）说说这些环境问题会带来哪些危害？

（3）面对日益突出的环境问题，我们应该做些什么？

总结：（1）大气污染、水污染、固体废弃物污染、海洋污染、水土流失、土地沙漠化。（2）环境恶化加剧自然灾害的发生，破坏了生态平衡，威胁着人民的生命安全和身体健康。（3）怎么做？①增强环保意识，积极宣传保护环境的重要性。②保护环境，从我做起，不使用一次性餐具，节约用水、用电，不乱扔垃圾，尽量乘坐公共交通工具。③积极参加保护环境的公益活动，同破坏环境的行为作斗争。

设计意图：通过视频进一步了解环境破坏的严重后果，带领学生积极寻找解决的策略，唤醒坏保意识，践行环保行为。

3.阅读教材日本《水俣病》事件讨论

（1）水俣病发生的原因是什么？

（2）水俣病事件告诉我们什么？

（三）延伸活动

全球十大环境污染事件：（1）北美死湖事件；（2）卡迪兹号油轮事件；（3）墨西哥湾井喷事件；（4）库巴唐"死亡谷"事件；（5）西德森林枯死病事件；（6）印度博帕尔公害事件；（7）切尔诺贝利核漏事件；（8）莱茵河污染事件；（9）雅典"紧急状态事件"；（10）海湾战争油污染事件。

请同学们课后任选其中一个搜集有关的信息，继续深入了解人类为了利益肆意破坏环境而受到惩罚的故事，说一说你对环境保护的看法与建议。

设计意图：用真实的案例将生态破坏的严重后果展示出来，环保需要做的不仅仅是日常生活中的自我规范，更多的是在人类进步的进程中，如何做到生态与发展的平衡，这些是需要未来的接班人们不断探索的。通过这些案例引发孩子们更深层次的思考，激发用科学的方法解决问题的思维。

理想

——让课程在日常中丰盈

人为什么要"叙述""故事"？第一，生命历程及其意义感，构成了故事的内容前提；第二，"存在"通过语言、艺术等各种符号"表达"自身；第三，通过"叙述""故事"，使自我在与他人的关系中凸显出来；第四，通过"叙述""故事"，以一种实践智慧的方式保存文化。

我们的教育经验与智慧，在很大程度上正是以"故事"的方式存在的，或内蕴于"故事"之中的。教育叙事是不同于宏大叙事的另一种言说方式，它更关注基于个体专业生活的具体事件及其经验的详细描述，而不是律则性陈述，这使教育当事人，尤其是一线教师获得发出自己的声音的机会，可以自己说自己的事。

教育叙事研究强调以教师自身的真实生活为基础，以教师行动的意义探索为目的，以教师自己的故事建构为手段，更加贴近教师现实的职业生活。它以"实践—反思—叙述—再实践"的操作方式，有效地帮助每一位教师更好地发现自我、认识自我、提高自我，并在参与诉说和交流分享中，推动教师群体的全面发展。在此，教育叙事研究已成为教师的一种职业生存方式。正如教育家杜威所言："教育是一种生活的方式，是一种行动的方式。"

从研究者的角度来看，教育叙事与人们熟悉的教育科学研究相比，更强调教师作为教育发展和教育研究的主体参与，强调与教育经验的直接联系，将越来越"精细化"和"学术化"的教育研究转向教师的现实生活，鼓励教师去诉说自己的故事，并通过故事的叙述来描述人们在自然情境下的教育经验、教育行为、教育思想等。刘良华在《一个课程关键：让教师成为研究者》中，阐述了这样的观点：只有当叙事研究成为广泛流行的教育研究方法之后，教育研究领域中一度推崇的"质的研究"，才有可能显示出它的真实魅力；也只有当叙事研究成为教师普遍采用的教育研究方法之后，教师才有可能享受教育研究的益处，从而使教师形成一种"研究期待"，并在研究中不断形成新的期待，以提升"期待品味"。这种"期待心理"能促使教师产生强烈的参与意识。

教育叙事研究关注教师的内在需求、教育改革实践和教师专业发展的内在需求，赋予教师以"研究者"的角色。也就是说，教师的"研究"是内在生成的，并不是某种外部力量强加的东西。教师经常处于危机、困惑与尴尬的"压力情境"之中，这些压力主要来自已有的教学经验与新的职业要求之间的距离，习惯了的教学模式与新课程理念之间的矛盾，个人教育信念与社会教育准则之间的对立，教师的教育意愿与学生文化接受之间的差异等。教师要想改善自己的职业环境，就必须进行探索与研究。

从读者的角度来看，教育叙事与论文阅读相比，阅读叙事文本是一种"非正式阅读"，但其效果似乎更好，因为收获来自"领悟"，而不是"接受"。与此相关，支撑教育叙事研究的正是人文科学独特的方法论，即狄尔泰式的"体验—表达—理解"。叙事本身是一种体验及其表达，而阅读叙事文本所伴生的"现象学式的点头"表明了一种移情性、参与性的理解及其表达。

从讲授发生在自己教育活动中的动人教育教学故事开始，在对实践的反思中获得理念的转变和提升，这就是我们编写本部分的出发点。在这一部分，从五个不同角度选取了十个教育叙事故事：

（1）用师德与智慧点亮教师生涯。用生动的案例证实了陶行知先生"千教万教教人求真，千学万学学做真人"的名言。每一位教师都在用自己的师德、自己的学识、自己的智慧影响着学生。

（2）教材不是唯一的。课程结构应以促进每一位学生的发展为依据，在小学阶段统筹安排学生的道德与法治学习经验和学习机会，强调课程的连贯性和连续性，关注学生学习经验的综合性，关注学生个性化的学习权利，关注学生发展的全面性与均衡性。

（3）利用智慧引领学生。用大量的事实说明教育不是灌输，不是压制，不是围堵，而是启发、疏导，是教人主动发现、教人自我修养的艺术，它应给知识发现以方法，给智慧开启以钥匙，给行为指向以方向，给思想畅达以道路。

（4）充满温度的课堂。通过举例表明教师应该如何让道德与法治课堂生动活泼起来，让学生在趣味中学到知识。

（5）智慧地评价学生。有怎样的评价就会塑造出怎样的学生。教育的目标是培养出适合时代发展需要的身心健康、有知识、有能力、有纪律的创新型人才。

本部分通过案例去领悟，通过评价去提升，通过思考去内化，帮助教师把新理念落实到日常教学工作中，落实到课堂上。

# 爱——幸福的存在

刘　静

　　作家毕淑敏说过：人生本没有什么意义，人生的意义便在于我们要努力赋予它的意义。我想我们的教育生涯也是如此：不管教师这个职业的取得是偶然还是必然，是主动还是被动，只要你还在从事它，在作为谋生手段的基础上，就应努力再把它变成事业，寻求价值和理想，寻求快乐和幸福。那么幸福是什么呢？恐怕每个人会有不同的回答。然而作为教师也应该有自己独特的幸福。

　　二十年的教师生涯，发现我改变了许多，变得课堂上不生气了，变得更爱我的学生了。人们都说：父母是原件，孩子是复印件。我要说：老师是原件，学生是复印件。学生每天和我们在一起的时间远比和父母相处的时间长得多，我们的一言一行无疑影响着学生。当我意识到这点时，我看学生就像看到自己的子女一样亲切，一样的可爱，从此我的情绪也比以前好了许多，原来爱有如此的魅力。

　　回首初登讲台时的青涩，再看看现在的我，岁月在我的脸上留下的不只是皱纹，还有作为老师的那一份自信与淡定。一股幸福之感，不觉涌上心头。是的，要做幸福的老师，让微笑每天都写在脸上。在平时的教学中，我能带着微笑给他们上课。其实微笑是一种亲切的语言，架起心灵沟通的桥梁；微笑是一缕柔和的阳光，温暖别人，明朗自己；微笑是一曲无声流淌的音乐，能调节紧张的气氛；微笑是心灵相通的七彩阳光，可融化你心中的冰雪，使生命更加灿烂。教育最需要微笑，学生也需要微笑的老师。因为教师的情绪、教师的脸色，最能直接地在学生身上起到影响作用。教师同学生交谈中亲切的微笑会给学生无限的理解和信任，让学生感到巨大的热情和愉说；上课时，教师走进课堂时甘甜的微笑，将给这节课增添浪漫的感情色彩；教师给学生解惑时春风润雨的微笑，将点燃学生智慧的火花；教师在化解学生矛盾时友善的微笑，将为学生架设起沟通的桥梁。

我还十分注重与学生进行情感沟通，以朋友或长者的身份接近、关心他们，不但走进他们的学习生活中，而且走进他们的精神世界里，与学生建立亲密友好的师生关系。有人说：眼睛是心灵的窗户，透过人的眼睛，能够体察到他的内心世界。但是，作为一名教师，一名被称为人类灵魂的工程师的教师，我们在看待自己的学生的时候，是不是仍然有一双会观察学生心灵的眼睛？我们的双眼会不会被学生表面的缺陷而蒙蔽？记得有个男生，经常上课不认真听讲，他的诸多行为也引起了师生们的不满，开始我以为他没听懂，喊他到办公室问他，他持续沉默，我也似乎束手无策。之后，通过联系家长，我了解到这个孩子家里比较困难，妈妈常年疾病缠身，爸爸要照顾多病的妈妈和年幼的弟弟，只能靠打零工维持生计，因此家长也没时间关心孩子的学习生活。了解到这种情况，我悄悄地找来这个男生，不谈学习的事，只是聊聊天，聊聊妈妈的身体情况，聊聊爸爸每天回家晚不晚……聊着聊着，我找到了他上课不认真听讲，有时还故意出洋相的原因，他是因为缺少关心与陪伴，课上出洋相只是希望能够引起老师和同学们的注意而已，其实这是他自卑心理在悄悄作祟。如此自卑，这将影响到他今后的漫长人生！如果是我的孩子，我会怎样办？一股强烈的教师职责感驱使着我，决定用爱来"救救"这个孩子。找到原因后，及时和他沟通，从此这个孩子成了我特殊关注的对象，帮助他改掉了很多陋习。上课我观察他的一举一动、一言一行，并不时捕捉他表现得优秀的地方，当看到他端正的坐姿时，我会在全班同学面前表扬他，他的脸上立刻表现出喜悦的笑容；当看到他端正地书写作业时，我会把他的作业展示给全班同学，他向我投来信任的目光……经过了一段时间，我发现他不仅学习有了进步，而且性格也变开朗了，也乐于听课了，也会主动帮老师做些力所能及的事了。当然，爱也要把握尺度，当他做错事时，我会及时给他指出，给他讲道理，让他自觉地改正。有人这样说，一个教师最大的失败是他不爱他的学生，其实一个教师最大的失败是他的学生不爱他。那么，我想，我是幸福的，因为，我爱我的学生，同时也收获着学生的爱。爱是幸

福的，被爱更是一种幸福。教育，其实也不用太多的言语，在我的课堂上，眼与眼的对望，就是心与心的互换，是爱与爱的交流。

我想，幸福是一种感觉，释放关爱去给予，敞开心灵去感受，幸福无处不在。与学生朝夕相伴的日子，我每一天都在享受着幸福。看着孩子们一天天地成长，我的心里有着说不出的感觉，即便喜、怒、哀、乐，觉得甘之如饴。每每迎接一批新的学生，我都会这样和他们说："同学们，很高兴认识大家，你人生的下一段路将有我的陪伴，希望我们能够愉快相处，更希望你回首这段旅程的时候，感觉是幸福的。"我觉得老师就是这样的角色。在人生呼啸而过的列车上，我们只是陪伴学生短暂的一段路程，我觉得我们应该是路灯，努力照亮孩子们前行的路。那么为了使自己更加地明亮，我们就要每天忙碌着，努力着，尽职尽责，这样他们在"闻道、求学、解惑"的路上才会豁然开朗、自信从容。当我们看到孩子们这一个阶段茁壮成长后，我们就可以欣慰地走下车，挥手和他们告别，谁又能说这时的我们不是幸福的呢？广播中说："你透过车窗看风景，风景里的人透过车窗在看你。"其实我们每个人都是一道风景。在学生眼里我们就是一道永远不会改变的美丽的风景。所以带着幸福上路吧，告诉自己从此做一个幸福的耕耘者，快乐着自己，也幸福着周围的人。

# 从童话剧中成长起来的孩子

王　丽

　　活动是道德与法治课程所倡导的基本学习方式，从学生的生活取材，创造性地设计儿童熟悉的、感兴趣的、有意义的游戏、活动，让学生在活动中体验感悟，对其品德形成和社会性发展具有特殊的价值。丰富多彩的活动将人的生命感、创造力、价值观唤醒，帮助学生逐步形成正确的道德观、人生观和世界观。

　　上学期，学校开展了以童话为主题的系列活动。阅读童话，放飞童心，激发童趣，让童话扮靓孩子们的童年！在本次童话节活动中，我们选择了安徒生的童话《丑小鸭》。之所以选择这部剧是因为大多数孩子都像丑小鸭一样默默无闻，但渴望被人关注和瞩目。很多时候，大多数孩子还是比较胆怯的，没有上台的机会，演主角的机会都是被极少数的孩子拥有。所以这次童话剧表演的初衷是希望让更多的孩子参与其中，每个人都能体验作为主角的感受。《丑小鸭》这部剧正好契合于这一主题。丑小鸭从默默无闻被人鄙视到最终变成白天鹅，受到万众瞩目，不正是每一个孩子都想拥有的华美的蜕变吗？孩子们马上面临毕业，正是需要勇气和力量的时候。所以想通过这部剧的编排，凝聚孩子的智慧和力量，激发孩子内心深处对成功的向往。

　　第一周让同学们先熟悉丑小鸭童话，选择好剧本，初步选择自己喜欢的角色和为这部剧自己能够做哪些工作。老师一再强调在这部剧中，我们每个人都是主角，哪怕我只是一棵树。孩子们的积极性被调动起来了，积极踊跃地投入筹备之中，于是有了明确的分工并且各司其职。

　　从这部剧的准备排练到最后的成功演出，孩子们确实收获良多。

## 一、参与竞争　学会争取

为了让孩子们能够全员参与，让每个人都有事干，要求每个孩子最少领一项任务。孩子们绞尽脑汁地想自己能做什么，能做好什么，怎样才能做好。为了获得某个角色或某个任务，孩子们两三个同学展开激烈的角逐。竞争意识增强了，学会了为自己的梦想而努力。其中，丑小鸭的竞争最为激烈。孩子们觉得，这是主角，都想抢占先机。还有的觉得只有当上大导演才是最有面子的。在这个过程中，孩子们真是拼了，学会了努力争取实现自己的愿望。

## 二、淘汰出局　学会面对

看着孩子们激烈的抉择，我什么也没说，只是静观其变。刘兰家妹对丑小鸭这个角色可谓情有独钟。为了获得丑小鸭这个角色，她早早地把鸭鸭服都准备好了，势在必得。可是同样精灵级的人物李佳音也不示弱，两个人势均力敌互不相让。最后李佳音表演更胜一筹，最终被选中，为此刘兰家妹很是失落。面对被淘汰出局的窘境，刘兰家妹赌气退出了演出并把做好的服装借给了别的班的孩子。这可不是我们想要看到的结果，于是我就此对刘兰家妹进行了细心的疏导，和她认真探讨了如何面对失败和挫折，什么才是大气和勇敢，使她很快从失败的阴霾中解脱出来并投入新的竞聘之中。

## 三、忍痛割爱　学会分享

没能当上主角的刘兰家妹主动把自己的服装让给了竞争者，这对于傲气的她来说是多么大的进步啊！全剧共分三幕，每幕都有一个旁白。周思怡和刘兰家妹两位同学毫无悬念地竞争到了其中的两个旁白。白家鸣同学主动向第三个旁白王天健同学宣战，最终获得这一席位。失败者并没有离去，反过来帮助竞争者，一起揣摩如何说得更好。看来孩子们终于走出了小我，收获了大我，学会了分享。

## 四、诸多头绪　学会安排

导演由稳重的李宛烨负责，从服装、道具到音乐，方方面面可以说是千头万绪。每项工作都由专人负责，一切井井有条。具有舞台经验的王雨竹同学负责服装，我班的电脑高手齐天乐同学负责制作 PPT，由动手能力极强的王可心同学负责制作道具……

### 五、反复推敲　学会执着

孩子们都是第一次演出，没有经验，演出呆板毫无生气。这可怎么办？于是一个动作一个动作纠正，一句一句推敲。功夫不负有心人，终于演出有模有样了。

### 六、团结一心　学会合作

在一次次的磨合中，孩子们终于放弃了自己的私利，融于集体。为了演出成功，不计较个人的得失而是为集体出谋划策。

在为期一周的紧张排练之中，孩子们从竞争中学会了争取，从失败中学会了面对，从失落中学会了放手，从努力中学会了坚持，收获满满。因为他们知道，我们每一个人都是那只曾经的丑小鸭，为了梦想而努力，最终都会成为那只展翅高飞的白天鹅。

最后高潮部分，我们安排了全班同唱一首歌《我相信》。相信自己，相信未来，相信世界将由我们去改变。相信此时的同学们内心都已经有了一个更加强大的自己。

看着正在经历成长而蜕变的孩子们，我对孩子们说："安徒生以智慧的心血塑造了丑小鸭，同时也塑造了在逆境中挺立的巨人形象；完全耳聋的贝多芬，扼住了命运的咽喉，创作出了阔大雄奇的——《命运交响曲》；史蒂芬·霍金，凭着大脑和全身仅能运动的两个手指头，驶进了神秘的宇宙……他们身处逆境，但没有绝望，没有沉沦，始终不屈地奋斗。'丑小鸭'变成'白天鹅'是对困境最好的抗议！面对高位截瘫，张海迪更加坚强了；面对失明，海伦·凯勒更加热爱生活了；面对诸多成长的困难，我们的目光将更坚定，脚步将更稳健，这就是丑小鸭给我们的启示！相信自己，相信未来，世界将由我们去改变。老师等着你们创造奇迹！加油！"

多年以后，也许孩子们会记得曾经的这次并不成熟的表演，会记得自己内心深处那个关于丑小鸭和白天鹅的梦。愿这束洒在孩子们心里的阳光永远

伴随着孩子前行！

　　在教学中充实、丰富的活动，给予学生充分表现的机会，不断唤起学生的主体意识，自主探究、自主发现、自行判断，促进良好品德和行为习惯的形成。

# 和小树一起成长

牛春颖

　　三年前，怀揣教师梦想的我，终于梦想成真，有幸回到自己的母校，开始担任班主任和道德与法治教学。第一次走进教室，我心中颇为激动，同样是这间教室，同样是二年级小学生，我想起了自己跟着老师像鸟儿一样飞来飞去的快乐场景。我把这个只有 20 个孩子的班级起名为"新苗班"。这里的"苗"是 20 个稚嫩的生命，也是我梦想之树的新芽！我默默许下诺言：一定要精心呵护、倾心培育，让每一棵小苗都苗壮、幸福地成长！

　　作为一名道德与法治教师，我时常在想，怎样培育这一棵棵小树苗？怎么能让从小生活在农村的孩子们更全面地发展？在教学中，我体会到道德与法治是天然联系在一起的，品德是反映生活又反过来服务于生活的一种工具。对学生而言，品德课本身就是一种特殊的生活。课本即生活的记录。美国的一位教育家指出："课堂的外延与课外的外延相等。以课堂学习为核心，能动地向学生的学校生活、家庭生活、社会生活等各个生活领域自然延伸和拓展，使课堂训练与课外行为训练形成有序、有趣、有力、有效的结合，取得教学的整体效益。"偶然间，我发现有一本书叫作《一棵树的脚步》，书里的主人公陈小树就是农村孩子的缩影。为了能够更好地服务于道德与法治教学，引导孩子们汲取书中正确的人生观、价值观，树立正确的道德观念，从而使孩子们与主人公自然而然地融为一体，受到良好的道德熏陶，三年级第一个学期，我带领孩子们参加全国性的"班班有读"活动。

　　我和孩子们开启了快乐的共读之旅。每天晚上我们同一时间端起书本进行阅读，第二天一早，大家一起分享阅读感受。可是不久，我发现班里的晨晨，总是在角落里走神，经过谈心后了解到，他是因为阅读速度慢，没能跟

上同学们的进度，不能及时与大家分享。以后的晨读时间，我会单独把他叫到身边陪他再读一遍，帮助他理解故事里陈小树的成长经历。起初他对这个故事并没有特别的感受，突然有一天，晨晨在读的时候对我说："老师，陈小树和奶奶生活在一起，他是不是特别想自己的爸爸妈妈呢？"我赶紧借着机会回答他："小朋友们不在爸爸妈妈身边都会想念，小树是这样，我相信你也是这样。我们看故事中的小树，虽然爸妈不在身边，但他变得更加坚强，还帮助奶奶做了很多事，是个男子汉！"晨晨若有所思地低下头，大概有半分钟，他抬起头和我说："老师，今后我也要像小树一样，用功读书，做奶奶身边的男子汉！"半个月的共读很快就结束了，在整本书的总结交流中，我惊奇地发现，晨晨居然主动举手汇报，他说书里的小树就像他自己，同学们就像小树的朋友，陪伴他快乐成长！大家不约而同地给他鼓掌，那是感动，是鼓励；晨晨也自己鼓起了掌，那是感谢，感谢同学，感谢老师，也感谢自己！那一刻，我的心里有一种莫名的幸福与感动。我的晨晨，这棵小树，没有让我失望，他正长成我期待的模样！我的二十棵小树们，没有让我失望，我仿佛看到他们在明媚的阳光中迎风起舞的模样！

回首来时的路，其实，我也要感谢我这些心爱的小树们，因为是他们让我一点点触摸到了教育的真谛：教育不是灌输，而是激励、唤醒与点燃！是一棵树摇动另一棵树，是让生命轻舞飞扬！在未来的风雨中，我愿满怀爱与真诚，和我的小树们一路成长，收获满园的芬芳！

# 思政花开　育人为先

谷超颖

"花不论出处，朵不分大小，只要生机勃勃地开放着，就是令人心怡的美丽。"读到作家毕淑敏这段文字，心中莫名欢喜，因为我也喜欢花。培育一株美丽的花朵可不容易，要保证其充足的阳光、优渥的养分、适量的雨露，还要捉虫、施肥、剪枝……在这整个过程中，都需要绝对的细心呵护，助其成长，静待花开。

而我们的学生就像花一样，教育就像在种花。不同年龄段的学生就如那不同花期的花，能否如期绽放，就考验我们这些花匠的技艺了。作为教师，我们愿化成阳光雨露，滋润守护着我们可爱的花朵，唯愿花开满园。

每个花匠在培育幼苗的时候都会遇到各种问题，比如：为什么叶子长得慢？为什么这株花个头那么小？为什么孩子不再举手？为什么弱势的孩子会被冷落？遇到问题，我们只有找到原因，才能解决问题。像种花一般对待学生，了解他们的喜好和需求，培养他们像花儿汲取养料一样主动索取知识的技能。

当我第一次接触一年级的学生时，我困惑了。因为温柔的劝说或者厉声喝止对他们作用并不大，我想我首先应该让他们安静下来。于是我试着用课本上的图片吸引他们，用精美的PPT课件吸引他们，用发言给奖励的方法吸引他们，用课本剧的方式吸引他们。可是结果并不理想。在一年级课堂上，尤其是班容量较大的班级，总是有一部分学生对教师的授课内容不感兴趣，当其他同学回答问题，进行课本剧演出，甚至是观看课件视频的时候，那部分孩子的注意力就是"出轨"的。起初我很生气，妄想用老师的"权威"纠正他们的错误，可适得其反。

　　我选择冷静，我开始观察。我发现在课下，他们都是活跃的，都是畅所欲言的。我想孩子们的注意力需要培养，而培养则需要方法。一本培养专注力的书中曾提到过：锻炼孩子的专注力，应从他最感兴趣的事物开始。哦，没有比好吃的食物更能吸引他们的注意力了吧！于是我选了"吃饭有讲究"这节课进行初次专注力培养。课前我准备一些食物做教具，当我捧着箱子走进课堂时，不出意料地引起了不小的骚动。他们从座位上跑过来看，叽叽喳喳地说个没完。我并没有生气，而是故作神秘地告诉他们："这些既是这节课的道具又是奖品，今天课上谁表现得好，谁就能得到老师送出的礼物。"果不其然，那些孩子立刻跑回到座位上，严阵以待，就连起立问好的声音都比平常洪亮了一些。我笑了，第一步成功了。现在所有孩子的注意力都集中在这箱食物上，如果一直把食物放在箱子里，那么孩子们的兴趣势必会在 10 分钟后消散，如果现在让孩子们拿到食物，也会分散他们的注意力。所以，我拿出了一种食物，将孩子们的注意力集中在这种食物上，进入了我的授课环节。我还微调了授课的环节，这样既可以在孩子们最好奇时得到教具，又激起孩子们的学习兴趣。当小组上台展示时，其他小组都在认真地听，还不时地提出质疑和理由。课程到这里已经进入了一个良好的主动学习的阶段，顺其自然地进入到检验课堂学习效果的阶段。最后，我需要孩子们将兴奋的情绪沉淀，否则这就成了一节游戏课而不是一节满载而归的课程，这是低年级课堂中不可缺少的环节——导行，目的是让孩子们通过分析"讲究"的问题汲取本节课的精华。

　　就是从这节课开始，我爱上了这个学科的教学，也正是因为这节课，使我感受到了孩子们的童真。无论是在小组合作中他们认真思考的模样，还是争论得面红耳赤的模样，又或者是回答问题时认真的、渴求认同的目光，都仿佛是会发光一样，让我感到温暖和感动。

　　这样的课堂更激发了我作为道德与法治老师的潜能，让我看到了不一样的自己，让我体会到人生的价值，仿佛培育了珍贵花儿一般骄傲！我想对于低年级的孩子，我们真需要回归童真，只有当你了解到了你的学生需要什么，并尊重这样的意愿且将其融入你的教学，孩子们才愿意跟随你一起学习知识，你才能收获课堂的成果。

学生是花朵，教师是园丁。这比喻却需要每位教师用心去诠释。每个孩子都是一朵不同的花，你爱他，了解他，理解他，尊重他，你用心培育，他才会绽放光彩。我坚信教师育人，必先为人。愿天下所有的教师都能保持初心，用爱为学生灌溉。

# 用心浇灌　让爱闪光

田　星

　　爱是教育的灵魂，任何一个生命的成长都需要爱的温暖。用心是教育的基础，只有用心去理解诠释教育，才会使学生般的花蕾永久开放，绽放光芒。

　　几年的教师工作，我深切体会到：要耐心倾听，感受心灵；要真情交流，走进心灵。只有走进孩子的心灵世界，才能引发孩子心灵深处的共鸣。曾经有这样一个学生，她是个腼腆、懂事的小女孩。一双眼睛里透着一种忧伤，但又夹杂着一分坚定。后来我才知道她的父亲、母亲离异，跟着爷爷、父亲一起生活。父亲常年在外，爷爷也没有过多的时间照顾她。了解了这些，我不禁从心底生出一分同情，想尽可能多地给予她我的关爱。我开始关注她，上课多次叫她回答问题。她回答正确的时候，会偷偷露出笑容；不会的时候，会有意回避我的眼神，怕我提问到她。课间偶尔相遇的时候，她只是红着脸，笑着经过，而我总是会给她一个甜美的笑容。

　　记得有一次，我下班了，看见她在门口焦急地张望，经过询问，知道爷爷有事还没接她，我便送她回家。路上，我告诉她让她遇到困难的时候来找我，我会帮助她，她是一个优秀的孩子，老师很喜欢她。她不好意思地点点头。此后，我又有几次送她回家。路上，她会告诉我一些她的事情，每次看到她开心的笑容，会替她开心；看到她难过的样子，会开导她，为她出谋划策。慢慢地，我发现她比以前更用功了，课堂上也积极发言，想充分表现自己。后来我收到了她的一封信，信是这样写的："老师，您不知道我有多喜欢您，我喜欢您对我甜甜的笑容，那种感觉像妈妈一样。我特别喜欢和您走在一起，这让我既忐忑，又兴奋，是我期待的时刻。我不想让您对我失望，我一直很努力地表现自己，想把最好的一面展现给您，让您觉得我是最出色的。

谢谢您对我的鼓励，让我变得坚强，让我拥有今天的成绩。"看到这些，我真的很感动，我没想到自己微不足道的行为给这个女孩带来如此大的影响。我懂得爱是再平常不过的一个鼓励的眼神、一声轻轻的叮咛、一次关爱的抚摸，更是一份深深的责任。

虽然我也会因为着急而对他们发火，但我经常告诉自己要怀着一颗温柔、宽容与肯定的心，用平等的尊重和真诚的爱心去打开每个学生的心灵之门。

没有天生不行的孩子，我们只是没有发现他们美丽的心灵。只有那些用美丽的心去等待的人才能听到花开的声音，看到花开的美丽，体会花开的幸福！等待是美丽的，等待是幸福的，让我们怀着一颗美丽的心静待花开，让花开得更加绚丽多彩！

# "小豆豆"的妈妈是老师

吴鑫云

我们读所有书，最终的目的都是读到自己。你会发现焦躁的心平息下来了，突然有种豁然开朗的安全感，你会发现你百思不得其解的困惑，千百年来被无数人思考过，并且提供了各种各样的答案。真正的阅读是一种深刻而愉悦的体验，从中找到了自己，塑造了自己；而每一本在心目中值得阅读和记住的书，都是因为其中蕴藏着未来你更期待的那个自己。

——白岩松

读了《窗边的小豆豆》就是这样一种感觉，作者以细腻的笔触向我们描绘了快乐的巴学园。作为一位妈妈，我自己也有一个这样的"小豆豆"，我多么希望他也能这样自由、快乐地成长；作为一名教师，我身边有一群这样或那样的"小豆豆"，羡慕之余，更多的是反思。

书中第二篇《窗边的小豆豆》中，老师向小豆豆的妈妈告状说，小豆豆上课不停地翻她的书桌，妈妈眼前好像出现了小豆豆的样子：从来没有见过那样的桌子，觉得特别有趣，就不停地开开关关。这样的话……（并不是做了什么坏事，而且，更重要的是，等她对桌子渐渐地习惯了，就不会再那样不停地开来关去了。）

读到这里似乎看到了这样一幅场景：一位暴跳如雷不断控诉的老师和一位无奈倾听神态安静的母亲。小豆豆的妈妈认为她只是好奇，当她习惯了就不会这样了。对，我们眼中的各种问题以及学生的各种问题，也许真的不是做了什么坏事。当我们以今天很多年后的局外人的身份来看时，会觉得小豆豆有一位这样包容她的妈妈好幸运。可是如果现在我的班级里有这样一位学生，我会怎么办？如果我面对家长这样的回应时，我又会怎样处理？我肯定是淡定不了。书上的道理我们都懂，可是我们的生活却总是不那么美好。问题出在哪里？记得有一阵在朋友圈很火的一篇文章，大意是为什么你总对孩子发脾气，因为你那么穷还那么忙。当时读到这篇文章觉得说的就是自己，现在想想天底下没有哪一份工作是轻松的，至于穷，我们可能更穷的是内心，是我自己不够强大，我的预期和自身的力量不对等，所以我们总是那么急躁。孩子慢了，会不停地催促；孩子犯错了，会不断地教导、责怪、讲道理。可是如果有一天，我们的孩子不犯错、不幼稚、不好奇、不活泼好动，一切迎合大人的想法，想想也会觉得很可怕。

每个阶段都有每个阶段取得的价值，教育就是生长，生长本身就是目的。没有一个阶段仅仅是为了下一个阶段作准备的。比如说，如果幼儿园是为小学作准备，那么幼儿园就要学习很多；如果小学是为初中作准备，而初中是为高中作准备，高中是为大学作准备，那么每个阶段本身就没有自身的价值，所以仅仅是为后面阶段的准备，这样就失去了很多宝贵的东西，也扼杀了每个阶段自身的价值。儿童本身就是一个人，儿童时期本身的价值和优点，有很多需要成人学习的东西，本身就是不可替代的。在平时的生活和教育教学中，常抱有这样的想法，也许就会少了许多焦躁不安和急功近利。

书中关于小林校长的描写：

头发已经稀疏，前面的牙齿有的也脱落了，但脸上的气色非常好。他的个子不算高，不过肩膀和胳膊都很结实，黑色的三件套西装已经旧得有些走了形，但穿在他的身上却显得非常整齐。

书中的小豆豆想永远和校长在一起。

反观自己，我是一位学生想一直和我在一起的老师吗？虽然我比小林校长年轻，头发没稀疏，牙齿没脱落，衣服没有褶皱，但缺少了很多神气。再看巴学园的孩子们最后无论从事什么职业，他们都很快乐。我想这份对生活的快乐就是巴学园给孩子们一生最好的教育。

我的班里有这样一位学生，才二年级他的语文和数学成绩已经都在 20 分以下了，可以说聪明和勤奋都占不上，纪律也不用说了。平时和他聊天，他会和你抱怨他奶奶买母猪生小猪还得喂它，不如直接卖猪肉挣钱来得快。可想而知他的父母对他的教育。就这样一个孩子发生了这样一件事：

一个孩子说："老师可喜欢我了，今天又表扬我了。"

他说："哼！老师喜欢你？老师最喜欢我。今天老师上课摸我头了，摸你了吗？"

其实我真的就是上课路过他时不经意拍了一下他而已，更没想过这不经意的一下能有什么效果。当然现在他也没什么太大的变化，但是我想至少他在这个班级不会觉得不受欢迎。人的天赋或者灵魂就像种子，是在人体内天生的，也许人和人之间的种子是有品质的区别的，但是种子的发芽、开花、结果都是后天的过程。这个过程就是教育的价值所在，所以作为一名教师，我们要尽己之力让这颗种子发芽的同时也享受快乐。

都说教师要爱学生，我觉得爱之前要先包容，只有包容了才能爱得起来。我们一线教师每天被外在的忙碌所累，面对来自各种各样家庭的孩子，试着以包容的心面对，不要把缺点放大，上纲上线，这样也许自己才能轻松些，才会更接近职业幸福。

我希望自己能像小林校长对自己的"小豆豆"和身边的"小豆豆"们有智慧，有方法，给他们知识和快乐；我更希望自己能像小豆豆妈妈那样能包容，能等待，陪着小豆豆们慢慢长大。阅读就像旅行，无论是沿途的美景让你驻足还是心灵随之奔向远方，最后都得回归现实，现实也许不都是美丽，但阅读的回味让我们无畏前行。

# 以心育人　静待花开

郎惠君

我国一位教育家说过："教育上的水是什么？就是情，就是爱。教育没有了情爱，就成了无水的池。"可以说，爱是一种巨大的教育力量，是沟通思想的桥梁。我们只有具备了深厚的爱生之情，才能时刻把学生放在心上，学生也才会向老师敞开自己的心扉，接受教师的爱。因此，我们应树立起正确的"学生观"，热爱每一位学生，尤其是要偏爱问题学生，他们更需要爱。

学校里有个六年级"问题学生"——小鸣。他的父母均没有时间也没有能力教育他。他性情顽劣，经常在校内惹事，学习成绩不好。

我相信没有教育不好的孩子，决心把长歪的小树扶正。于是我找到了小鸣。他个子不高，有点黑，小平头，眼睛不大挺有神，一看就挺机灵。将他领到我的办公室，我真诚的态度让这个性情顽劣的孩子放松了心情，他的态度也非常好，承认了从前的错误，并保证以后不再惹事。为了促使他自觉约束自己，我当即与他签订了协议书：不许做打架、骂人等违反小学生守则规范的事情。

教育这样的孩子，取得家长的配合很有必要，家庭教育必须跟上，否则真的会5+2=0。因此，我马上与他爸爸取得了联系。我讲明，教育孩子是学校和家庭共同的责任，我有信心教育好他的孩子，但是请家长积极协助，在家严格要求孩子，多关注孩子。取得了家长的配合后，我又找到了他的新班主任张老师，向她说明了小鸣想改正错误的决心，请老师以表扬为主，严格要求。

平日里，我经常向他的家长、老师、同学及他个人了解他的学习、纪律情况，发现问题及时与他沟通。我用"放大镜"寻找小鸣身上的每一个哪

怕是十分微小的闪光点。当他有进步时，着力给予表扬、鼓励，让其产生点"成功感"。我还时常同他聊天，给他讲做人的道理，谈人生的价值，谈理想。很快，我们成了朋友，他有什么事都愿意和我说，主动和我聊。

教育从本质上说是一种以人为本的情怀，是一个生命对另一个生命的关怀和影响，是一个充满爱的心灵去震撼另一个心灵。教师节前夕，小鸣送我一个写有"感谢师恩"的节日礼物。从聊天中得知他的生日，我也精心为他挑选了一件生日礼物——溜溜球。正准备送给他时，六年级的几个大学生一大早就向我告状：小鸣同学打架。我找到他，肯定了他最近的进步，拿出礼物放在桌子上，告诉他今天的表现我很失望。小鸣表现得很内疚，表明确实是打架了，并说一定改，请我原谅。我答应考验他几天。这几天里，他遵守约定，严于律己，没有惹是生非。于是我把礼物送给了他，并嘱咐："不要弄坏，看见它，就要想起我们的约定，让它督促你学习，督促你进步。"

可以说，爱是一种巨大的教育力量，是沟通思想的桥梁。我们只有具备了深厚的爱生之情，才能时刻把学生放在心上，学生也才会向老师敞开自己的心扉，接受教师的爱。半年后，老师们都发觉小鸣变了，不再惹事了，成绩也渐渐提高了。对小鸣的教育终于看到了成效！

每一个学生都是正在成长的人，难免会犯错误，我们要允许学生犯错误，重要的是帮助学生解决问题，改正错误，从而促进学生的进步和发展。我愿意尽己微薄之力，努力做好这项工作，为学生送去安慰，送去阳光，让他们轻松健康地成长。在帮助小鸣的过程中，我收获颇丰。我认为，教育"问题学生"关键要有"三心"：爱心、细心和耐心，只要有这"三心"，一定能将长歪的小树扶正。

## 一、落红不是无情物，化作春泥更护花——爱心

"感人心者，莫先乎情。"想要走进孩子的内心，让他们真正放下心理防线并听老师的教导，我们就必须关爱他们，倾听他们的心声，换位思考体会他们的感受。泰戈尔说："爱是体贴和理解的别名。"而除了体贴和理解，我认为，爱更要相互信任与尊重。在与小鸣的沟通中，我不仅为他整理衣服、红领巾，还送他礼物，听他自己的想法和理由，原谅他的错误，发现他的优

点，肯定他的进步，让他明白我是尊重他信任他的，从而获得他对我的信任与尊重。我们要用爱去感动"问题学生"，让他们自强不息；用心去帮助他们，唤起他们对学习的兴趣，激起他们对生活的热爱。

### 二、随风潜入夜，润物细无声——细心

"不积跬步无以至千里，不积小流无以成江海。"对待孩子，尤其是对待缺少关爱的"问题学生"，除了爱心，还需细心。为了更好地了解并教育小鸣，我首先与家长联络，取得他们的配合，再与班主任老师沟通，关注他在学校的情况。这样的教育网络可以全面了解他的日常表现，使我可以针对不同的情况及时采取教育措施。对于他的良好表现，哪怕再细微也要给予表扬与鼓励；当坏习惯又卷土重来时，先问他原因，再耐心规劝。"泰山不拒细壤，故能成其高；江河不择细流，故能就其深。"教育亦是如此。

### 三、精诚所至，金石为开——耐心

美国作家约翰逊说："伟大的作品不是靠力量，而是靠坚持来完成的。"对待孩子要耐心，对待坏习惯已经养成的孩子更需要耐心。一个习惯的养成需要 21 天，而改变一个习惯需要更长的时间。成人如此，更何况此时的主体是自制力差、世界观和是非观念尚未完全的孩子。所以，对于小鸣坏习惯的反复，我虽然会严厉地指出并令其认识到错误的严重性，更多的，还是理解他，鼓励他，发现他身上的闪光点。以心育人，静待花开。

孩子是纯真的，是无邪的，是可以改变的。让我们真心地对待每一个孩子，一个也不要放弃，让他们每一个都健康茁壮地成长！

# 修复天使的翅膀

佟　芳

新学期开学，我又接了新的年级——五年级，我的内心欣喜若狂。因为这届的五年级是学校公认的好班，上起课来，得心应手。

终于开始了第一堂品社课，同学们的热情很高，一双双有神的眼睛崇拜地看着我，我心里顿时很有成就感。一个不太和谐的音符引起了我的注意，一个男孩子侧着身坐在板凳上，一副满不在乎的样子，还不时地和前后位的同学说笑。

看到这种情况，我温柔地轻声对所有的学生说："上课的时候我们应该怎样坐着？"

"应该坐端正。"同学们不仅大声地回答着我，而且学生们很自觉地调整着坐姿，坐端正，唯独他似乎没有听到一样，依旧我行我素。

面对这样的学生，在我的第一次课中就这样造次，我火冒三丈。

我手指指向他，严厉地大声说："那个同学，请起立。你叫什么名字？"同学们朝我指的方向望去，开始窃窃私语："又是他，真给我们班丢人；他怎么这么烦人……"

他慢吞吞地站起来，蔫蔫地说："我叫小马。"

"小学生课堂纪律要求坐姿端正，这是每个学生都应该做到的，你是怎么坐着的？你怎么就这么个性？"我继续义愤填膺地喊道，同学们都被吓到了，课堂上也恢复了平静。

听了这些话，他用了一种不理解的眼神看着我，但还是无动于衷。

"如果你认为上课时要用这样的姿势来听课的话，你下节课开始就不要在你座位上坐着了，到讲桌旁边面向所有的同学坐着。坐下吧。"我继续说着。

看到我严肃的表情，他快速地坐下，嘴里还不停地说着什么。在剩下的课堂教学中他不再说话，坐姿也很端正，但我明显地感觉到，他有多么地不情愿，当时我就下定决心不能让他以这样的态度上我的品社课。

下课后，我找到小马的班主任了解情况。班主任无奈地说："他上课不听讲，下课也不完成作业。不仅是你的课上说话，其他老师也说他在课堂上的表现不好，并且在课堂中还发出怪声，致使老师的课都不能进行下去。他的爸爸打小工，妈妈在家务农。所谓的管也是非打即骂，都说管不了。"小马的情况和我猜想的差不多，我脑海里顿时有了想法。

第二次上品社课，他还是和原来一样，虽然上课坐端正了，但是嘴里还在自言自语，没有好好上课。下课的时候我对他说："小马，到我办公室来一下。"等了一会儿，他才来到办公室。

我心平气和地说："小马，课堂纪律要求我们上课的时候不能说话，认真听讲。你上课的时候为什么总是说话呢？这样不仅会影响你自己的学习，还会影响其他同学的学习，这样是不对的。"我要让他明白什么行为是正确的，什么行为是错误的。

"我没有说话啊！"他慢条斯理地回答。

我告诫自己，千万不能硬来，否则将前功尽弃。我轻轻地深吸一口气，柔和地说："老师这样说你没有别的意思，只想你越来越好，我们好好谈谈好吗？"

"没有什么好谈的，我就是这样。"小马不领我的情，眼睛还不时地瞟向房顶。

"汉语博大精深，同一个词语，在不同的场合、不同的时间、不同的说话语气都有不同的意思。我们每一个人都会说话，说的时间、语气对了就是好话，对任何人都是好的，反之则是废话，说不说都是没有用的，你想说什么样的话呢？"

"当然是说应该说的。"

"那就是了，你认为上课的时候那样说话是应该说的吗？"他不说话了。

"上课时，虽然我是老师，你是学生，但我们也是平等的，要互相尊重。既然老师都尊重你，你是不是也应该同样尊重老师呢？也许我的口气重了，

伤害到了你，我可以道歉，那你应该怎样做才是尊重老师？你也能像老师这样诚心地道歉吗？道歉是次要的，重要的是老师想看到你课堂中的表现，坐有坐相，该说话时才说话，而不是说废话，好吗？"他默默无语，眼神里仿佛有了光芒，我能感觉到他在思考。

"回去好好琢磨琢磨，老师是真的想和你做朋友，希望你变成一个同学、老师都喜欢的孩子。"我用爱怜的眼神望向他。

他离开了我，朝着门外走了几步，忽然又转身回来，低着头细声细语地说："老师，我想变成好学生，让同学、老师都喜欢，让同学和我做朋友，你能帮我吗？"我的内心泛起了波澜，不是为了我的谈话成功，而是为了孩子内心不被接受的那份酸楚而痛心。我柔声说："当然可以。现在，我就是你的第一个朋友。咱们握个手吧，庆祝一下，我们成了朋友。"说着，我就把手伸过去。他抬起了头，眼睛里闪出了光芒，连忙握住了我的手。就这样，我和他成了朋友。我抓住时机，赶紧对他进行渗透教育："作为朋友，我给你一个忠告。你要想有更多的朋友，就要设身处地为朋友着想。最起码，在课堂上不要影响别的同学上课。你知道怎么做吧？""嗯嗯，老师，我知道怎么做。"他坚定地说。

在第三次品社课堂上，小马同学坐得特别端正，眼神追随着我，也不再随意地讲话了，还能积极地回答问题。课堂上他做得好的地方，我及时地对他表扬。学生们都露出了不解的表情——不解为什么老师会表扬小马，不解为什么小马能够做得好。有的学生甚至还流露出敬佩小马的表情。我知道，学生们的内心也是柔软的。即将下课的时候，我对全体同学说："小马同学这节课给了我们大家一个大大的惊喜，那我们大家是不是要还给他一个响亮的掌声？""是！"雷鸣般的掌声响了起来。小马同学不好意思地笑了。

慢慢地，老师们都说小马同学上课不捣乱了，他也融入了班集体生活，收获的朋友越来越多。小马同学有了转变，老师和同学们都把功劳归功于我。而我自己却知道，这不是我一个人的功劳，他的变化离不开他身边的每一个人。我一直认为：每一个孩子都是降临人间的天使，只不过有些天使降临的时候翅膀被折断了，这就需要我们每一个人用自己的智慧、爱心帮他修复，让他继续在人间翱翔！

# 用爱浇灌，倾听花开的声音

李　静

教育家雅斯贝尔斯说过："真正的教育是用一棵树来摇动另一棵树，用一朵云去推动另一朵云，用一个灵魂去唤醒另一个灵魂。"作为教师要轻轻地走近孩子，倾听孩子内心的声音，从而得以挖掘和彰显每个孩子的潜能，开启他们闭锁的心智，释放他们的情感。

一节道德与法治课上，我组织同学们活动，大家纷纷讲故事、猜谜语，正热闹时，突然，一位大个子男生站起来对我说："老师，我出一道问题考考你：'驴和猪打架，狗当裁判，你说谁能赢？'"话音刚落，全班一片哗然……有的同学做着鬼脸等我出丑，有的同学为我暗自担忧，还有的同学大声说："老师你不能说，他骂你是狗……"我仔细一想，果然如此，谁赢我也不能说呀！是谁在向我挑衅？我定睛一看，原来出题者是韩峰。之前对他我已有所耳闻，家庭条件优越，以欺负同学为能耐，以给班级制造事端为快乐。我该怎么办？是给他个下马威，训他一顿，还是把握机会与他沟通？我选择了后者。故作不懂的样子，自言自语道："驴和猪为什么打架？狗为什么做裁判？狗能公正地裁决吗？"我装着想来想去不得其解的样子对韩峰说："老师实在太'笨'，不知道谁能赢，你说呢？"我又把"皮球"踢了回去。

这时，下课铃声响了，我把他叫到了办公室，和善地对他说："你的谜语很有意思，你今天上课的表现也很与众不同，初次见面，咱们交个朋友怎么样？"听后他用惊奇的目光注视着我，"怎么？不愿意？""不，我愿意，我以为你会批评我，没想到你还愿意和我交朋友，够意思，你这个朋友我交定了。"望着他远去的背影，我体会了对学生宽容的魅力。

"人格平等，富于爱心的交流对话是全部教育的基础。"教育应用宽容、

信任的人文精神浸润学生的心灵。如果今天这件事我不顾缘由地批评一通，就会因此而失去一次师生双方爱的交流，深入地走进孩子的心灵进行对话的机会。只有倾听学生的声音，才能得到爱的回应。

从那时起，我和韩峰的感情有了良好的开端。在以后的日子里，我经常去找他谈心，辅导他功课。每当他对自己失去信心想放弃的时候，我就及时地对他进行教育，用各种事例来鼓舞他，增强他的信心和意志。我给他讲海伦·凯勒的故事，告诉他一个又聋又盲又哑的孩子是如何学习的，是怎样艰难地考上大学，并成功地走上文学之路的。我也给他讲保尔的故事，告诉他保尔是怎样在与病魔的斗争中坚强起来的。经过近两个月的努力，韩峰的各方面都有了长足进步，而且他还爱上了文学作品。韩峰最可喜的变化就是迷上了写诗，他的短诗写得还真有些灵气。去年教师节前夕，他给我寄来了一张精美的卡片，卡片上有一首他自己写的诗：

我曾是一只因无知折断翅膀的小鸟，是您，用慈爱的双手为我医治，并指明了飞行的方向；

我曾是一株干渴病弱的小树，是您，用慈爱的雨露把我浇灌，守护我长成参天大树；

我曾是一艘迷航的疲惫的小船，是您为我扬起前进的风帆，驶向理想的彼岸。

老师，我该怎样做才能表达我对您的感激？

我多想化作一缕清风，在炎热的夏日，为您拂去额上的汗珠；

我多想化作一杯清茶，在您口渴时，为您润一润疲惫的喉咙；

老师，我更想实现我的理想，因为，我知道，那是您的心愿。

相信我吧！因为从您的身上，我学会了去拼搏、去奋斗、去爱……

感人心者，莫先乎情，以情的付出赢得情的回报，以爱的播种获取爱的丰收，让学生时时处处感受到老师的关心和呵护，这样才能打开他的心扉，倾听他的心曲。既然我们被称为人类灵魂的工程师，那么就让我们用一双善于发现的慧眼去发现学生的长处，用宽阔的胸怀去包容学生的缺点，用一颗慈爱之心多带给学生一分信赖，用我们神圣的责任去塑造出一个个美好的灵魂，多创造一份师生之间美好的机缘，从而让我们的教育生涯多一分欣慰和坦然！

# 表扬，教师终生的修行

张莉莉

表扬，这个词，我们做教师的再熟悉不过了，在课堂教学中随处可见，比如，低年级教师就知道，如果整个班级闹得不可开交，你喊安静下来，肯定是没有用的，但是只要表扬其中一个比较好的小组，全班同学就会安静下来，眼巴巴等着老师表扬。

在我们的道德与法治课堂上，表扬不仅仅是辅助教学的手段，更是一种课堂建构的方式，在表扬中启发和鼓舞学生也是道德与法治教师与学生相处、走进学生内心的必修课。但是时间久了，你回答得很流利，你的声音真洪亮等，这些表扬的话语起作用的时间慢慢变短了，或者失去了作用，这是为什么呢？于是我开始关注，在课堂中如何让表扬真正发生作用，如何让表扬成为德行建构的帮手。

## 一、表扬，走进孩子的心灵

曾经读过这样一个故事：试想这样一种情形，一名男生用泥块砸同学，如果换作是我们，特别是班主任，可能会有什么反应。可能会生气地责备："你怎么这么淘气？你给他弄伤了得给人赔钱！说！下次还扔不扔了？"

但是陶行知先生是怎样处理的呢？陶先生给了这个孩子四块糖。第一块糖果给他："这是奖给你按时来到这里，而我却迟到了。"小男孩特别惊讶。第一块糖代表守时。第二块糖陶先生放到他的手里："我叫你不要再打人时，你马上就住手了，你很尊重我。"小男孩更惊异了，眼睛睁得大大的。第二块糖代表尊重。第三块糖陶先生对他说："我调查过了，你用泥块砸那些男生，是他们不守游戏规则，欺负女生。你很正直善良。"小男孩感动极了，他流着

泪后悔地说道："陶校长，我错了，我砸的不是坏人，而是自己的同学呀！"第三块糖代表善良。陶先生笑了："你能正确地认识错误，我再奖给你一块糖果。我的糖没了，我们的谈话也该完了吧！"第四块糖代表反省。

我们常常遇到这些情况：孩子上课注意力不集中，没有完成作业，打闹，等等，我们第一反应就是批评孩子，只看到结果，而不去深究背后的原因。而陶先生更多地是感同身受，站在孩子的角度上去思考，走进孩子，深究原因，用表扬来代替责备。这四块糖，是对孩子的欣赏、理解、包容和激励。这不仅仅是身为道德与法治教师，更是作为一名负责任、爱学生的好教师应该学习的。

我似乎明白了一点，在表扬的世界里，根本不缺方法，不缺手段，可能缺少的是可贵的温柔，缺少的是用心的观察，缺少的是去问问孩子们行为背后的为什么，也许德行教育的天敌不是智能手机，也不是万用的淘宝，而是现在社会越来越浮躁的内心，是我们情绪化的反应。一个道德与法治教师，应该比其他教师更能塌下心来，去看一看我们的孩子，去听听他们心里的呼声，让孩子们会生活、懂礼仪，也要从自身开始，让孩子们感受到生活有温度，道德与法治课堂是充满真实、真情、温度的课堂。

**二、表扬，托起闪耀的星星**

由此，我想到我们班那些特别需要关注的孩子们。有个孩子叫瑶瑶，父母离异，家里妈妈前一阵子说要带她去南方生活，结果又反悔了，孩子好不容易燃起的希望破灭了，本来就内向的她变得更不爱说话了。于是我让她承担了小组长的任务，来给他创造与同学沟通的空间。在最近一次活动结果展示里，我问班上的同学，你们觉得瑶瑶有什么变化吗？孩子们一个接一个地夸她，说她声音变大了，说得更有条理了，组员的任务也安排得很好。在孩子们一声声的夸奖里，瑶瑶的腰板挺起来了，脸上也有了淡淡的笑意，也更积极地去找小组的同学们讨论了，那些家庭带来的阴霾也消散了许多。

还有个小女孩叫晨晨，原本很优秀，从来不让老师操心，从某一天开始，上课走神，作业也越错越多，想起了书中的故事，我没批评她，而是先向她家里了解了情况。原来她家里有了小弟弟，自然分走了父母的关注，她的心里有了寂寞和委屈，也渴望别人更多的关心。有一天课上，我发现她看书很认真，于是我偷偷拍下她的照片，放到屏幕上进行表扬，班里的孩子们对这种新奇的表扬方式感兴趣极了，这节课每个人都精神奕奕，晨晨也高兴得小脸红扑扑的，一整节课她都改掉了走神的毛病，今天参与课堂讨论的状态也比之前好了很多，那个优秀的女孩，好像又回来了。

有人说过："教学艺术的本质不在于传授本领，而是激励唤醒与鼓舞。"原来的我对这句话不是很懂，现在我明白了，作为一名道德与法治教师，只要走进孩子的内心，去了解孩子们真正需要什么，表扬能让孩子们得到家庭不能给予的激励，能唤醒孩子们心中的正能量。一个细心的教师就应该俯下身去，听听孩子们的需要，了解他们内心的渴望。我们道德与法治课堂给予孩子们的不总是锦上添花，更重要的是雪中送炭，浇灌一棵棵渴望滋润的幼苗。孩子们就像一颗颗小星星，或许有的耀眼，有的含蓄，但是在表扬声中，每颗星星都能更努力地发光，他们能更亮一些。

### 三、表扬，指引前进的明灯

不仅仅是在道德与法治课堂上，在学生的自我管理上，表扬更是最好的教育。

学校最近新增设了小篮筐，孩子们在刚开始的时候又开心，又新奇，但是我发现，有篮筐乱，或是彩笔不盖盖子就扔进篮筐的坏现象，但是我没有批评他们，在我表扬三次整理干净的同学之后，后面的篮筐都被孩子们收拾得干干净净。

这就是坚持表扬的力量啊，老师表扬的话语，能引导孩子们努力的方向。表扬可以建立起学生对道德与修养的认知，人人都是带有缺憾的理想的真实生命，一个人的道德品行的建构是在一件一件的小事中不断完善的。在表扬里，有的孩子能够更进一步，也有更多的孩子认识到自己的不足，从而改进自身，产生自我品行建构的内在动力，这样的动力是比说教更有意义的。回顾我们学校之前的活动，以前有做校长的小秘书，和校长一起晨练，每周升旗仪式上的五好少年奖励，带领孩子们去海滩图书馆，等等，在特殊的节日里，包粽子，做月饼，割麦子，这些活动都一次又一次给了孩子们不同的感

受。孩子们也在一次次体验中认识了新的自我，完善了自我的品行，有更多的孩子产生了向往，从而改变了原来的习惯，向好的方向去努力。表扬不仅仅是语言，不仅仅是物质，而是帮助孩子们认识自己、肯定自己、超越自己。走进孩子们内心和生活的表扬，才是打动人心的教育。

### 四、表扬，为人师者的修行

魏书生老师说过这样一段话："人人都有虚荣心和自尊心，尤其是孩子。十次恶狠狠的批评与训斥，很可能比不上一次真诚的表扬和善意的鼓励。寻着机会'荣耀'他一回，或许能改变他今后的一生。"所以让我们平复好情绪，在我们每天走进道德与法治课堂前，先想好今天表扬的措辞再迈向讲台吧。一个善于表扬孩子的老师，本身也一定是个有智慧、深受学生喜爱、能在教育教学中感受到快乐的老师。

又或许这一切从今天晚上就可以开始，当回家面对我们的家人时，能否改变那些或许听起来有些刺耳的话，换成今天做的什么菜啊——刚进家门就闻到菜香了，今晚做的什么好吃的啊？你怎么下班这么晚——这么晚才回来，为了这个家真是辛苦了。你的作业怎么还没做完——作业遇到困难了吗？需要妈妈的帮助吗？

表扬改变的可能不仅仅是我们的教学，不仅仅是我们与学生的沟通方式，还有我们的生活。让教学，让生活有温度。这是关乎所有道德与法治教师的一场长远的修行。